谢林著作集

先刚 主编

启示哲学导论

Einleitung in die Philosophie der Offenbarung

〔德〕谢林 著 王丁 译

图书在版编目（CIP）数据

启示哲学导论 /（德）谢林著；王丁译. —北京：北京大学出版社，2019.4

ISBN 978-7-301-30219-4

Ⅰ.①启… Ⅱ.①谢… ②王… Ⅲ.①谢林（Schelling, Friedrich Wilhelm Joseph von 1775—1854）– 哲学思想 Ⅳ.① B516.34

中国版本图书馆 CIP 数据核字（2019）第 001238 号

书　　名	启示哲学导论 QISHI ZHEXUE DAOLUN
著作责任者	〔德〕谢　林 著　王　丁 译
责 任 编 辑	王晨玉
标 准 书 号	ISBN 978-7-301-30219-4
出 版 发 行	北京大学出版社
地　　址	北京市海淀区成府路 205 号　100871
网　　址	http://www.pup.cn　新浪微博：@ 北京大学出版社
电 子 信 箱	pkuwsz@126.com
电　　话	邮购部 010-62752015　发行部 010-62750672　编辑部 010-62757065
印 刷 者	北京中科印刷有限公司
经 销 者	新华书店 890 毫米 ×1240 毫米　16 开本　18.75 印张　198 千字 2019 年 4 月第 1 版　2021 年 12 月第 2 次印刷
定　　价	78.00 元

未经许可，不得以任何方式复制或抄袭本书之部分或全部内容。
版权所有，侵权必究
举报电话：010-62752024　电子信箱：fd@pup.pku.edu.cn
图书如有印装质量问题，请与出版部联系，电话：010-62756370

目 录

中文版"谢林著作集"说明 …………………………… 1

译者序………………………………………………… 1

对肯定哲学本原的另一种演绎(1839)………………… 1

柏林首讲(1841)……………………………………… 29

启示哲学导论或对肯定哲学的奠基(1842—1843)…… 41

论永恒真理的源泉(1850)…………………………… 237

人名索引……………………………………………… 259

主要译名对照………………………………………… 263

中文版"谢林著作集"说明

如果从谢林于1794年发表第一部哲学著作《一般哲学的形式的可能性》算起,直至其1854年在写作《纯粹唯理论哲学述要》时去世为止,他的紧张曲折的哲学思考和创作毫无间断地整整延续了60年的时间,这在整个哲学史里面都是一个罕见的情形。① 按照人们通常的理解,在德国古典哲学的整个"神圣家族"(康德—费希特—谢林—黑格尔)里面,谢林起着承前启后的关键作用。诚然,这个评价在某种程度上正确地评估了谢林在德国古典哲学的发展过程中的功绩和定位,但另一方面,它也暗含着贬低性的判断,即认为谢林哲学尚未达到它应有的完满性,因此仅仅是黑格尔哲学的一种铺垫和准备。这个判断忽略了一个基本事实,即在黑格尔逐渐登上哲学顶峰的过程中,谢林的哲学思考始终都与他处于齐头并进的状态,而且在黑格尔于1831年去世之后继续发展了二十多年。一直以来,虽然爱德华·冯·哈特曼(Eduard von Hartmann)和海德格尔(Martin Heidegger)等哲学家都曾经对"从

---

① 详参先刚:《永恒与时间——谢林哲学研究》,第1章"谢林的哲学生涯",北京:商务印书馆,2008年,第4—43页。

康德到黑格尔"这个近乎僵化的思维模式提出过质疑,但真正在这个领域里面给人们带来颠覆性认识的,乃是瓦尔特·舒尔茨(Walter Schulz)于1955年发表的里程碑式的巨著《德国唯心主义在谢林后期哲学中的终结》①。从此以后,学界对于谢林的关注度和研究深度整整提高了一个档次,越来越多的学者都趋向于这样一个认识,即在某种意义上来说,谢林才是德国古典哲学或德国唯心主义的完成者和终结者。②

我们在这里无意对谢林和黑格尔这两位伟大的哲学家的历史地位妄加评判。因为我们深信,公正的评价必须而且只能立足于人们对于谢林哲学和黑格尔哲学乃至整个德国古典哲学全面而深入的认识。为此我们首先必须全面而深入地研究德国古典哲学的全部经典著作。进而言之,对于研究德国古典哲学的学者来说,无论他的重心是放在四大家里面的哪一位身上,如果他对于另外几位没有足够的了解,那么很难说他的研究能够获得多少准确而透彻的认识。在这种情况下,对于中国学界来说,谢林著作的译介尤其是一项亟待补强的工作,因为无论对于康德、黑格尔还是对于费希特而言,我们都已经拥有其相对完备的中译著作,而相比之下,

---

① Walter Schulz, *Die Vollendung des deutschen Idealismus in der Spätphilosophie Schellings*. Stuttgart, 1955; zweite Auflage, Pfullingen, 1975.
② 作为例子,我们在这里仅仅列出如下几部著作:Axel Hutter, *Geschichtliche Vernunft: Die Weiterführung der Kantischen Vernunftkritik in der Spätphilosophie Schellings*. Frankfurt am Main 1996; Christian Iber, *Subjektivität, Vernunft und ihre Kritik. Prager Vorlesungen über den Deutschen Idealismus*. Frankfurt am Main 1999; Walter Jaeschke und Andreas Arndt, *Die Klassische Deutsche Philosophie nach Kant: Systeme der reinen Vernunft und ihre Kritik (1785-1845)*. München, 2012.

谢林著作的中译仍然处于非常匮乏的局面。有鉴于此，我们提出了中文版"谢林著作集"的翻译出版规划，希望以此推进我国学界对于谢林哲学乃至整个德国古典哲学的研究工作。

中文版"谢林著作集"所依据的德文底本是谢林去世之后不久，由他的儿子（K. F. A. Schelling）编辑整理，并由科塔出版社出版的十四卷本《谢林全集》（以下简称为"经典版"）①。"经典版"《谢林全集》分为两个部分，第二部分（第11—14卷）首先出版，其内容是晚年谢林关于"神话哲学"和"天启哲学"的授课手稿，第一部分（第1—10卷）的内容则是谢林生前发表的全部著作及后期的一些手稿。自从这套全集出版以来，它一直都是谢林研究最为倚重的一个经典版本，目前学界在引用谢林原文的时候所遵循的规则也是以这套全集为准，比如"VI, 60"就是指所引文字出自"经典版"《谢林全集》第六卷第60页。20世纪上半叶，曼弗雷德·施罗特（Manfred Schröter）为纪念谢林去世100周年，重新整理出版了"百周年纪念版"《谢林全集》②。但从内容上来看，"百周年纪念版"完全是"经典版"的原版影印，只不过在篇章的编排顺序方面进行了重新调整而已，而且"百周年纪念版"的每一页都标注了"经典版"的对应页码。就此而言，无论人们是使用"百周年纪念版"还是继续使用"经典版"，本质上都没有任何差别。唯一需要指出的是，"百周年纪念版"相比"经典版"还是增加了新的一卷，即所谓的《遗

---

① F. W. J. Schelling, *Sämtliche Werke*. Hrsg. von K. F. A. Schelling. Stuttgart und Augsburg: Cotta'sche Buchhandlung, 1856-1861.
② *Schellings Werke. Münchner Jubiläumsdruck, nach der Originalausgabe (1856-1861) in neuer Anordnung*. Hrsg. von Manfred Schröter. München 1927-1954.

著卷》(Nachlaßband)①，其中收录了谢林的《世界时代》1811年排印稿和1813年排印稿，以及另外一些相关的手稿片断。1985年，曼弗雷德·弗兰克(Manfred Frank)又编辑出版了一套六卷本《谢林选集》②，其选取的内容仍然是"经典版"的原版影印。这套《谢林选集》因为价格实惠，而且基本上把谢林的最重要的著作都收录其中，所以广受欢迎。虽然自1976年起，德国巴伐利亚科学院启动了四十卷本"历史—考据版"《谢林全集》③的编辑工作，但由于这项工作的进展非常缓慢（目前仅仅出版了谢林1801年之前的著作），而且其重心是放在版本考据等方面，所以对于严格意义上的哲学研究来说暂时没有很大的影响。总的说来，"经典版"《谢林全集》直到今天都仍然是谢林著作的最权威和最重要的版本，在谢林研究中占据着不可取代的地位，因此我们把它当作中文版"谢林著作集"的底本，这是一个稳妥可靠的做法。

目前我国学界已经有许多"全集"翻译项目，相比这些项目，我们的中文版"谢林著作集"的主要宗旨不是在于追求大而全，而是希望在基本覆盖谢林的各个时期的著述的前提下，挑选其中最重要的和最具有代表性的著作，陆续翻译出版，力争成为一套较完备

---

① F. W. J. Schelling, *Die Weltalter. Fragmente. In den Urfassungen von 1811 und 1813*. Hrsg. von Manfred Schröter. München: Biederstein Verlag und Leibniz Verlag 1946.
② F. W. J. Schelling, *Ausgewählte Schriften in 6 Bänden*. Hrsg. von Manfred Frank. Frankfurt am Main: Suhrkamp 1985.
③ F. W. J. Schelling, *Historisch-kritische Ausgabe*. Im Auftrag der Schelling-Kommission der Bayerischen Akademie der Wissenschaften herausgegeben von Jörg Jantzen, Thomas Buchheim, Jochem Hennigfeld, Wilhelm G. Jacobs und Siegbert Peetz. Stuttgart-Band Cannstatt: Frommann-Holzboog, 1976 ff.

的精品集。从我们的现有规划来看,中文版"谢林著作集"也已经有二十卷的规模,而如果这项工作进展顺利的话,我们还会在这个基础上陆续推出更多的卷册(尤其是最近几十年来整理出版的晚年谢林的各种手稿)。也就是说,中文版"谢林著作集"将是一项长期开放性的工作,在这个过程中,我们也希望得到学界同仁的更多支持。

本丛书得到了教育部人文社会科学重点研究基地项目"《谢林著作集》的翻译与研究"(项目批准号 15JJD720002)的资助,在此表示感谢。

先　刚

2016年1月于北京大学外国哲学研究所

译者序

本卷中译本,除了收入 1842—1843 年的《启示哲学导论或对肯定哲学的奠基》以下简称《启示哲学导论》以外,还加入了另外三个文本,即 1839 年的《对肯定哲学本原的另一种演绎》,1841 年的《柏林首讲》和 1850 年的《论永恒真理的源泉》,这四个文本共同构成了一个进入"启示哲学",或者说谢林晚期哲学的"大导论"[①]。1841 年,谢林从慕尼黑赴柏林接替黑格尔去世后空下来的教职,这既有政治上的原因,也有思想上的原因[②]。在柏林的登台首讲中,已经 65 岁高龄的谢林表示,自己很清楚自己为什么站在这里,也完全明白自己要面对的是怎样一个错综复杂的局面,但也绝不会去逃避自己的使命和天职。值得注意的是,在这个演讲里,谢林明确地把自己在 40 年前,也就是 1801 年首次阐述的"同一哲学"看作是"为哲学史

---

① 当然,除了本卷中的这些文本以外,能够充作谢林"晚期哲学"导论的还有 1827—1828 年的《世界时代体系》(Siegbert Peetz 编,美茵法兰克福,1998 年),1830 年的《哲学导论》(Walter E. Ehrhardt 编,斯图加特,1989 年)。

② 关于谢林赴柏林的前因后果以及当时的一些外部情况,读者可参见:先刚:《永恒与时间》,北京:商务印书馆,2008 年,第 33 页及以下;古留加:《谢林传》,贾泽林等译,北京:商务印书馆,1990 年,第八章。

成功书写的新的一页",而自己现在"要翻过这一页,写下新的一页"(XIV,359),因此,对于"同一哲学",无论怎样重视都是不为过的,如果没有它,谢林晚期的哲学根本是不可能的。尽管谢林以其阐述方式的变化多端被称为哲学的"普罗透斯"(Proteus),甚至黑格尔也说,"(谢林的)每一部著作总是重新开始(从来没有一个贯彻到底的完整全体),以前写的著作总是不能令他满意,所以他不得不以不同的形式和术语另起炉灶"①。但在海德格尔看来,这并不是谢林的缺点,反而是在表明"鲜有思想家像谢林这样从一出道开始就如此富有激情地为自己那个唯一的立场而斗争",谢林的作品尽管"常常缺少定稿所具有的稳靠性,但所有这些跟那种不断转换立场的致命的机灵并没有任何共通之处"②。海德格尔的这一判断,跟谢林在这场登台首讲中,说明自己为何在"世界时代"时期(1810—1827)③陷入了"长期沉默"是一致的,谢林表示,自己只是在"静静地让一种把人类意识拓展到其当下界限之上的哲学对自己进行道说,满足对它最热切的希望,并为之提供被迫切要求的真正开解"(XIV,360)。如今,在"世界时代"时期的各个手稿和残篇不断得到重新编订和出版之后,谢林的这番话已经得到了无可置疑的证实,正如谢林自道地那样:"如果有人曾多次误入歧途,那么他也敢于多次冒险;如果他曾迷失目标,那他所追求的乃是唯一的道路,是先行者没有为他

---

① 黑格尔:《哲学史讲演录(第四卷)》,贺麟等译,北京:商务印书馆,1983年,第342页。
② 海德格尔:《谢林:论人类自由的本质》,王丁、李阳译,北京:商务印书馆,2018年,第11页。
③ 尽管1821年谢林在埃尔朗根大学开设的课程"全部哲学的本原"(initia philosophiae universae)并没有被冠以"世界时代"之名,但就其内容和论题而言,仍然属于"世界时代"时期。

锁闭的道路。"(XIV, 365)因此,既然我们已经对海德格尔的那句"道路,而非著作"耳熟能详,那么对于谢林,也该抱以同样的理解,我们或许已经习惯了德国唯心论总是以"自成一体"的系统性作品的外貌呈现,是一条费希特—谢林—黑格尔的"直线进路",但随着汉译谢林著作的不断推进,汉语世界也该慢慢学会去接受,德国唯心论是一张错综复杂的"网",在这里,围绕着许多共同的根本论题,各个思想家以其独有的道路交织在一起,又沿着自己的道路走向更远的地方。诚然,自1809年的《对人类自由的本质及其相关对象的哲学探究》之后,谢林就没有公开发表过任何成体系的著作,所以谢林晚期的著作经常都是以"编纂性",而非"系统性"的方式出现的,这固然为读者和研究者带来了极大的困难,但其好处也是明显的:在各个时期的基本论题已经得到清晰界定的情况下,谢林所呈现出来的通向一个既定目标的"道路"是复数的,他对同一个论题进行的不同方式的阐述为我们更为稳靠地把握他思想的实情提供了多重支点,因而也聚集了更多的思想资源。在这一点上,后世的海德格尔或可与之比肩。在1841年的这篇登台首讲里,谢林的语言沉郁激昂、质朴感人,已然暮年的思想家仍然保持着"对真理与自由孜孜以求的精神"(XIV, 367),表达着对祖国、时代和生命的关切,并显示出对自己的使命和对哲学事业本身的坚毅无惧。因此,这篇演讲足以奠定谢林晚期哲学的"基本情调"(Grundstimmung),故而应该首先来读。

尽管在时间上,《对肯定哲学本原的另一种演绎》(1839)要早于本卷中的《启示哲学导论》(1842—1843),但在论题和内容上,"演绎"最好放在"导论"之后来读,而之所以如此,需要首先对《启示哲学导论》的文本和内容做一番简要说明。关于这个文本,应该明确的一点是,谢林之子在编纂其父遗稿时错把柏林时期的《启示哲学导论》编在1841—1842年,实际上这部分是在1842—1843年讲授的,并且文本内容的开始形成不会晚于1837年[①],因此尽管本卷中的《启示哲学导论》是根据谢林之子所编的"全集版"译出,但在年份上做了相应修正。谢林自己的话也佐证了这一点,比如在第二讲中他提到"在我们的课程期间最好就跟上个冬天一样"(XIII, 29),如果按谢林之子所言,这部"导论"是放在1841—1842年和1844—1845年两次讲授"启示哲学"之前来讲的(XIII, VIII),那1841年11月才到柏林的谢林不可能对听众说"上个冬天"。此外,既然谢林自己也强调"这次上课"不管是在"方法上"(XIII, 17)还是在"起点上"(XIII, 33)都不同于上次,那么很明显,这绝不是谢林第一次在柏林上这门课。对比1841—1842年的"保卢斯版启示哲学"[②]可以发现,"全集版"中的"启示哲学"讲授方式确实与之有很大的出入。实际上,本卷中的《启示哲学导论》和《对肯定哲学本原的另一种演绎》的内容,在"保卢斯版"里是处在连续的授课过程中的,但"全集版"的好处就在于,把这两个文本分开能使对问题的阐述更加清晰。此外,谢林一生好作导论,"启示哲学"的正文从慕尼黑时期开始就已经比较稳定了,但谢林一直在尝试为它做新的导

[①] F. W. J. Schelling, *Grundlegung der positiven Philosophie*, hrsg. von Horst Fuhrmans, Torino, Bottega D'Erasmo, 1972, S. 36.

[②] F. W. J. Schelling, *Philosophie der Offenbarung 1841/42*, hrsg. von Manfred Frank, Frankfurt am Main, Suhrkamp, 1977. 当然,"保卢斯版启示哲学"并不是一个严谨的说法,它是由保卢斯"盗印"的谢林1841—1842年"启示哲学"讲座的笔记。

论,本卷中"全集版"的"启示哲学导论"是他为"启示哲学"做的最后一个版本的导论[①],因此有着极高的清晰度和简明性。尽管要把握谢林晚期整个思想道路的细节,仍然需要其他版本"导论"的补充,但对于了解他晚期思想的基本旨趣和大体内容来说,本卷中的"导论"加上已经译出的谢林慕尼黑时期的"近代哲学史"[②],足以给出一个初步的基础。虽然对"导论"的内容在此进行一番"简要复述"既无可能也无必要,但就一些根本问题稍做提示仍是有益的。

谢林晚期哲学是以讲座的形式呈现的,而讲座的标题基本上不是"神话哲学"就是"启示哲学",这就造成了一些望文生义的误解,比如谢林在晚年成了一个"神秘主义者"、"遁入了基督教神学的玄思中"等等,但就思想的实情来说,谢林的晚期哲学的基本结构首先是对"哲学本身"的"二重化区分",也就是把哲学分为作为"纯粹唯理论科学"或者"先天—理性科学"的"否定哲学"和作为"自由哲学"或"后天哲学"的"肯定哲学",而"神话哲学"和"启示哲学"则是对"肯定哲学"的"证成"或者"运用"。这一划分是谢林最终的哲学方案,也是德国唯心论的另一种完结形态,更是谢林对整个形而上学传统,尤其是对从笛卡尔到黑格尔整个近代哲学传统的一种诊断性克服。这种克服的要求出自谢林晚期哲学的基本关切和让他感到"最绝望"的问题:"究竟为什么有某物存在?为什么无不存在?"(XIII, 7)而引发这个问题的,正是近代哲学的主体性自由

[①] F. W. J. Schelling, *Grundlegung der positiven Philosophie*, hrsg. von Horst Fuhrmans, Torino, Bottega D'Erasmo, 1972, S. 44.

[②] 谢林:《近代哲学史》,先刚译,北京:北京大学出版社,2016年。

概念及其带来的虚无主义阴影。很明显,这个问题所问的,并不是某个形而上学意义上的存在始基或主体,而是在问存在的意义和目的(详见《启示哲学导论》第一讲)。因此可以说,谢林晚期哲学同时也是一种对近代哲学虚无主义后果的诊断和克服。

其次,谢林晚期思想跟"神秘主义"没有任何关系,相反,为了避免这一误解,谢林不仅批判了波墨、雅各比这样的神秘主义者,而且也对自己在"世界时代"时期的"神智学"(Theosophie)阐述方式进行了一番透彻反思(见"导论"第七讲)。同样,谢林晚期思想也不是"基督教哲学",更没有以某种神秘的"启示"为权威,谢林明确地讲:"哲学现在能以自己的眼睛去看这些(启示宗教的)对象,因为它尊重一切真理,也包括启示的真理,唯有这些真理已被哲学转化为独立且自身已得到认识的真理,在这个程度上,哲学才是哲学。"(XIII, 138)也就是说,谢林要做的是在一种"更高的历史关联中"把握"启示(基督教)"和作为其前提的"神话(异教)",而不是像黑格尔那样只把它们看作真理的表象(XIII, 145)。这种立足于"更高的历史关联"的考察并不是要把哲学还原为"历史哲学",也不是要像黑格尔那样把历史理解为理性自身的历史,进而导致一种泛理性主义,而是要借由"否定哲学"与"肯定哲学"的区分,对整个近代理性进行一种批判式的范围划定,考察它的历史性处境和效用,进而重新为其赋予真正意义上的合法性。谢林晚期思想根本上来说是在与黑格尔的争辩中形成的[①],甚至必须放在与黑格尔

[①] F. W. J. Schelling, *Grundlegung der positiven Philosophie*, hrsg. von Horst Fuhrmans, Torino, Bottega D'Erasmo, 1972, S. 18.

的争辩中来理解①,可以说通过这一争辩,康德的"理性批判"才在德国唯心论的最后阶段被谢林完成。因此,谢林这个最后版本的"启示哲学导论"要"直接从康德出发"(XIII,33)也就绝非偶然,要理解谢林的这一最终方案,从康德对存在论证明的批判来切入在一定程度上是颇为有益的。

就存在论证明批判而言,谢林一方面继承了康德的结论,也就是不能直接从神的概念中得出其实存,另一方面也认为"康德并没有切中要害……他根本就没有发现所谓的存在论证明中真正意义上的推论错误"(XIII,45)。实际上,谢林和康德对存在论证明的批判背景是不同的。如果说康德面对的是沃尔夫主义传统和近代唯理论,进而通过对存在论证明的批判把"神"限定为一个"范导性理念",而非直接的知识对象,那么谢林面对的则是康德以及紧随其后的整个德国唯心论,尤其是黑格尔哲学。就第一点而言,谢林认为"在康德对理性神学的批判中,肯定性的结论比否定性的更加重要。肯定性的地方就在于,神乃是最终且最高的理性理念并非偶然的而是必然的内容"(ebd)。具体来说就是,在《纯粹理性批判》(B600-B606)中,康德讨论了某个存在者得以被谓述的可能性,即某物被谓述的前提是要有一个在先"谓词总体"或者"可能性总体",因为它作为总体不能再被谓述,所以它是一个"单一的对象",因而也就是理性的理念,即"最高存在者",如果把它"实体化"或者"人格化",它就被看成了"神"(B612)。这一方面说明,"神"作为"最高

---

① Walter Schulz, *Die Vollendung des Deutschen Idealismus in der Spätphilosophie Schellings*, Stuttgart, Neske, 1986, S.313.

存在者"的理念是理性的必然结论,而另一方面,康德也禁止把这个理念看作是"实存的"。对此,康德区分了"存在"的两重含义,即"断定"和"谓述"(B627),"断定"是对某个东西存在的直接肯定,而"谓述"则是在理性中扩大概念的范围。可以看出,"最高存在者"这个理念是理性通过矛盾律以逻辑的方式构造出来的,在这一过程中,"存在"或者"是"的意义并没有延展到其逻辑含义之外。对此,谢林才有理由说:"神恰只不过是最高的理性理念,进而恰由此也始终必须保持为终点,它绝不可能成为开端。"(XIII, 46)因为"成为开端"就意味着"成为一个过程的开创者",这个时候,这个理念由以获得的方式和有效性范围,即谓述性的理性就要越出自身之外,设定一个理性之外的存在了。而谢林正是在这一点上展开对黑格尔的批判的。

在谢林看来,黑格尔在"逻辑学"最后,也犯了同样的错误,即混淆了思辨性的—谓述性的"是",和断定性的"存在"。在黑格尔那里,存在者整体在逻辑学中得到了概念上的完成,这个时候黑格尔的难题就是,逻辑整体如何成为现实整体? 对此黑格尔运用了"堕落""外化""决断"这样的字眼,但在谢林看来,这已经脱离了"逻辑学"的有效范围,在得到了完成的理念中,"没有什么东西可以推动它……再次降格为单纯的存在",黑格尔的理念"仅仅作为一个无所不包的东西……本身不可能是开端"[①]。而能够言说开端的哲学,正是谢林所谓的"肯定哲学",与之相应,因为理性科学只能以思辨—谓述的方式达到神的理念,并不能使之成为现实的开端,所

[①] 谢林:《近代哲学史》,先刚译,北京:北京大学出版社,2016年,第158、187页。

以就被谢林刻画为"否定哲学"。

因此,"否定哲学"中"否定"一词拥有以下三重含义:第一是开端上的否定,也就是说,既然"否定哲学"的终点是"最高存在者",那么它作为理性在自身中演进的科学,其开端当然就是"最低的存在者",谢林将之称为"能够存在者"(das sein Könnende),或者"非—存在者"(nicht-Seiende)(XIII, 64)。其次是方法上的否定,即理性通过自否定的思辨方式从这个开端出发,最终达到"如其所是的存在者",也就是"与自身等同的存在者",也就是说,理性的运作方式是"从它之中把不是存在者自身的东西排除出去"(SW, 70),进而也就得出了结论的否定性。也就是说,因为整个过程是以否定辩证法的方式从"非—存在者"出发的,那么它的最终结果其实只是"非—非—存在者"(ebd)。而在谢林看来,这个"非—非—存在者"(das nicht nicht-Seiende)只是一个"概念",也就是理性科学以否定性的方式,从自己那方面能把握到的"存在者自身",或者也可以说,如果理性科学的运作方式是通过否定性的辩证法,在 A ≠ −A,进而 A=−−A 这个基本思辨模式下得到 A=A,那么这个最终的"存在者自身"只是一个经过了中介的,而非直接从自身出发的东西,因而还不是"真正的存在者自身",但谢林强调,自己的立场就是"存在者自身,所有其他的只不过是纯然表面上的存在者"(XIII, 71)。或者用康德话也可以说,否定哲学的终点是"最高的存在者"这个理念,即"可能性的总体",它是谓述性的"是"所能展开的极点,但这种意义上的"是"无论如何都不是作为"断定"的"存在",因此可以看到,谢林的黑格尔批判实际上重复了康德在对存在论证明中区分的"存在"的两重含义,而第二重含义则构成了"肯定哲学"的出发点。

不难看出,较之于"否定哲学",所谓"肯定哲学"中的"肯定",首先指的是其开端的确凿无疑,也就是说,这一开端并不会被卷入理性的否定性辩证运动中,也就是康德意义上直接的"断定",而这一断定并不是对现成存在的"某物"的断定,因为某物已经是一个处在关系中的概念了,相反,这一断定是"无谓词的直接断定",在它之中,没有"什么"(was),只有纯然的"如此实情"(Daß)(XIII, 58)。谢林把这一开端称为"先行于一切思想的无条件实存者",也就是他晚期著名的"不可预思之在"(das unvordenkliche Sein),这个"确凿无疑者"可以在两个层次上来理解:首先就其被称为"不可预思之在"而言,可以看出,它仍然是从理性或者"否定哲学"这个方面被定义的,正如谢林所言,"理性只能把这个存在着东西(在它之中完全没有任何从概念、从'什么'而来的东西)设定为绝对的*自身之外者*(Außer-sich)……理性由此也在这一设定活动中被设定在了*自身之外*,处在绝对的绽出(ekstatisch)状态中",因此,对这个概念的定义首先意味着理性的一种自身否定和对自己能力边界的认识,也就是说,唯有认识到自己的能力仅仅是思辨性的"谓述"之际,理性才会"自我屈从"在这个直接的"断定"面前,并承认它并不是从理性自身中得出的东西,进而在这种意义上才是"不可预思的"(XIII, 165)。而另一方面,谢林也把它称为"绝对的在先者",或者"自身确凿无疑者"(XIII, 153),因为在理性的思辨中,某物唯有从他者出发才能得到自身规定,而既然这个处在理性之外绝对的

"断定"并不处在与他者的思辨性的关系中,所以它才摆脱了一切怀疑。然而这个东西,还不是"存在者自身",因为"自身"总是意味着一种"自身关系",或者说一种经过了中介化的自身联系,因此,直接的"断定"本身只是一个起点,或者说,"只是一个立刻就被离开了的出发点,科学只有设定这个出发点才能离开它"(XIV, 342)。

肯定哲学的这个开端,就是谢林眼中康德在存在论证明上"没有切中要害"的地方。谢林和康德一样,认为传统的存在论证明混淆了"最高存在者"和"必然存在者"。所谓"最高存在者"就是前述"可能性总体",即把一切存在的样态都包含在自身中的"理性理念",而所谓的"必然存在者",就是"除了是实存者以外不是任何东西,也没有任何概念的东西"(XIII, 156)。在谢林看来,存在论证明所要证明的,实际上就是"如果最高的存在者实存",那么它只能"必然地存在",也就是说,它不可能偶然地存在,它存在的样态只能是"必然存在",或者说,"不得不去存在",这一点是"存在论证明剩下的唯一真理"。因此谢林指出,康德只是把"最高存在者"和"必然存在者"彼此外部地"并列起来",并没有去考察它们之间的本质性关联(XIII, 169)。传统的存在论证明所做的,只不过是分析出了"最高存在者"的存在样态。如此一来,存在论证明想要达成自己的目标,就必须翻转过来,从"必然存在者"出发,但紧接下来的问题就是,"必然存在者"除了"存在"以外再无其他内容,它是纯然的"断定",证明"必然存在者"是否存在是没有意义的,因为只有对于一个可能存在或不存在的东西而言,才有必要去证明它是否存在。但现在的问题是,既然唯有直接的"断定",即"不可预思之在"才能是"必然存在者"和"绝对的在先者",那么就此而言,它自身也就处在一种与谓述—思辨性的思想无直接关联的状态中,因而,肯定哲学的任务就是证明它"后天地是神",也就是"作为神被认识"(XIII, 170)。换句话说就是,"必然的实存者"后天地可以作为"最高的存在者"被认识,因此,通过对存在论证明批判的反思,谢林在"启示哲学导论中"论述的首要目标就明确了,也就是建立"断定"和"谓述"之间的联系,如果这种联系无法建立,那么理性就只会在自身的可能性中空转,而永远无法达到"现实的知识"。因此正如前述,谢林最终的哲学方案乃是一种对理性的批判式确立,就如他自己所说,"正是肯定哲学通过帮助理性获得对那个它已将之认作自己独有的持存不失的内容的现实认识,让在否定哲学中已经屈服的理性重新挺立了起来"(XIII, 153)。现在的问题就是,"断定"和"谓述"的关系如何建立？前述已经提到,肯定哲学的立场是"存在者自身",因此这也就暗示了,两者间关系的建立是一种"自身关系"的建立。这个问题是《对肯定哲学本原的另一种演绎》要讨论的内容,而这也就是为什么这个文本要放在《启示哲学导论》后面来读的原因。而最后的《论永恒真理的源泉》则相当于"导论"和"演绎"这两个文本的"精缩版",它的视角是从作为"可能性总体"的"永恒真理"如何得到现实化的问题出发,从另一个侧面阐述前两个文本的要义,因此可以看作对整个"大导论"的总结。

在康德那里,"理念"是"一切可能性的总体",而"理想"(Ideal)则是一个"单一的存在者"(B604),而这个"单一的存在者"就是把一切可能性包含在自身中的最高的个体,也就是"神",因此,如果说"否定哲学"的最高概念是理念,而"肯定哲学"真正的意图是达到作为"全且一者"的"理想",那么从前述就可得知,在谢林那里,如何从"不可预思之在"达到"理想"的问题,就不仅是"存在者自身"的"自身关系"如何得到确立的问题,而且同时也是"肯定哲学"和"否定哲学"如何统一的问题。可以看出,谢林意义上的"理想"已经不是康德意义上的了。在康德那里,它仍然是否定性的理性科学从自身出发得到的一个关于"存在者自身"的"概念",而谢林意义上的"理想",则是"断定"与"理性"的"一体存在"(Einssein),因此他才会说,"'理想'是'理念'存在的原因"(XI, 585),这种意义上的"理想"就是所谓的"实存着的神",也就是建立在"不可预思之在"之上的现实的"可能性总体",这个意义上的神,才是哲学真正的"本原"(Prinzip)(XIV, 337)。

现在的问题是,这种"一体存在"是如何建立的,从前述的提示不难看出,"一体存在"的建立同时也是神的"自身性"的建立,而在"肯定哲学"的视野下,这个建构过程的出发点必须是先于思想的"不可预思之在"。如前述所言,"不可预思之在"作为纯然的"断定"和无谓词的存在,处在一切思辨性的思想之先,因此,它既不是经由思想的运动设定的存在,也不是由"自身"主动设定的存在,因为这个时候还不存在任何"自身关系",因此,它是一个盲目在此的、没有任何理由的荒诞存在,故而谢林将之称为"偶然的必然之物"(XIV, 337),这里的偶然指的也就是"没有原因地就存在于此",在这个意义上,真正无须奠基的必然存在实际上就是最为荒谬的偶然存在。如果说,某物在认识中总是已然作为自身处在一种关联中,那么无谓词的"某物本身"(etwas überhaupt)则是在一切思想关联之前的"源初表象",也就是说,它必定总是已然被给定的,在此基础上,理性才能去进行发问(XIII, 173),而谢林晚期哲学的主导问题所针对的,恰恰就是这个"某物本身"的"不可预思性"或者说"荒诞":"为什么毕竟有某物存在,为什么无不存在?"因此正如前述,这个问题是一个二重性的发问,即存在论的和存在意义上的。而诡异的是,这个被莱布尼兹用以确认一切存在之必然根据的问题,通过谢林对康德关于存在论题的继承和转化,成了一个揭示一切存在之必然根据本身的偶然性的问题。这个不可被质疑的存在,这个没有谓词的 X,尽管是确凿无疑的,但其实是荒唐的,在这个意义上,"必然存在者"就是"偶然存在者",这里的"偶然性"并不是"可能存在或不存在"意义上的思想之偶然性,而是"没有不去存在的可能的不得不存在"意义上的"盲目性"。如果说,前一种偶然性指的是在具有多样可能性的前提下而已然发生的情况,那么后一种就是在完全没有任何可能性的情况下就已然发生的情况,因而在这种意义上,这种"盲目的必然性"就是可以跟思想的可能性并列存在的:

> 因为潜能阶次[①]并不先行于不可预思之在,所以在此不可预思之实存的现实中,潜能阶次也不可能被克服。但也由于这一点,恰恰在这个不可预思的实存中,一种不可被排除的偶然性也就被设定了。仅仅先行于其可能的对立物的东西,

---

① 关于这个术语,详见《启示哲学导论》第四讲。

对于这个对立物自身来说——只要这个对立物始终是可能的——只拥有一种偶然的存在。(XIV, 338)

换到康德的语境中,对于这个情况可以说,"断定"和"谓述"构成了一个基本的对立,在这个对立中,两者处在一种彼此不可还原,因而也不可互相消解的状况中,现在的问题是,两者的"一体存在"是如何可能的,也就是说,两者之间的关联是如何建立的?很明显,在这里不可能从一个单一的本原出发进行演绎,因为两者是绝对"异质"的东西,两者间的关系建立又该如何被理解为神的"自身关系"的建立?谢林本人从三种思路出发给出了解释:

1. "后天证明":我们总是已然处在一个现实的、谓述已然展开的世界中,也就是说,总是处在一个理念已然存在的世界中,唯有如此,我们才能回溯性地去构造反思和构造它,因此,神或者"理想"的现实存在是一个"已然发生的事实"。也就是说,"断定"和"谓述"总是已然"一体存在"了,并且在这种"一体存在"中,思想的东西,或者说可能性较之于纯然的存在有一种优势地位。我们所处的世界本身就是这种"优势地位"的后果,但问题是,这种优势地位是哪里来的?① 我们给不出任何理由说,可能性一定有高于纯然存在的优势地位。既然在思想所能达到的源初状态中,不管是"断定"还是"谓述"都不具有优先地位,反而彼此限定,那么"谓述",也就是可能性的优势地位只能是由一个自由于两者的东西赋予的,

---

① 谢林:《近代哲学史》,先刚译,北京:北京大学出版社,2016年,第282页。

谢林将之称为"绝对原因"①,也就是神,但神并不是独立于两者的第三个东西,而是两者的"统一体"。换句话说,两者单独来看尽管彼此外在,但其实都是神自身的规定,在这个意义上才可以说,神是"现实和观念,或者主体和客体的绝对同一性"②。这个意义上的主—客统一体,并不是思辨意义上的主体,和作为主体的他者会被扬弃的客体意义上的统一体,而是纯然的主体和纯然的客体间的统一体。这就引向了第二点:

2. 神的概念。从康德的讨论中得知,神是"必然存在者",也是"最高存在者",但谢林指出,"必然存在者"并非直接就是神,因为它是没有谓词的,而"最高存在者"并不实存,因为它是不做"断定"的,因此,神的概念就是"存在的主宰"③。"存在的主宰"不仅是作为"谓述"的存在的主宰,也是作为"断言"的存在的主宰,也就是说,尽管作为"断定"的"必然存在者"是第一位的,但神并不囿于其中,而是作为主宰自由于它,进而如谢林所言:

> 是个体,确切地说,也就是通常所谓的最高意义上的个体在实现自身,也就是使自己可被理解,步入理性和认识的领域,把自己普遍化,亦即将普遍之物,将把握着一切的本质引向自己,用它来伪装自己。(XI, 583)

---

① 谢林:《近代哲学史》,先刚译,北京:北京大学出版社,2016年,第311页。
② 同上书,第314页。
③ 同上书,第319页。

换句话说,神的概念就为"是必然存在者的最高存在者"和"是最高存在者的必然存在者",在这两个表达中,第一个"是"的意思就是纽带、联结,作为神的神是这个联结活动的结果,在联结活动进行之前,谈不上作为神的神,因此可以说,作为神的神就是真正的"理想",但就神自身而言,它作为"存在的主宰"只是"一种关系,且完全是一种关系,仅此而已"①。也就是说,神是一种纯粹的"关联活动",这种关联活动就是把对理性而言完全相异的东西统一在一起,进而也就是彻底的自由。这就引向了第三点:

3. 自由的概念。作为纯粹的"关联活动",神就是"最高的自由",但这首先要建立在"必然存在者"和"最高存在者"这两个基本概念上。前者虽然是荒唐的必然存在,但它给了神"不去存在的自由",也就是说,它可以确保神就其自身而言没有在谓述空间中展开自身的必然性,同样,"最高存在者"给了神"去存在的自由",因为尽管神的存在是确凿无疑的,但如果囿于这一存在,神就是最不自由的,正是作为"最高存在者"的"理念",给了神"另一种存在的可能性",因而神的概念就是"去存在且不去存在的自由"(XIII, 261)。进而神的"自身性"建立过程,也就是自由的三重面向得以展开和完成的过程。在这里,直接的东西是"不可预思之在",作为中介的东西是作为"可能性总体"的"最高存在者",而后果是已然作为神的神自身,但在整个过程中,神就其自身而言是纯然的"联结活动"。因此,实际上谢林晚期所谓的"神",并不是某个"实体性

---

① 谢林:《近代哲学史》,先刚译,北京:北京大学出版社,2016年,第320页。

的东西"①,只不过关联于存在者的概念才是"必然存在者"和"最高存在者"的"一体存在",但神真正的概念是"存在的主宰",即超出理性的思辨统一活动之上的最高"联结活动",或者说,使"存在"这个事件得以发生的原因,因此在这种视野中,不仅黑格尔的泛逻辑主义得到了克服,近代主体性哲学的虚无主义后果也得到了诊断,而且理性的疆界也得到了划定。可以看出,谢林要做的最后努力仍然是想为一个可理解的世界,也就是"理念"建基,但这种意义上的建基并不是在"主体"或者"理性"内部的建基,也不是像早期唯心论那样从某个自明的第一原理出发来建基,相反,这种意义上的建基是在揭示出理性自身存在的无根之际的"历史性建基",也就是说,在拒斥基础主义的同时,把"存在"理解为一种"历史性事件"。因此正如马库斯·加布里埃尔(Markus Gabriel)总结的那样,谢林晚期的存在概念是一种"历史性的存在概念"②。

如何评估谢林最终的哲学方案及其思想史效应,是一个眼下还不可能得出结论的问题,因为它的影响仍在持续,并始终直接或间接地出现在当今的哲学话语中,尽管这一点无法在此展开,但译者希望,以上对谢林晚期思想的一点挂一漏万的基本勾勒,能够稍稍帮助读者在将来看到谢林思想一百多年来从未熄灭的辉光。

对一个研究者来说,没有什么比翻译自己所研究的思想家的

---

① 谢林:《近代哲学史》,先刚译,北京:北京大学出版社,2016年,第319页。
② 马库斯·加布里埃尔:《不可预思之在与本有——晚期谢林与后期海德格尔的存在概念》,王丁译,载《哲学分析》,2018年第1期。

原著更幸福的事。译者在此感谢"谢林著作集"主编先刚教授的信任和编辑王晨玉女史的辛劳,感谢业师孙周兴教授使我得以从事德语哲学翻译,也感谢所有在此过程中给予我帮助的师友。当然,译无止境,名著翻译更是无止境,所以译者也恳请各位读者不吝赐教。

王 丁

2018 年 11 月于湖北孝感

对肯定哲学本原的另一种演绎

1839

F. W. J. Schelling, *Andere Deduktion der Principien Positiven Philosophie*, in ders. *Sämtliche Werke*, Band XIV, S. 335-356, Stuttgart und Augsburg, 1856-1861.

对肯定哲学本原的另一种演绎(1839)

我们的出发点是先于一切思想的无条件实存者。① 而任务恰恰则是,在这个唯一的预先被给予者,即这个无条件的存在或者实存(因为我们在开端处其实只看到了这个东西,它所包含的什么[was]对我们而言尚是遮蔽的)中找到真正意义上的"一"(Monas),即持存不变者,持立于一切之上的本原;至于这一本原是否是凭借先行于一切思想的存在——我们可以将之称为不可预思之在(das unvordenkliche Sein)——被找到的,也就是说,"一"是否已经凭借不可预思之在被找到了,这正是问题所在。或许这个不可预思之在只不过是最初的存在,只不过是真正意义上的"一"的最初显现样态。也就是说,要问的是,那个不可预思之在是否完全不允许任何对立物,它可以被这一对立物改换,进而能表现为一个对此对立物而言的偶然之物。我们必须克服不可预思之在,必须从它出发,以达至理念(Idee)。而这似乎只有以下述方式才是可能的,即通过某种辩证法,那个不可预思之在自身也能被表明为偶然之物,但并非被表明为全然的偶然之物,而是被表明为仅仅偶然的必然之物。尽管我们

---

① 这里进行的阐发紧接着《启示哲学导论》,上一卷第248页的注释已经提到了这里涉及的问题。——编者注("上一卷第248页"所在的文本为《启示哲学[第一部分]》,即 SW, XIII, S. 248。在本篇中,凡是提到上一卷的地方均指《启示哲学》这部作品,下同不另注。——译者注)

现在已经断言,在不可预思的实存者中,现实(*Actus*)先行于一切潜能阶次。必然的实存者并非先是可能的然后才是现实的,相反,它即刻就是现实的,它一开始就是存在的。也就是说,那个尚未得到认识的"什么",即不可预思之在中的 X,先行地或者先天地来看,诚然只是存在者。但没有什么会妨碍,恰恰这个先天地是存在者的东西,在后来,post actum[后于现实地] (在这里这么讲其实是恰当的)会是能在者(das Seynkönnende)。我们只是说:没有什么会妨碍,但还没有说:现实地就是这样。这一点是否是现实的,只能通过其结果后天地来证明;从先天出发只能看清这样的可能性,即恰恰这个先行地是纯粹存在者的东西,在后来或许会是能在者。而这正是因为潜能阶次并不先行于不可预思之在,所以在此不可预思之实存的现实中,潜能阶次也不可能被克服。但也由于这一点,恰恰在这个不可预思的实存中,一种不可被排除的偶然性也就被设定了。仅仅先行于其可能的对立物的东西,对于这个对立物自身来说——只要这个对立物始终是可能的——只拥有一种偶然的存在。如果我在 +a 和 −a 间进行选择,并且已经选定了 +a,那 −a 现在就已经永远被排除出去了;我选的 +a 就不是一个盲目的存在,在一个盲目的存在身上,始终且必然被想到的乃是一种偶然的存在,而被选择的 +a 不再是一个偶然的存在,因为它是一个被意愿的存在。但如果我只是直截不加选择地设定 +a,那么 −a 尽管也是先行的,但并不是已经被永远排除出去的,或者不如说,它根本就没有被排除出去,它始终仍有可能在后来突显并自行起效。也就是说,恰恰在纯粹的现实本身中,存在着某种偶然之物;纯然现实的必然实存者——直到现在我们所拥有的只有它——乃是纯然偶然的必然实存者,正因为这一点,我们也可以把它也称作盲目的实存者;盲目的实存者乃是纯然偶然的必然实存者,它因而也就绝没有把仅作为先行者的能在者绝对地排除在外。纯然的能在者自身仿佛并没有去实存的权力;但在纯然的现实,即纯然偶然的必然者存在之后,纯然可能之物也能够提出去存在的要求,唯有不可预思之在才使得潜能阶次可能显现。但恰恰出于这一点,下面的情况也得到了澄清,即在后来突显的能在(das Seynkönne)仍不能不关联于纯然的存在者而存在,由此,能在绝非他者,反倒与纯然实存者是相同者(dasselbe),这个相同者也能是与纯然实存者相对立的 potentia existendi[实存之潜能]。因为当存在被预设为前提的时候,潜能阶次是无法显现的,所以在两者间必定存在一种一体性,也就是说,那个是纯然实存者的东西,必定也是实存之潜能;但恰恰当我说出这个相同者,即当我说出:那个纯然或无限地是存在者的东西,也是无限的实存之潜能或无限的能在时,就有某种东西已然被设定了,它比纯然的实存者更为丰富,它超出了实存的纯然现实,并能超越于它而存在,它现在恰恰因而就不再是纯然现实的必然实存者,相反,它乃是本质性的、即必然的必然实存者,即能够是 natura necessaria[必然的自然] 的东西,它独立于现实的实存、独立于实存这一现实,它乃是据其自然本性或本质而存在的必然实存者。

如此说来,这个必然的自然似乎首先:1)是不可预思的存在者,2)是能够是某个其他存在的东西, 3)是在两者之间自由地作为精神而悬浮的东西。它之所以是自由的乃是因为,它会对可能(Können)而言表现为存在,会对存在而言表现为可能,因为不可预思之在使它自由地指向可能,而可能使它自由地指向不可预思之在,所以必然的自然能够同时是且不是下述两者,即纯存在者和它能借助能在而去是的那个东西。必然的自然自身作为这三个要素不可消解的统一体,或许就是绝对自由的存在物,它之所以自由乃是鉴于 1)有一个不同于其源初存在(即其不可预思之在)的其他存在被展示给它。必然的自然 1)鉴于这个其他存在是自由的,因为它可以自由地 a)不去意愿它:因为它也是不依赖这个其他存在且先行于它而在(实存)的,进而它的存在乃是先天地确凿无疑的;但它同样也可以自由地以下述方式去意愿 b)这个存在,即它恰恰在不可预思的实存这一现实身上拥有它由之能反过来支配那个其他存在并成其主宰的东西,因为在其他存在的显现中,这一现实的位置会被其他存在所取代——即存在的空间会被占据——,尽管它作为现实,并不会在其根基上被取消,但它现在只会成为无限的现实这一潜能阶次,但这一潜能阶次会以不可抗拒的力量在现实中通过克服(Überwindung)重建自己,即把那个从潜能阶次中走出的存在再次潜能阶次化(Wiederpotentialisierung),这一存在现在与它相对立,通过这一存在,它仿佛从存在的位置上被挪开了,被否定了。但作为必然的自然,既然它自由于能在者,那它就同样 2)也自由于不可预思之在自身,它并没有被强迫坚守在不可预思之在中,而是能够走出它,把这个不可预思之在本身反过来作为自己运动和生命的纯然要素。因为就算如此,即就算必然的自然现实地而取消了这一不可预思之在,它仍始终是必然的自然,即据其自然本性的必然者,因为必然的自然也是能在者,但它作为能在者已然先行具有了存在,它由此才恰恰是具备自由的、真正的能在者。真正的能在者乃是下面这个意义上的,即其存在乃是独立于一切先行可能性的稳靠存在,故而是确凿无疑的,它不可能由任何在它之中随后出现的存在取消。因为这个无限的存在乃是稳靠的,所以它就在自由中自行观察断定,是否去假定其他存在;因为单就其自身来看,这个独立于现实实存而始终是实存者的东西,乃是超实存者(das Überexistierende)(因为超实存者恰恰被理解为独立于实存之现实的实存者),也就是说,对超实存者自身来说,是否假定其他存是完全没区别的(perinde est[完全一样]),通过超实存者的纯然意志,其他存在得以实现,而不可预思之在也由此被置入张力和否定中,或者说,不论那个纯然被展示为可能的存在被直接再次退回到潜能阶次中,或者更确切地说,被保留在纯然的可能性中,对超实存者而言都没有区别。因为当不可预思之在中的存在者不去意愿这一可能性的时候,它就是无,唯有当此存在者意愿它时,它才是某物。所以当与此可能性相应的存在存在时,它才作为其自身而存在,而此存在唯有通过不可预思之在中的存在者之意志,即神性意志才得以存在。(众所周知,所有不完全否认创造本身的人都假定,一切创造的根基乃是意志,但有些神学家却特别地教导说,质料[纯然的、尚无形式的材料]只可能通过纯然的神性意志被创造,但他们显然没有能力把这一假定跟某个可理解的概念联结在一起。)其他存在的可能性乃是为被锁闭在源初存在之中

XIV, 341

的存在者而显现的。存在乃是先行的,可能性只是紧随其后,但对不可预思之在中的存在者来说,可能性乃是自它存在这一实情开始,也就是自永恒以来就向它显现的。在这里,需要说明一下"永恒"这个惯常的表达。所谓"永恒",就是不可能有任何东西——甚至思想——先行于它。对于这个无论我们怎么赶早都已经在此的存在,我常常听到这样的异议:这种先行于一切可能性的现实性是不可设想的。毕竟它不是通过那种我们已经习惯的、先行于存在的思想而来的。但思想恰恰把这一存在自行设定为自己的出发点,以便达至那个对自己而言显得最值得去认识的东西——这个东西进而也表现为知识中最值得欲求的东西——把它作为现实的来达到,在对此出发点的离开中,才存现实的思想,但正如在某一运动的 terminus a quo[起点] 自身中,运动虽然还没有在真正意义上存在,但起点也还是属于这一运动的,所以这个处在前进过程、处在对它自身的离开过程中的存在也就一道成了思想的一个要素。但我常听到的那个异议或许同样意味着:人们根本不可能设想这种先行于一切可能性的现实性,但情况并非如此。因为人们有时候大抵必须设想这种存在;比如在生产、行动、活动中,它们的可能性唯有通过它们的现实性才是可被把握的。没人会把那种据某个现成的先行概念才会出现的东西称作原本的(original)。所谓"原本的",就是说当人们面对其现实性的时候,才会承认其可能性。

神存在于其中那个存在,乃是永恒的,甚至在神自身思想它之前就存在了。唯有走出他的永恒,神自身才能以其永恒为对象。永恒乃是神的属性之一,它与某些其他属性一道被那些思辨神学家称作否定性的。如果人们想要更为详细地探究它们,那么它们无一例外的都是这样一些属性,即它们都是从神开始且先于神被设想的,也就是先于其神性被设想的,没有这些属性神不可能是神,但通过这些属性,神还不是神。因为比如说,斯宾诺莎的实体就是永恒的,即无任何前提预设地、无根据地永恒的,但它还不是神;但反过来说,如果神不是永恒的,它也不可能是神,永恒乃是神性的一个 conditio sine qua non[必要条件]。在这一无根的(grundlose)永恒中,根本就没有科学,没有思想,因为康德说得对,它是理性的深渊,因此永恒恰恰只是一个要素,只是一个立刻就被离开了的出发点,乃至科学只有设定这个出发点才能离开它。当人们说"自永恒以来"的时候,它就恰好被当成这样一个起点了。在永恒自身中恰恰除了那个无根的存在就只有无;但这存在自身之所以被设定,只不过是为了走出它。自有它存在这一实情起,也就是从永恒起,那个其他存在的可能性就向永恒者展示着自己,神正是通过这一点从它盲目的永恒中,即纯然实存的永恒中把自己挣脱了出来,以达至本质之永恒,理念之永恒。对神自身来说,这一可能性表现为某种先前没有存在过的、意料之外的东西;尽管对神来说,这一作为未曾预视之物的可能性并不是一个 invisum[遭嫌的东西],或不受欢迎的东西,它在另一种意义上反倒其实是一个受欢迎的东西;因为当它向神展示那个可以通过自己纯然的意志被提升至现实的存在时,它也就给予了神本身某种他能够去意愿的东西,某种神先前并不拥有的、有待被意愿的东西本身,也就是一种纯然能够存在或不存在的东西①。也就是说,以此方式,可能性把纯然不可预思的存在者提升成了比它现在仅仅所是的更为丰富的东西,也就是把它提升成了能在者,即那个现在尚不存在的存在之主宰。但通过这一点,不可预思的存在者同时也自由于它自己的不可预思之在了,它原先并不是这一存在的主宰,因为这个存在并不是由它自己设定的,如此一来,在理念上——至少可以设想——通过那个全然由其意志支配的潜能阶次之显现,不可预思的存在者已经摆脱了不可预思之在。也就是说,唯有那个源初可能性的显现才首先把在不可预思之在中真正意义上的存在者给予了它自己,因为正是在这个对它来说作为可能之物而被展示的存在中,它同时看到了能使自己现实地、实际地从不可预思之在中解脱出来的手段。通过成为一个与不可预思之在相对立的存在的主宰,它也就同时把自己也视作不可预思之在的主宰,具体说来是以下面的方式。当诸位思考那个尚未存在着的、只是可能的、就算存在也不过是偶然的存在的主宰时,诸位也就把这个偶然的存在设想为已然产生的存在,那么这样的存在乃是相对于非被产生、先前已经在此的源初存在而出现的,只有在现在这个比较中,源初存在才表现为永恒的存在。但进一步来说:这个偶然的存在可能并不会产生,确切地说,恰恰只有在先前除了永恒的必然存在以外一无所有的地方,偶然的存在才可能产生,如果不对永恒的存在产生作用,偶然的存在就不可能产生。如果我们把永恒的存在称为 A,那么偶然的、被产生的、不同于永恒存在的存在就是 B。也就是说,

---

① 见上一卷,第268页。——编者注

在先前不可预思地除了纯粹的 A 以外一无所有的地方,现在存在着 B,它以将之排除在外的方式作用于 A。这个我们先前已将之认作纯粹的现实,并据此作为纯粹的出发点而不被任何东西否定和阻碍,从而也不会因为任何东西已经在自身中得到了反思或被驱回自身中得到认识的东西,现在有了一个对立物,它被新产生的存在阻碍,仿佛从自己的位置上被挪开、被提升到了高处,就好像一个生命机体中先前安静的部分被激活了,自行燃烧了起来(燃烧正是被激活,即走出潜能阶次),正如被点燃的部分接下来会推动处于自己之上的其他部分上升,不让他们 eodem loco[原地不动], quo fuerunt[一成不变],新产生的存在就是这样作用于先前已然存在的存在的。以此方式,在这个先前不运动的存在中才首次出现了运动性。这个存在自身也成了一个他者,它在自身中获得了一种否定,即潜能阶次,它自己因而也就成了一个存在者(因为在源初的开端中它曾经是那个唯一的存在者)。也就是说,尽管它据其本质并没有终止是纯粹的现实,但它现在成了不再是纯粹现实的现实,反而仅仅据其本质才是现实,因为本质 = 潜能阶次,所以它就仅仅仍是纯粹的现实这一无限的潜能阶次,也就是那个被其自然本性所迫而不得不是纯粹现实的东西;它不再是纯净的、无潜能阶次的、进而同时无自身的、没有假定自身的、尚不自知的、它先前曾经是的那种存在;当它在自身中获得了一种否定,即潜能阶次时,它就已经成了一个为了自己而独立存在着的东西;它先前是出离自己和纯粹走出自己的东西,现在则是一个被置回到自身中的东西,它成了它自己的潜能阶次,也就是说,恰恰成了为自己而独立存在着的东西。以此方式我们就看到了,那个我们已经将之视为偶然的、纯然可能之存在的主宰的东西,当它是能设定或不去设定这个偶然存在的主宰的时候,它是如何恰恰也由此成了它的源初存在之主宰,通过假定对它展示的存在,它就能把其源初存在从纯净的存在中提取出来置入一个存在者中,即 ex actu puro in potentiam[从纯粹的现实设置到潜能阶次中],如此一来,它也就能把自己的必然实存自身转化为一种偶然的实存(在此被否定的形态中,这个存在就是一种偶然的存在)。它之所以能取消这个源初存在,是因为它可以独立于此源初存在而存在,即它可以是无现实的实存者,尽管它始终是据其自然本性的必然实存者,即必然的自然。

肯定哲学是如何能单独地从不可预思的存在者(在其坚硬的存在中无法开启任何东西)出发的,基本上就是上面所讲的那样。我现在试着把这个展开过程再阐述一遍,不过是用另外一种方式;因为我们在这里并不是处在必然思想的领域中,而是处在自由的、即真正意义上思辨性思想的领域中。根本说来,"思辨"这个表达就是为肯定哲学预留的,比如说,初等数学就不能被称作思辨性的,思辨性的数学是高等数学。思辨乃指,环顾各种可能性,通过它们,科学中的某个特定目的能被达成。这些可能性诚然直接地只是必须在作为现实性的后果中证实自己的可能性,正如在假设性的推论中,大前提中的假设就是结论命题中已得证实的真理。

肯定哲学(单独地)得以开启的这整个展开过程乃是最具思辨性的,并处在这样一个领域中,仅被机械训练的思想和纯然平庸的算数家是不可能把自己提升到这个对无限者进行分析的思辨领域中的,对无知的算数家来说,这肯定会显得像是任意妄为。也就是说,在这里,许多种不同的阐述都是可能和可行的,正如人们在对相同的结论做更高的分析时往往殊途同归,但唯有在某个结论早已得到了证明,而通向这一证明更为质朴、通透和一目了然的进程还尚需寻觅时,才会出现这种情况。

在否定哲学的终点,理性被设定在自身之外,它仿佛被震惊了,因为它看到,在这种否定的哲学中,它不能把自己真正的内容作为现实的来据有,于是它决心从先行于一切思想的存在出发。① 但它之所以自愿屈于这个存在之下,也只不过是为了重新去直面这个存在,也就是借由"不可预思的存在者**是什么**"这个问题:因为在这个不可预思的存在者中,理性首先直接拥有的恰恰只不过是不可预思的实存自身,这恰如康德所言,没有人能抗拒这个结论:"如果有某物实存(这个表达的前提表明,这里被预设为前提的是某个可能存在也可能不存在的东西,也就是纯然的偶然存在),那么必定也有某一个东西(也就是说,它是什么,始终还没有得到规定)以必然的方式实存。"② 如果我们在开端处,对必然的实存者除了其必然的实存以外一无所知,那么关于"什么"的问题就会自行浮现,它要问的就是:不可预思的存在者仅仅是现实,还是据其自然本性的必然实存者(后者可以简单描述为:它是否是必然的实存者自身)。但现在的问题是,我们从中出发的那个现实的必然实存

---

① 见上一卷第八讲,特别是第161页及以下。——编者注
② 同上书,第166页。——编者注

者,是不是必然的实存者自身,这一点是无法先天地看清的。因为这个现实的必然实存者自身不再具有任何在先者(Prius),从此在先者出发我们可以达到它,正如我们已经假定和预设的,这个必然的实存者自己就是绝对的在先者,所以我们能从它出发而进一步去认识的,只可能是一种纯然从后天得到的认识。如此一来,我们要进一步据此来处理的,就是下面这个现在摆在眼前的选言命题:现实的必然实存者要么纯然地就是这一个东西,要么是必然的实存者自身,我们把第二种情况假定为前提,就可以做如下推论:如果情况是,在那个现实的必然实存者中存在着必然的实存者自身(如果在必然的实存中存在着必然的自然),那么必然就能得出后面的结论。这就是我们现在首先要单独阐发的大前提的一般形式。如此一来,小前提只可能是"一切我们已将之证实为假设之后果的东西已然作为现实之物而存在",借此,假设也就不再是假设了。(要纠正这样一种寒酸的看法,它会得出这样的结论:"这里所有的都是基于假设",之所以会有这种看法是因为,我们是从那个单独来看并不运动的不可预思的存在者出发的,不得不靠假设的帮助才能越过它,所以人们就以为"假设"这个字眼也属于展开过程。按照这种看法,在严格的科学中,假设性的推论也必须被完全禁止,然而在一系列情况下我们是需要假设性的结论的,甚至在数学中,尤其是在所有的归谬证明中。)依据这一说明,我就把在我们大前提中"如果"的直接结论确立为下面这回事。即对据其自然本性的必然实存者来说,纯然现实的必然实存必定是一个可有可无的(gleichgültig)、对此必然实存者自身而言偶然的存在。因为必然实存者并没有在这个存在身上设定其意愿(它就是在没有必然实存者之意愿的情况下就存在的不可预思的存在者),必然实存者的行动因而也就自由地指向这一存在,它由此也就是自由超越于此存在的已然持存不变者,也就是那个超越于此存在的能在者,不过这一能在者自然只是能够是他者的能在者。这个他者,就是不同于不可预思之在中的存在的他者。就其自然本性而言的必然实存者必须超越和越过纯然现实的必然实存,较之于仅仅必然的实存,它必须更丰富地存在;但既然在此更丰富中,它不可能还只是存在者,因为它先前已经是存在者了,所以它唯有成为能在者,确切地说,是能够成为能超越自己的、超越其不可预思之在的能在者。它并不是成为 potentia actus[现实的潜能](现实这一潜能阶次),因为这个东西(现实)恰恰先天地就在了,也就是说,现实只不过是 potentia potentiae[潜能之潜能]。这一点现在大抵已经足够清楚了。然而唯有当那个无限的存在者中真正意义上的存在者就是必然的实存者自身,它才会因之还没有作为自身而存在,也就是说,它还没有自知为那个超越了源初现实的能在者。如此一来,这一点必须得到特别地指明(也就是说,它自知为超越了不可预思的现实的能在者这一实情必须被特别地指明)。因为直到现在,那个真正意义上的存在者只不过是就其自身而言或者先于其自身而被谈论的,也就是说,它是没有自己的意愿和知识活动的存在者,它一直在向前,而没有返回到自己身上。也就是说,在这里无论如何仍需一种补充性的构想。不可预思的实存乃是一切概念的先行者,也就是说,它不是由概念规定的,尽管就此而言它是一个必然之物,但它却仍只是一个仅仅偶然的必然之物,即一个盲目之物。作为这样一种东西,它也就还没有把对立的存在(通过从潜能向现实的过渡被设定的存在)排除在外,否则它就必定会有一个先行于自己的概念。这个通过从潜能向现实的过渡才得以可能的存在根本就没有权力去要求现实性;如果没有不可预思之在,这个由过渡而来的存在就根本不可能谈得上是现实的,但既然这个不可预思之在自身确切说来是盲目的,即偶然的,那么面对以此方式而存在的东西,纯然偶然的存在也是有权作为可能性而显现的,也就是向那个在现实的必然实存中真正意义上的自身,亦即本质展示自己,展现自己。我之所以使用这些表达,因为这些可能性单独来看乃是一种纯然的显像,它只不过是对于它向之展示自己的东西而言的某种东西,并为后者道出下面的事情,即必然实存者自身其实是能在者,是超越了它的直接实存的能在者,正是因为这一点,它能够摆脱这个存在,能把它自己提升到这个实存之上,唯有如此,这个存在才会成为它的对象,因为在此之前,这个存在自身一直占据着主体的位置;当真正意义上的自身在能在身上看到作为自身的自己时,它才拥有了一个在存在之外的立足点,一个ποῦ[位置],它能够从这个立足点出发在它的存在中自行运动,仿佛能把这个存在从其位置上提出来,但这并不是为了将它绝对地取消,而是为了在一个被否定的位置上来设定它,这一点已经得到了说明。

我们要区分现实的必然实存者和必然的实存者自身。后者目前只是理念,是我们在不可预思之在中预设的东西:但如果它存在于这个不可预思之在中(这正是我们的假设),那么通过与不可预思之在相对立的潜能阶次之显现,必然的实存者自身就必定也会被提升到其理念之中;也就是说,它必须把自己视为那个不再纯然据其实存而言,而是据其自然本性的必然实存者,如此一来,它才是名副其实的神,因为正如之前①已经讨论过的,神并非直截的必然之物,而是必然的必然存在物,必然的自然,为了能够是这样一种东西,神并不需要实存本身,就算必然的存在或实存被取消,神也始终是必然的存在者;这个首先 quod non per existentiam existit[并不通过实存者而实存的东西],即 quod existit, sed non per existentiam existit[反倒不通过实存者的实存而实存的东西],才是我们称之为神的东西。这一点可以被视为从纯然的、确切来说现实的必然存在者之概念(这尤其是斯宾诺莎无法摆脱的概念)出发,去达到据其自然本性的必然存在者之概念的过程。在这里,辩证性的要素就在于,在现实的必然实存中认出偶然之物。如果必然的存在者自身就存在于纯然现实的必然存在者中,那么对这个必然的存在者自身来说,那个现实的存在就必定会自行展现为一个偶然之物,并据此是一个可被取消之物,但它并不是一个直接的、可以通过自身就被取消的东西——这是不可能的——,而是通过一个后来的存在,即在它之外的、据此必须把自己展示为可能性的存在才是可被取消的。通过其他存在这一潜能阶次之显现,先行于此潜能阶次的纯然现实的必然实存自身也就表现为一个偶然之物、可取消之物,进而也是一个能够不存在之物。但恰恰借由这一点,实存者也就摆脱了它的实存,进而看到了在它自身中独立于

————
① 上一卷第 159 页及以下。——编者注

这一实存的必然性。根本上来讲,我们从一开始其实只能去**意愿**这个据自然本性的必然者。直接地首先展现的东西乃是现实的必然存在者,我们一开始只好设定它,因为我们不可能设定别的东西,也就是说,它自己仿佛仅仅是盲目的。存在着一种盲目的理性,除了现实的必然存在,它不设定任何东西。我们先前称作不可预思的存在者的东西,正如现在已经指明的那样,其实只不过是纯粹现实的现实,它作为现实只不过是偶然的,只不过是个无法回避的东西,但正因为如此,纯粹现实自身是不会先于其现实被看到的。现在,当纯粹现实的现实被取消的时候,纯粹现实自身也就作为本质被保留了下来,进而得以作为本质被设定。神的真正概念不可能是其他,恰恰就是纯粹现实自身,即作为本质而存在的纯粹现实。

我们让随即就要被清除掉的纯粹现实的现实先行于纯粹现实自身,这一点在此展开过程中是无可回避的,我们至少会受到下面这种人指责:他们在神之中只设定否定性的属性,即那些神在其中尚未作为他自身存在,即尚未据其神性而存在的属性。诚然,唯有永恒者,即从自身出发的存在者(quod a se est)才可能是神,所以人们必须明确地说(并且人们因而也可以把这些属性称作神性的先天属性):唯有永恒者才可能是神,但它并不必然地就是神,它只有后天地才是神,从神的否定性属性到肯定性属性没有必然的过渡,而所谓肯定性的属性,就是天意、智慧、善以及所有其他相关的属性,通过它们,神才是真正意义上的神,神学迄今为止还没有找到这个过渡。单独的否定性属性只会导向泛神论,而肯定性的属性才会导向我们可以将之称作真正的神的概念。①没有被预设为前提的不可预思的、即（按先前的说明）偶然的必然（就此而言即盲目的）存在，神根本不可能是神；因为若非如此，神就不可能是超存在者(das Überseiende)，不可能是存在的主宰，进而也就根本不可能是主宰，如果我们意愿神本身，那我们就必定也会把他意愿为存在的主宰：但这样一个先天存在者的神性终究只能被后天地证明。可是那个在神之中先行于一切的存在是自发地、亦即没有神的参与就存在的，神先行地——甚至先于他自身——就有这个存在了，没有它的话，神就不可能是神，这个存在自身只不过是瞬间中的一个构想，是一个即刻就被克服的构想，它只不过是据事情而非据时间被预设的一个前提。一旦神处在这个不可预思之在中，也就是自永恒以来，他就知道必然实存的这一现实不是必需的，他知道，如果没有这一现实，他就是超出这一实存的必然实存者，而他的神性正在于此。

也就是说，自永恒以来神就把自己视作主宰，把他的不可预思之在看作可以取消的东西，当然只不过不是绝对地取消，而是把它悬置起来，以便借由一个必然进程使不可预思之在以此方式成为一个对神而言的自身被设定之物，一个被自由意愿之物，唯有以此方式，不可预思之在才成为神性的必然存在。我说的是，神把自己视作可以去做成这些事情的主宰；但我们现在要问，为什么神要现实地做这些事呢？到现在为止，一切都还停留在可能性中，但是，神到底是如何可以有能力去实现向他所显现为可能性的东西，如

---

① 见《神话哲学》第61页注释。——编者注

何取消他的不可预思之在,如何在这个不可把握的存在的位置上设定一个可把握的存在,所有这些对神只不过显现为可能性,神是如何现实地做到这些的呢?一种在最切近处驻足不前的辩证法或许会满足于已经提过的说法,并认为它已足够充分:神假定了与不可预思之在相对立的存在之潜能阶次,通过这一潜能阶次,对他而言不可预思的实存被设定在了它的现实之外,进而被潜能阶次化,以便他并非由自己设定的存在能被转化为由他自己设定和意愿的存在,进而使得对他未经中介,却因而盲目的存在的断定被转化为一个通过否定而得到中介的对其存在的断定。但神会为了谁而做这些事呢?为了他自己吗?不可能:因为他事先就知道,那个现实的必然存在会把自己作为自己加以保管,重建起来。所以如果只是为了他自己,神似乎也就没有必要去设定那个否定不可预思之在的张力。如果我们想要表达得更为明确,我们甚至必须说:如果神只可能为了他自己而做这些事情,他无疑也会不去做这些事情;一个对神自身而言或许并无目的的进程会给他带来什么呢?如此一来,他只可能是为某种外在于自己、praeter se[在自己之旁]的东西而决定了这一进程("外在" = praeter[在……之旁]和extra[绝缘于],但这里所说的不是第二种意思);神只可能为某种外在于自己的东西而决定把他现实的永恒存在悬置起来,这并不是为某种或许已然外在于他而存在的东西,而是为某种通过这一进程才会现实存在的东西,神正是通过对他直接自行展示的潜能阶次的中介而看到了这一进程的可能性。唯有作为主宰,才能生产出一个与自身不同的存在,神的全然出离自己首先就在这一点上;但对神来说,始终处在这种出离自己的能力中就如同始终处在绝对的自由和极乐中。我们的这个断言很可能会让那样一些人觉得扎眼,他们把否定哲学的最终概念看作是关于神唯一需要去知道的东西,据这一概念,神无非就是永恒者,即永存不变的主体—客体,或者像亚里士多德那样把这个构想表达为,ὁ τόν ἅπαντα χρόνον ἑαυτόν νοῶν[永恒地思想着自身的存在者]。如果只被视为纯然的概念规定,那么亚里士多德的这一表达最终要说的不是别的,正是神乃是据其本质而永存不变的依于—自身—的存在者,对自身有所意识者。亚里士多德显然只是想用这一点来描绘神的概念,即本质,在这个意义上,他尽了最大的努力把这个永存不变的依于—自身—的存在描绘为就其自身而言极乐的,甚至处在最极乐状态中的神,因为他说①,在任何地方,最高的满足都只存在于现实中,比如说,跟睡觉、不思想、无知无觉比起来,人们更偏爱清醒、思想和进行感知。但最高的本质不只是思想这一潜能阶次,它不像在我们之中存在的那种思想之纯然潜能阶次,即我们可以有规律地入睡,一些人也常常睡过头,甚至在根本不恰当的时间睡着;相反,神乃是思想这个永存不变的现实,并且既然除了最具神性的东西外,他不可能思想其他任何东西,所以他只能是永不止息地思想着自身的思想者。正如之前所说的,如果单就神的纯然概念,亦即神的纯然自然本性而言,我们或许会觉得亚里士多德的话有道理。但如果现实的神的活动性(Aktivität)恰恰也只存在于这一点上,那我们就不得不反过来把这种永存不变的对自身的思想视作最为

①《大伦理学》,卷 II。——作者原注

尴尬的状态了。毫无疑问,不可能有什么比只能永不止息地仅仅思想着自身,也就是困想于自身更尴尬的事了。不如说,较之于持守于自身,人类更渴望出离自己,比如那些持守于自身的人其实远远不是最幸福的,并且通常说来,他们至少没有能力在精神上生产出某种外在于自身的东西,某种确实独立于他们自己的客观之物。约翰纳斯·穆勒①在一封信中写道:唯有进行生产创造的时候我才是幸福的。他认为,每一个自己绝不在精神的无力创造状态里沉睡的人都会同意这个看法。但在生产创造中,人类并不是在为他自己操劳,而是在为某种外在于自己的东西操劳,神的伟大极乐也恰恰因为这一点,正如品达所称,在神的创世过程中,他的所有构想都永存不变地存在于外在于他的东西中。神自己并不需要为自己操劳,因为他的存在先天地就是确凿无疑的。如此一来,神通过向他自行显现的潜能阶次的中介而看到的那个进程当然就是,悬置自己的必然存在,并由此将之以设定或者中介化的方式进行重建的进程。但处在对那一存在的取消和重建之间的,乃是整个世界。不可预思之在之所以被弃置,乃是为了给出创世的空间(之所以如此是因为,创世是借由某物的被弃置而发生的,而空间乃是一切有限存在的先天形式)。世界绝非其他,正是被悬置起来的必然的神性实存这一现实,而非被悬置的本质:因为本质是不可被取消的东西,它只不过是通过对现实的取消而被提升到了自身之中。

　　神并不是把自己外化为世界——人们现在流行这么讲——,

---

① 约翰纳斯·穆勒(Johannes Müller, 1801—1858),德国生理学家,生理心理学创始人。——译者注

他反倒是通过把自己提升到自身之中,提升到自己的神性中,并因而才成为创世者,他正是以此方式而踏入自己的神性中的。在盲目的、不可预思的实存中神才是被外化的;当神弃绝①自己的实存,把它设定在自己(作为一个自身的他者)之外时,神就借此进入了他自身,即进入了他的概念中,而他曾经在他的概念之外,即在不可预思之在中存在②。但神现在同时也悬置了他的必然实存这一现实,这不单单是为了重建它,而也是为了在它的位置上设定一个不同于神的存在。我们现在首先一般地来讨论,神在他必然的实存中是怎样拥有纯然的能在者的:自永恒以来,那个纯然的能在者就向神展现着自己,当神意愿它的时候,它才是某个存在的东西,当神不意愿的时候它就是无,神在这个作为实在的、不再是仅仅被设想的本原的能在者身上拥有这样一种无差别,它也是我们在逻辑哲学中已经规定为一切思想和一切有待思想之物的 materia prima[最初质料] 的东西,即可能存在和不存在的能在者:也就是说,以此方式,神在这个可能存在和不存在的能在者身上就拥有一个实在的根据,从这个根据中,一切得以兴起,从这个根据中,神能把所有在否定哲学中纯然作为可能性而出现的环节唤起为现实之物。先前在否定哲学中仿佛是样板的东西,在这里都作为现实。同样的潜能阶次,在否定哲学中对我们展现为先天的,并且为我们对一切具体之物进行中介,在这里(肯定哲学)再

---

① 这里的外化和弃绝是同一个词 entäußern,也译为"异化",但鉴于词根 außer (外在的),故译为"外化",此外它还有"让渡"的意思。谢林想用这个语言游戏批判黑格尔:创世不是神的直接外化,而是神自由地放弃自己的直接存在,把它"让渡"给世界。——译者注
② 见"神话哲学",第230页。——编者注

次出现了,但它们在这里不再作为纯然的潜能阶次,即不再作为先行于存在的东西,相反,它们以存在,确切地说,是以被设定为本质的存在为前提,因而同时由此得到了不可消解的一体性。把这些潜能阶次维系在一起的东西,恰恰就是被提升为本质的纯粹现实,它作为超实体性的(übersubstantielle)的一体性,是不可能被任何实体性的东西克服的。各潜能阶次扮演着纯然质料性的实存,而被设定为本质的纯粹现实则超越于存在的纯然质料之上,它是超质料的(übermaterielle),并恰由此而不可被消解和克服的一体性,它使各个潜能阶次,举例来说也就是,使首先产生的东西,即使出乎意料产生的存在和被它否定的,也就是与它一道处在张力中的源初存在彼此不至分崩离析,这个一体性迫使个各潜能阶次 uno eodemque loco[处在同一个位置上],并以此方式使它们成为一个进程的质料性原因,而这个进程的超质料性原因就是这个一体性自身。也就是说,不可消解的一体性就以此方式成了一个进程本身的原因。如果我们首先设想这个进程的产物,那么它就会是把握着一切先天可能性的现实性,会是一个 πᾶν [全体],一个大全,一个世界,这样的一个世界作为逻辑的同时也是实在的,作为实在的同时也是逻辑的。

但现在,决定着那个被神所预见并自行展示为可能的进程的关键点,单单就包含在那个先前没有被看到的、出乎意料地作为可能性而已经突显的存在中,这个存在据其自然本性只可能表现为偶然之物,但在它的突显中,遭遇到了作为总是已然此在者(这才是"此在"一词的本真含义)的不可预思之在。但通过那一可能性，神不仅已经先行地在自己超越不可预思之在的能力中理解了自己，而且也恰以此方式理解了他的不可预思之在，所以神也就把自己看作处在两者之间的东西，看作一个自由于这两者的第三者。通过自由于存在的能在，这个第三者乃是自身—潜能阶次(selbs-Potenz)，自身—能够(selbs-Können)，就此而言是纯粹的主体；通过自由于能够的存在，它因而也就是相对于能够而言的自身—存在，自身—客体；也就是说，它乃是处在同一者(Einem und Demselben)中的主体和客体，进而根本说来，是不可拆解的主—客体，即不可拆解的、以自身为对象的东西，据有着自身的东西，必然地依于一自身的—持存不变者，它不再可能单独是主体或客体，反而必然就是主体和客体，也就是精神。这就是在神性的直观中，或者说在神的意图中，直接统合组构着一切实存之原型的三个要素，而这一原型乃是否定哲学的根基。因为一切实存者的开端，亦即一切在此原型自身中的实存者之开端，乃是有待存在的纯然主体，就此而言，主体自身乃是尚未存在着的，主体只是那个能够存在的东西，但有待存在的纯然主体，唯有在没有存在的情况下才能被设想，它进而据此被设想为纯然的潜能阶次，纯然的可能：这就是一切实存的内在开端，开—端(An-fang)，因为它恰恰由于自己无限的非存在而是那个对恰恰也同样无限的存在进行着吸引的潜能阶次，这个无限的存在由此就是第二位的东西并且只是第二位的东西。据词义来看，开端和吸引(Anziehen)乃是同义概念；在吸引中包含着开端。那个 potentia ultima[最终的潜能]，就是通过自己无限的否定性，对恰恰也同样无限的存在进行着吸引的潜能阶次，后者因而就是第二位的东西,它与前者一道才是存在者,但这个存在者却是一个可被拆解的存在者,而它被拆解的方式在于,那个是存在之主体的东西,既能被此存在者所用,也能自身独立地成为一个存在者;据其规定,主体把自己朝着无限的存在向内翻转,成为对它而言的主体,就此而言,它是不及物的(intransitiv)可能,但它同样也可以把自己向外翻转,作为及物的潜能阶次,自身过渡入存在,在这种情况下,它也同样以进行着排斥和拒斥的方式作用于无限的存在,而在前一种情况下,它的作用方式乃是吸引和保持。但恰恰因为存在者诚然已经借由作为吸引者的纯粹主体和作为被吸引者的客体被设定了,因为这种存在者乃是一种可以被拆解的存在者,所以完满的存在者唯有借由第三者(即那个在同一者中是主体和客体,即不可拆解的主—客体的东西)才被设定,但人们仍然不可以说,这个第三者单独地就是完满者或者绝对者:它之所以不是,是因为完满者或绝对者仍不能单独存在,因为它唯有作为第三个被设定的东西才是可能的。也就是说,唯有基于自行展现的直接能在,基于不可预思之在,基于超越并自由于此两者的东西,神才会自行统合组构出一切实存的原型,而一切现实的实存都是从此原型本身中出现的。但神在自身中拥有的这个原型还没有作为已被实现的原型。为了实现它,神之中的能在必须自行向外翻转,成为自身存在着的东西,并由此而取消不可预思之在,也就是把它提升到高处,亦即把它提升入潜能阶次中。但现在正由于这一点,第三者,亦即不可拆解的主—客体就不可避免地被排除在外和被否定了。但一切实存的这三个要素并不会在此期间因此而绝对地分崩离析,因为神恰恰就存在于对它们来说不可克服的"一体"中,即便在要素间彼此对立的张力和相互排斥中,这个"一体"也仍然在对这三个要素进行着维系;但潜能阶次间的冲突也就借此而出现了,一个必然的进程乃是借此冲突被设定的,通过这一进程,纯粹的主体自身会成为整个统一体的承载者,并再次被克服到主体中,即纯粹的可能中,以此方式,神能最终作为唯一目的夫意愿的实存者之原型就会被实现。但在被实现的原型和通过神的意志被设定的最初张力之间,仍横亘着此进程的那些全部要素,在否定哲学中我们已经将它们作为可能的东西先行考察过了,在这里,它们是作为一个必然进程的要素而再次出现的。

柏林首讲

1841

F. W. J. Schelling, *Erste Vorlesung in Berlin*, in ders. *Sämtliche Werke*, Band XIV, S. 357-367, Stuttgart und Augsburg, 1856-1861.

先生们!

我感到了这个时刻的全部意义,我知道我以此而承担的东西;我怎能对我自己隐瞒,或者又怎能向各位隐瞒,我出现在这里所要道出和说明的东西呢?无疑,先生们,如果我不确信自己的在场会给哲学做出某种本质性的,乃至比我早先为它所能做的更大的贡献;那我就不会站在诸位面前了。这也就是我的信念:然而我远不指望,甚至也不可能想着去要求,这就是大众对我的看法。我所希望的只不过是能达到下面这两个目的,一是没人会嫉妒地看着我站在这个位置上;二是人们愿意给我时间和空间来详尽地回答 Dic cur hic[说,你为什么在这]这个问题,我也正打算通过我的整个系列演讲来把这个答案告诉大家。我当然不会有所保留,也不会阻止任何人跟我一起达成科学中的共同目标!在科学中,我已经达到了某种值得在此报告,也值得要求眼前的诸位集中注意力的东西,通向它的道路对一切人敞开,没有人可以说,我比他捷足先登。

自我成功地为哲学史写上新的一页到现在,已经四十年了;那一页如今已经写满;我会乐意让"另外一个人"来总结我在这一页里所做的事情及其结论,然后翻过这一页,开始新的一页。

如果我确定,我已经感觉到了我所承担任务的全部宏大与艰难——尽管如此,我也还是没有推诿——,那么在这一点上,对一项明确天职的意识诚然也就道出了自己。但这一天职并不是我自己给予自己的,它是在我没有参与的情况下自行在我身上产生的;现在它已经在我身上,我就既不可否认,也不可轻视它。我从没有以时代的教师自居,如果我是,那也是时代自己让我成为了它的教师,对此我也不会觉得这是自己的功劳,因为我为哲学所做的,只是那种通过我内心的自然本性而被托付给我的必然性之结果。

各种状况使我不得不借此机会谈谈我自己:我从不虚骄地自吹自擂。我是一个已为哲学尽了自己本分的人,恰如其分地来看,现在也该为其他人提供自由,让他们试着为哲学尽自己的本分了,我曾经退居幕后,沉默地忍受着一切评价,不为因沉默而产生的对我的滥用所动,也不为由现代哲学的历史进程所导致的曲解本身所动,不为它们去打破沉默;我被这样一种状态所占据,即并非不去辩解,而是静静地让一种把人类意识拓展到其当下界限之上的哲学对我进行道说,满足对它最热切的希望,并为之提供被迫切要求的真正开解;现在这一沉默已经完全结束,那个为此而沉默的人,在被赋予讲授这种哲学这一无可置疑的使命之前,在已经完全没有任何矛盾地弄清一切之前,绝不会打破这一沉默,现在是时候说出决定性的话语了:先生们,我大抵已经表明了,我是一个有自我否定能力的人,我并没有耽于草率想象的激情,对我来说,比起仓促间就可轻易获得的宁静,转瞬即逝的看法更加重要。

XIV, 361　　我对我总是不得不被误解感到厌烦。人们曾采用过我的成果,我曾假想过,人们对我身上曾有的东西有过最确切的认识。现在人们应该重新开始对待我,看清我心中早就有,却尚不为人所知的东西。

就事物的自然顺序来看,站在我这个位置上的本该是能胜此任的更年轻的人。要是有这么个人,我会乐意把位置让给他。看到那些四处为手段和形式奔忙的青年才俊,我感到十分惋惜,我知道,他们不可能通向任何地方,也赢获不了任何东西;我是多么想把他们吸引到我这里来,多么想帮助那些并不想知道我的人!现在我得看看,如果那个在我看来被时代,被迄今为止的整个哲学史所要求的东西会实现,那我就必须亲自完成最后一个环节,我其实已经为这一工作做了充分的储备,因为从我被要求到柏林这个德意志哲学之都(在这里,一切深思之言都向整个德国道出,甚至越过了德国的边境,唯有在这里才可能产生决定性的影响,无论如何,德意志哲学的天命必须在这里得到决断)作为教师工作的那刻起——这一时刻意义是如此深远,感谢神让我活了这么久,使我不致丢失早已是我生命守护之灵的哲学——,我就必须把它认作不可推卸的职责,单是这个想法,这些清楚的信念,就足以让我做出决断了。

然而我并不否认,我会为自己所面对的许多其他东西所动。那位凭自己心灵和精神的品质而比光辉的王座更加尊贵的国王,尽管我为他效劳的时间极短,但在他披上国王的紫袍以前,我就早已对他崇敬不已;每个真正的德意志人从童年开始都习惯于尊重国家和民众的伦理与政治力量,而它们也会通过最近那些值得永远思索的事件重新得到尊重:如果要谈到科学和德国不断进步的教养之居所,那么首先要提到的就是这座城市,虽然城市就像一片极其广阔的湖水,不会被任何微风吹动,却偶尔也会因之而滞涩(这让我回想起,康德哲学当年响彻德国,却独独在他祖国的首都无所回应),但是为了应对它,城市仍要强力采取和要求那种人们曾经见识过的雷厉风行;接着要提的就是科学家圈子,它是这座城市最高贵的饰品,其中的一些人从青年时代起就与我相交,而另一些我久仰大名、与之一起生活和工作的人,我任何时候都会把他们当成朋友,当成我的福气;最后要提到这样一些青年,众所周知,他们已经适应了追随科学的召唤,如果把一个值得追求的目标放在他们面前,他们绝不会被困难吓住,相反,只要真正科学的线索和足迹被展示给他们,他们就会高兴地上路,甚至还走在教师前面。先生们,所有这些具有吸引力的事物都包含着巨大的,乃至几近不可抗拒的力量,但所有这些,尽管如此强大有力,但从另一些方面考察的话,或许必定会消逝。这些考察如此显而易见,所以我也就没有必要提了。我唯一需要做的,就是把那个没有我的任何参与就在我身上产生的要求认作我不可也不能抗拒的命令,不耽搁我人生最后和最高的天职:因为我已经下定了决心,并且我也是这样带着决断和下面的信念来到各位中间的:我确实为哲学多少做了一些事情,如果我成功让哲学从它恰恰所处的不可否认的艰难状态中摆脱出来,把它再次带向自由的、无忧无虑的、不受任何方面阻碍、目前已被哲学接纳的运动,那我为哲学做的就会是最有意义的事情:因为哲学必须与之角力的困难是明显的,而且也是隐瞒不了的。

除了这个瞬间,生命本身还从未对哲学有过如此强烈的反应。

这就证明,哲学已经被推进为生命的问题了,没有人可以——也根本不可能——对哲学无动于衷。只要哲学还处在其最初的开端或者进展的最初层次上,就没有人不在乎它,那些自己不以哲学为生命事业的人,也不会不在乎它。而其他所有人则指望着已到其终点的哲学,对世界来说,哲学通过其结论才获得重要性。

就这一点来说,只有最没有经验的人才可能想象,世界是现成存在的,一切人们作为彻底严格科学之成果而加以确保或阐述的结论,都可以不加区分地套在世界身上。倘若果真如此,那么世界就必须听凭各种状况的支配,比如一种本质上非伦理的学说,甚或在自身中取消伦理之根基的学说。但世界上没人会期望这样,也不存在会如此来苛求世界的、被捏造出来的哲学家。世界不会因为下面这点就被弃置一旁:它不理解本原,不理解某种人为的、已得实现的证明过程,不须寻求这一过程,世界就会断言,那些达到这些结论的哲学,在其本原中就不可能是正确的。关于有益的东西,罗马的伦理学者说道:nihil utile nisi quod honestum[没有什么比诚实更有益],关于真的东西,话必定也是这么说。但每个人都承认,涉及伦理要素的东西,必须也适用于其他一切维系人类生活的信念,进而首先要适用于宗教信念。没有任何有所坚守的哲学会承认,它们会终结于非宗教。但哲学现在恰恰就处在这样的状况中,即它保证自己的结论是宗教性的,但人们不承认哲学做到了这点,也就是说,哲学对基督教教义的演绎只被视为幻觉。甚至一些学生,不管赞不赞同这一演绎,也这么讲。情况究竟如何,目前来看是没有区别的:被挑起的怀疑和现成的看法已经足够了。

XIV, 364　　但最终始终保持着正当性的乃是生命,而哲学自身最近就在这一方面现实地面临着危险。哲学虽总已准备好伴称要抨击一切特定的哲学,但归根到底,一切哲学都觉得,并且都会在心中说:哲学到此为止了,根本就不该再有哲学了。就此情况来说,即便是我也不可豁免,因为对这种由于其宗教结论而如此普遍地遭到非议的哲学所进行的最初推动,正如人们所认为的那样,就是从我这里出发的。那我现在对此会是何态度呢？无疑,我不会从其最终后果这方面来抨击任何哲学,这本来就不是一个哲学家,一个能判定种种首要概念的人会轻易做的事。此外,下面这一点也已经广为人知,即我从一开始就对那种哲学的各个开端不满意,也没有声明过赞同它们。据此,人们可能会想,我的主业就是与这种其结论已经激起了跟哲学相对抗的骚动的体系进行争辩。可先生们,情况并非如此。如果我想做的就是这个,那我就不会在这里了;我不会把我的天职想得这般渺小。这种令人不快的事情我倒是乐意留给别人来做。我之所以说这是令人不快的,是因为它总是不得不悲哀地看着某种以特别的能量接合起来的东西被自身消解。精神和道德的世界在自身中是如此分崩离析,如此倾向无政府状态,以至于只要有一个进行着统一活动的点像往常那样被给予,哪怕它只存在一瞬,人们也总该高兴。但更为悲哀的是去摧毁某种徒有其位、实则无物的东西。人们有理由对那个仅仅进行谴责的人说"做得更好些吧"！但有一个已不在人世的人恰恰也同样有理由——我向他致以真诚的悲悼——凭着值得称道的坦诚说:"人们必须得有一个体系,一个体系只能由另一个体系来反驳,只要没有另一种牢靠的体系与现存的体系相对立,人们就会任由他待在这个体系里。"①

在他关于体系所说的话里,我承认他正确的是:

诚然,要处理的不再是个别的东西,实际上任何东西都不可能个别地(人们对此深信不疑)得到认识。而这个人不对的地方在于,他为下面这回事情表示惊讶,即同一哲学的开创者,正如所报道的那样,偏离了他因之而卓异的东西,偏离了自己的本原,并且在"无法得到科学性通观的信仰中",在历史中寻求他的新哲学处于其下的避难所。对这种说法,或许现在该轮到我惊讶了,这个一向聪明且富有洞见的人,在公布自己的惊讶之前,也没有先打听打听,这一报道是不是有其真实性:因为如果他还活着,他或许就会通过这些讲座的结果了解到,情况实际上跟人们让他以为的完全不同。

如此一来,论战——人们习惯于这么叫——从来没有表现为目的,并且无论如何都只是作为次要的事情出现的。但如果我不同时回顾过去,不指明迄今为止的展开过程,那么我的这个演讲当然就不会如我希望的那样富有教益。然而在此过程中,为了实际地深入值得颂扬的哲学国度,我并不会费事地去指出,这个人或那个人,以及我们所有人错在哪里,我们所有人的不足之处在哪里。如果有人曾多次误入歧途,那么他也敢于多次冒险;如果他曾迷失目标,那他所追求的乃是唯一的道路,是先行者没有为他锁闭的道路。

我来这里并不是为了让自己高别人一等,而是为了履行我的

---

① 甘斯(Eduard Gans):《黑格尔法哲学序言》,第 XIV 页。——作者原注

生命天职直至最后。

对饱含信念的真理的认识乃是一笔如此巨大的财富,以至人们平时以价格计算的东西、人类的看法以及世界上的一切虚妄,跟它比起来完全不名一文。

我并不想敲打,而是想治愈德意志科学在长久的光荣战斗中所负的创伤,不是想幸灾乐祸地揭开现存的疮疤,而是想让它尽可能地被遗忘。我并不想煽起争斗,而是想带来和解,想尽可能地作为和平的使者踏入这个如此碎裂、在各个方向上被撕裂的世界。我在这里不是为了摧毁,而是为了建造,为一座哲学会从现在开始安居其中的城堡建基;我要把它建立在通过先前的努力而铺设的地基上。自康德以来为真正的科学所赢获的一切不会因为我而失落:我会如何同时讲述那种我早先亲自为它奠基、我青年时发明的那种哲学呢?并不是用另一种哲学替代它,而是用一种全新的、迄今还被视为不可能的科学补充它,以便由此把它重新固定到自己真正的根基上,重新赋予它恰恰在越出其自然界限时所失去的姿态,而这之所以会失去,恰恰是由于人们想把只可能是更高整体之残片的东西本身变成整体。以上就是我的任务和意图。

所以,这个时代的哲学已经成了一桩普遍事务,这是件大事。甚至是刚刚提到的,我在登台的时候可以在自己身上觉知到的激动——这种心绪的动荡——都可表明,哲学已经不再只是课堂上的事情,它已经成了民族的事情。德意志哲学的历史从一开始就已经交织入了德意志民众的历史中。当民众完成了宗教改革的伟大解放行动时,他们就主动许诺,只有到一切当时只得到了盲目认

XIV, 366

识的最高对象被接纳入一种完全自由的、由理性贯通的认识中,并在此认识中得乎其所的那一刻,他们才会得到静息。在遭受最深屈辱的时代,是哲学帮德意志人挺直腰杆,在往昔辉煌的断壁残垣上,那些充满力量的人高举德意志科学的旗帜,把最杰出的青年聚于旗下。在哲学家们的课堂上——此刻,谁不会想起费希特的课堂,谁不会同时想起施莱尔马赫的课堂?——许多人找到了在为哲学而展开的斗争中检验自己的勇气和思索的决心,他们此后又在各片完全不同的战场上检验它们。即便在此之后,哲学也仍为德意志人保留着声誉和传承。现在,这一历时长久的辉煌运动会因为可耻的搁浅而结束,会因为对一切伟大的信念,乃至哲学自身的摧毁而结束吗?永远不会!因为我是一个德意志人,因为在我的心中,我与德国一同承受和感受着所有痛苦悲伤、所有幸福快乐,这就是我在这里的原因:因为德意志的拯救就在科学中。

XIV, 367

我就是怀着这样的心志而来的,除了真理,我不要求其他武器,除了真理自己的刚毅坚强,我不要求其他的保护,除了希望感受到每一个人的鲜活有力,我不为自己要求除自由研究和没有阻碍地通告研究心得之外的权力。我就是怀着这样的想法来到各位中间的。我是怀着精神和心灵上彻彻底底的严肃认真而来的。我所严肃对待的,但愿听我讲的诸位也严肃对待!我以爱来迎候诸位,也请诸位以爱待我!教师能做许多事情,但如果没有学生,他什么都做不了。如果没有诸位,没有诸位自愿的配合,没有诸位自己对科学的敏感和热情,我什么都不是。我以这番话献给我所承担的天职,只要我还一息尚存,我就会为诸位活着,为诸位工作,且不会感到疲倦,只要我们得蒙神眷,不至发落人衰,甚至早进棺材,那么我们内心中真正的成果,我们对真理与自由孜孜以求的精神的光辉思想,就不会失落。

谢林著作集

启示哲学导论或对肯定哲学的奠基

1842—1843

F. W. J. Schelling, *Einleitung in die Philosophie der Offenbarung oder Begründung der Positiven Philosophie*, in ders. *Sämtliche Werke*, Band XIII, S. 1-174, Stuttgart und Augsburg, 1856-1861.

目 录①

第一讲　论哲学及其境况　　　　　　　　　　　43

第二讲　论哲学的学习　　　　　　　　　　　　59

第三讲　论前康德形而上学、康德及费希特　　　76

第四讲　论本质与实存的区分及理性科学　　　　99

第五讲　论否定哲学与肯定哲学的区分及黑格尔　121

第六讲　论否定哲学与肯定哲学的历史,唯理主义与

　　　　经验主义的关系　　　　　　　　　　144

第七讲　论哲学的经验主义,肯定哲学与

　　　　启示的关系　　　　　　　　　　　　168

第八讲　论哲学的统一性以及向启示哲学的过渡　203

---

① 各讲标题系译者所拟。——译者注

第一讲　论哲学及其境况

如果在对这个讲座的特殊对象进行说明以前，我先就哲学本身来一般地谈一谈，似乎既非不合适，也不会惹人厌。或许在诸位之中，没有一位是对哲学不抱有某种设想，或者至少抱有某种预期的而来的。甚至初学者也会说，那些其他科学无法给出答案的问题应当在哲学这里为我给出解答，这些问题或早或晚都会不可避免地让每一个正直的精神不得安宁，在哲学这里，迄今一直在我面前的浓雾应被驱散，它所笼罩的并非个别对象，而是整体本身，从整体出发，我感到自己是它的一个环节，并且我越是试着去了解个别的东西，整体对我而言就变得愈加不可把握。毫无疑问，在哲学这里，那些使人类意识永葆正直的伟大信念应当同时被赢获，没有它们，生命就没有目的，进而也就会缺少一切尊严和自立。迄今为止我所从事过的一切科学，都建立在那些没有在这些科学自身中得到正当性确证的前提预设上。数学学科在自身中毫无明显障碍地不断前进；但数学并没有把握自身；因为它并没有给出对它自身的解释，没有对它自己的可能性做出解释，进而一旦它想试着为自己奠基，就会恰恰因之而走到自身之外，它就会失去那个它唯有基于其上才能有所产出的基础。除了数学，我迄今首先从事的是对古典语言的研究;我要把对精神的形式训练归功于这一研究,跟所有抽象的逻辑或者修辞比起来,这一训练让我获益更多,它使我能够注意到和表达出一切想法中最精微的层次变化或者区分;我要把无法估量的好处归功于这一研究,它使我能够直接从古人的伟大著作中汲取养分,在充满于这些著作的精神那里,我总是能不断提高自己并让自己重焕活力。但我愈是深入地把握这些典范式的语言,愈是深入地研究它们的构造,我就愈发觉得有必要钻研到这些神奇工具自身的自然本性中,如果恰当地运用语言这一工具,它就会以绝无差错的确凿性来表达想法,并切中我们感受到的东西,它纤柔精巧,足以再现最轻微的气息,它亦刚强坚固,足以再现最猛烈的可怖狂风。但语言从何而来,它是如何产生,又是如何在人类中出现的呢?创造语言这种工具的力量从何而来的呢?这种力量绝非是在运用之前,而是直接在运用本身之中创造了语言这一工具。我并不是在用手或者外在的器官,而是直接用精神本身在使用语言,我其实就住在精神之中,它赋予我灵魂。在它之中,我自由无碍地运动着。我紧接着又把目光投向包围着我的外部自然对象。我熟悉了物理学的基础知识,它使我学会了关于最一般的物理现象的基本观点和概念,我知道了重力、压力和冲力的法则,看到了光、热、磁、电的作用。甚至还听过对这些现象的说明。其中一些把诸如重力这种现象归结到非物质原因上,另一些则如人们所说,把这些现象归结到某种精巧或者说无从估量的材料上。但即便我承认所有这些力和材料,甚至承认这些材料或者力实际地说明了这些现象(无论怎么看我都觉得自己无法信服这些说明),对我来说,余下的唯一问题始终都是:这些力和材料本身是从哪里来的,又是为了什么存在的呢?它们具有何种实存的必然性呢?为什么会存在这样的东西呢?我可以承认,光产生自或者就存在于以太的震动中,但对于这个充盈寰宇的以太本身,我又知道什么可以指出其此在(Dasein)的根据吗?对我来说,它是某种偶然的东西,所以我把握不了它本身,如此一来,任何通过它来说明的现象也就不可能被视为已得到了实际的说明。我甚至还把目光投向过自然史,在我还是孩子的时候,颜色、形式和造型上的无穷多样性(有机自然仿佛嬉戏于其中)就早已刺激着感官,稍长些以后,我认为自己已经预感到了一条静默的法则,认为它会带领我的精神穿越自然的迷宫,为我展示创造性自然自身的道路。但即便如此,对我来说,那个唯一的问题仍始终没有得到回答:这些存在物到底为什么存在?为什么有植物,有动物?人们回答我说:它们都只是自然向上攀升的阶次,以便最终达至人类。照此说来,在人类中我就可以找到一切问题的答案,找到解开一切谜团的咒语。这样的话,我就肯定会去附和那些早就开始说"解答一切问题的最终科学的唯一对象,即哲学的唯一对象就是人类"的人。但就算人类不可否认地就是一切生成和创造活动的终点,并就此而言也是目标,我难道因此就有理由,把人类立即也说成是最终目的吗?如果我知道该如何指出那个作为运作性的原因经历了生成过程的一切阶段的存在物借着人类而意愿的东西,我才会觉得上述说法是合理的。我还可以把这个存在物设想为诸如一个通过生成过程的全部阶段而努力去获得意识的自身原本盲目之物,这样的话，人类就会是这样一个环节，或者这样一个点，在其中，此前一直盲目的自然达到了自身意识。但这恰恰是不可能的。因为我们的自身意识绝不是那个经历过一切阶段的自然的意识。我们的意识恰恰只不过是我们的，进而绝不在自身中包含关于一切生成过程的科学；这一普遍的生成过程对我们而言始终是陌生且看不透的，正如它仿佛从未跟我们有过什么关联。如此一来，如果有某个目的在这个生成过程中被达成，那它也只是经由人类，而非为了人类被达成的。因为人类的意识并不等同于自然的意识。但人们回应说，在人类的认识能力中，确实也不包含最终和最高的目的；如果对人类来说，自然是看不透的，反过来对自然来说，人类是陌生的，自然甚至越过了人类及其事业，也就是说，对自然而言，人类毫无意义；如此一来，在这一事实的原因中恰恰包含着这样一点，即人类已经脱离了自然，正如经验所表明的，人类绝非注定只是一个独立于他的进程之目标或终点，相反，人类自身注定成为一个新进程的开创者，即一个自行提升于第一个世界之上的第二个世界的开创者，如此一来，人类真正意义上的目的就包含在那个他在这个不同于自然的世界中通过他意志的自由而应当是的东西里；就人类注定在自身中扬弃自然，超出自然，独立开启一个新的事件序列而言，他才是自然的目标。但远远不能指望，通过把最终目的推出自然之外，就可以走向世界的真正根基，意志的自由——我承认这是人类应有的，我也许还期待过能从它出发去解开巨大的谜团——本身成了一个新的，乃至最大的谜中之谜，进而把人类又推回到了更深的无知中，这种无知状态可能比人类先前接触纯然的自然时所处的那种状态更无知。因为我曾经大略考察过这一意志自由所引发的行动和后果——在我转而研究哲学以前,我至少对历史也是做过一番普遍了解的——历史的世界呈现出的乃是一出如此绝望的戏剧,以至我对世界的目的,进而对世界的真正根基完全绝望了。因为如果说,自然中的一切其他存在物在其位置上或者在阶次上都是其所应是,并据此而满足了其目的,那么人类则相反,因为他唯有凭着意识和自由才能达成他应当是的东西,那么只要他对自己的目的尚无意识,那么他就被我们称之为历史的这个庞大的、永不止息的运动拽向一个他不认识的目标,至少就人类自身而言,他是无目的的,因为他应当是一切其他东西的目的,所以其他一切东西也就由于人类而再次成了无目的的。整个自然都在忙碌着,并处在无休无止的劳作中。甚至人类自己也不得安宁,正如一部古书所言,太阳底下的一切都充满着忙碌和劳作,然而人们并没有看到,有某些东西正在被要求,在真正地逐步达成,这些东西就是人们可以驻留其上,安宁息止的东西。一代人消失,另一代人出现再消失。我们徒劳地期望有某些新的东西发生,在这些东西身上,人类的这种不安最终找到自己的目标;所发生的一切之所以发生,只不过是为了另一些事情能发生,已发生的事情自身较之于另一些也就成了过去,如此一来,根本上来说,所发生的一切都是徒劳的,在人类自己的一切行动、忙碌和劳作中除了虚妄,什么都没有;一切都是虚妄的,因为缺乏真正目的的一切都是虚妄的。也就是说,人类及其行动还远没有使世界变得可理解,人类自己就是最不可理解的东西,这一点迫使我不可避免地觉得,一切存在都是不幸的,古往今来许许多多痛苦的声音都在表达着这种看法。恰恰是他,人类,把我推向那个最终的、充满绝望的问题:究竟为什么有某物存在? 为什么无不存在?

必有一门回答这些问题、使我们摆脱这种绝望的科学,这无疑是一个紧迫的,乃至必然的要求,它并非这个或者那个个体的要求,而是人类自然本性自身的要求。能做到这一点的,如果不是哲学,还会是其他科学吗? 因为一切其他为人类所知、由人类发明或者完善的科学都有自己特定的任务,且都不回答那个最终且最普遍的问题。如此一来,下面这一点也就确然无疑了:哲学就是那门就其自身而言并且在任何时代都最值得追求的科学,因为其他一切知识甚至唯有通过哲学才获得其最高的关联和最终的支撑。如果我回答不了那个最终的问题,那么对我来说,其他一切都沉入了无底的虚无之渊。但那些问题的提出以及对哲学之要求的产生,并不是现在才出现的事情,也不是只在我们这个时代才有的事情。谈到英雄,贺拉斯说道:Fuere fortes ante Agamemnona[勇者非自阿伽门农始],这话也同样适合智慧的探索者。哲学精神不仅曾徜徉在伊利索斯河①的榕树和棕榈树下,而且也曾漫步于恒河与尼罗河畔,尽管在那里,透入我们耳际的并非清晰明确的话语,顶多是不确定的声音;但一些先行者,以及后来的希腊哲学家,比如毕达哥拉斯和柏拉图,都认识到了那些问题,为了这些问题,为了获得对它们的解答,他们认为就算要走到已知世界的尽头也在所不惜,比如苏格拉底在赴死的时候甚至还要求他的学生们到野蛮人那里

------

① 希腊雅典的一条河名,苏格拉底常在此河边漫步和教学。——译者注

去寻问智慧。从那时起，多少个世纪在人类精神面前倏忽而过，而它们的内涵又何等的丰富！首先是通过被移植到欧洲的基督教，然后是通过现代几乎无限拓展的东西方世界的联结，东方和西方不再只是相互接触，而是仿佛不得不在同一个意识中相互渗透，光凭这一点，这个意识可以说已经被拓展为世界意识了！这种世界意识就是德意志精神从中世纪到现在为哲学所做的工作！然而我们也必须承认，或许之前从来没有哪一个时代比现在更为紧迫和普遍地要求这样一种哲学，这种哲学对那些宏大的对象进行着现实的把握，而不是只用一些套话避开它们，在先前的任何一个时代里，我们可能看起来也从未像现在这样如此远地偏离哲学的本真目标。如果在相当长的时间里，人类事务都一直处在某种千篇一律的进程中，那么那些对生活而言必要的信念（它们甚至独立于一切哲学，并恰恰通过其必要性而获得效用）就成了某种可爱的习惯，在这样的时代里，即便那些保留已久的基本法则和学说早就不可避免地自行松动，乃至根本上早已失去了其源初力量，恰只被当作奥秘来对待，人们也不容易想到要对那些本原做一番探究。因为害怕惬意的生活境况被摧毁，人们逃避对事情刨根问底，或对下面的情况避而不谈，即那些道德和精神的力量（世界仍是通过它们被维系的，即便这种维系只是依照习惯）早就因为科学的不断进步销蚀殆尽了。这种境况可能常常会就这样令人难以置信地一直持续下去，或许这恰恰是因为那些早先的（遵循以往概念的）信仰是如此明显地难以为继，所以那些更有力量的精神觉得不值得费力气去揭示这个情况，也觉得不值得把事业交给大多数更加无力、自己没有能力解决任何事情的头脑,更觉得不值得公开说出对所有看得深的人而言早就不再是秘密的实情,即那些曾被视为不可侵犯的真理,在当今时代的意识里再也找不到立足之地了。这个时候通常都会出现大规模的叫嚣,它既不涉及人们早就藏不住且现在也否认不了的事情,也不涉及它由以被说出的那种不得体的傲慢。但看得更远的人在所有这些事情中还是认识到了一种现实的要求,也就是要求那些维系着人类生活的本原以新的方式得到意识。并非那些真理不再有立足之地,而是如人们所言,它们在意识中不再有立足之地,因此过时的是意识,所以应当为另一种得到了拓展的意识开辟位置。但如若没有一种扰乱,乃至对先前境况的一种暂时性消除,向这种新意识的过渡就不可能发生;在这种普遍的动荡中,整整一个时代将不再有任何人们可以把自己系于其上、可以在此基础上进行构建的稳靠之物。过去时代美丽和令人感到幸福的幻象都在无情的真理面前消失了。真理,纯粹的真理乃是人们在任何情况下,在任何对生活的安排中都要求且唯一意愿的东西,唯有当对一切谎言和迷乱公开宣战的时代到来,即唯有当真理被不惜一切代价地,甚至被不惜一切最痛苦代价地意愿的时代到来,人们才会感到高兴。自半个多世纪以来,即自康德的《纯粹理性批判》以来,德意志精神特别地开启了对一切知识,乃至一切人类此在和生活本身之基础的方法论探究,从那时起,德意志精神就展开了一场斗争,其耗日之持久,场合之多变,火力之不间断乃是前所未有的,对这样惨烈的斗争大可不必觉得惋惜,人们只会呼喊德意志人在这场斗争中坚持下去,不要懈怠,直到获得伟大的褒奖。因为我们时代所遭遇的种种现象——不合、争吵、解体——愈是被刺眼地描绘，真正受过教育的人就能在所有这些当中愈发确定地看出一个新的创造过程、一个宏大且持续的重建过程的先兆，若没有撕心的阵痛，这一过程当然就是不可能的，对一切已经变得腐朽、脆弱和有害的东西的无情摧毁必须先行于这一过程。但这场斗争肯定有一个终点，因为正如许多人设想的那样，不可能存在没有终点、没有目的、进而也没有意义的进展过程。人类不会一直进展到无限之中，人类有一个目标。因此，完全可以期待这样一个点，在其中，对知识的谋求达到了它寻求多时的终点，人类精神许多个世纪以来的不安在此获得了安宁，人类最终掌握了他的认识和知识本真的组织结构。在这里，超越于一切人类知识迄今分裂的、彼此相互排斥部分的精神进行着全面的中介活动，精神就像在涂抹圣油一样治愈着人类精神在对光明与真理的孜孜追求中自身所受的全部创伤，在一定程度上，我们的时代仍因为这些创伤在淌血。 XIII, 11

如果人们认为，通过哲学来重建时代是可能的，那人们可能会这样来反驳我们刚刚说的那番话："哲学许诺的东西也太多了，因为哲学自己反倒也已经陷入了漠视，在我们的时代，人们再也没有像在先前的时代那样，表现出对哲学的普遍参与和热情。"情况之所以如此，或许首先因为一些偶然的状况，某种进行哲学的方式在一个更长的时期里起着支配性的作用，这就使得一些有名望的人产生了某种对哲学的厌恶，或许这个时代里整个值得尊敬的学者阶层都认为，没有任何哲学也是可以的，并对此毫不讳言，如此一来,这种情况当然就不同于用古典品味补充纯然的历史知识或者替代它,缺乏哲学这种更深层次教养是马上就能被感受到的。但如果我在哲学中看到了治疗我们时代割裂状态的手段,那么我所指的当然就不是某种羸弱的哲学,某种纯然的人工制品,而是一种强有力的哲学,它能丈量生命,而不是在生命及其庞大的实在面前自感无力,或者把自己的事务可悲地限制在纯然的否定和破坏上,这种哲学从现实本身获得其力量,因而自身也会反过来生产出发挥着持久效用的东西。

但人们或许会说:根本就没有科学,因而根本也没有哲学能把这个时代刺耳的杂音拨乱反正。然而诗不是早就期待过对时代的治疗和重整了么? 历史向我们表明的只是,一个幸福的、自安自足的时代好像自发地把自己倾入了诗中,并宣布,诗仿佛就是这个对它一切本质性旨趣感到满足安宁的时代的自然产物;但历史并没有对此给我们提供范例来表明,一个已经被深深撕裂、病入膏肓、变得可疑的时代是通过诗得到治疗和重整的。席勒①说,幸福的人才有秘密。人们大抵也可以说,幸福的人才有诗。但在一个与其过去和当下相断离,找不到进入另一个时代,即找不到进入真正未来之突破口的时代里,幸福的人在哪里呢? 如果在这个时代里有一位真正的诗人,那么这位诗人一定就像拜伦爵士那样,知道以自己的精神聚集时代的一切杂音,把它们联结为一个极具艺术性、但至多只是主观上的宏大整体;而稍弱一些的精神则必定会把手伸

---

① 约翰·克里斯托夫·弗里德里希·冯·席勒(Johann Christoph Friedrich von Schiller, 1759—1805),德国著名诗人,思想家,"狂飙突进运动"代表人物之一。——译者注

向那些可怕的,甚至令人反感的题材,以便使诗在面对现实的时候仍看起来是那么回事。但我其实没必要对此表明态度;据传闻,诗对我们时代,起码对德国所做的判断,已经由另外一个人说过了,确切地说,这个人对哲学并没什么看法,他仅仅把诗的再次鲜活健康寄望于政治变革。他的观点大抵一直都是这样,我也没理由去琢磨它。但我还是想抛出一个一般的问题:一个人如何能忽视那个德意志文学中跟哲学有着同等本质性地位、能预言德意志文学之未来的要素呢?因为哲学对时代和文学的一切情况有多深的影响,它就尤其与诗有多深的内在关联,所以从现在起,或者至少目前,两者只能有一个共同的命运,而在以前,诗是先行于哲学的,特别在歌德身上,诗扮演了哲学真正的先知,所以现在,重获新生的哲学注定要为诗带来一个新的时代,当哲学把那些宏大的对象还给至少作为其必要基础的诗时,情况就已经如此了,我们的时代已经失去了对宏大对象的信仰,因为对它来说,所有对这些对象的理解早就已经失落了。

但一位正直的哲学教师当然不必指望从其他人那里听到对哲学所期待的影响的异议,因为提出异议乃是他的职责,如果他已经展示出了哲学崇高的一面,他也必须突出哲学阴郁和吓人的一面,以使这两个方面不互相混淆:以充分的材料和忧郁的心态来考察哲学,才会获得对它迄今历史的洞见,哲学的状况在于,直到现在都还没有一种做哲学的方式能够长久地维持下去,或者像人们通常说的,在各种不同的哲学体系中,至今还没有一种能够长久地维持下去。我要说的是,教师的职责是突出哲学的这个与其说吸引人不如说吓人的方面。因为有人会思量,在哲学这片满是礁石的洋面上发生过多少起海难,就有多少毫无哲学天赋的人在对哲学无所建树的扭曲追求中徒耗光阴、销蚀内心;还有人对古老的智慧学院倾圮的智慧殿堂避而不谈,反倒在过去知识体系被风干的墓碑间游荡;即近我们的时代,才有人注意到,在整个中世纪都始终占据着几近独尊的统治地位,甚至在宗教改革时期也得到了两个教会中头脑和学者们庇护的经院哲学,是如何在17世纪几乎未加抵抗地就被那种跟它比起来几乎还不能算作成熟的笛卡尔哲学突然完全打败的(就算不是在课堂里,也是在普遍的观点上)。难以想象,人们现在竟开始一窝蜂地反对笛卡尔哲学,多亏莱布尼兹的声望,它才算是重新得到了尊重;然而,跟经院哲学同样久地在形式上(这一形式是由克里斯蒂安·沃尔夫赋予的)支配着德国课堂的充满精神的莱布尼兹体系已经近乎消失了,只有个别四散的门徒还在讲授这一体系,因为康德的《纯粹理性批判》科学地终结了莱布尼兹体系,正如后者先前必定也驱逐了某种缺乏基本法则和指路星的肤浅大众哲学一样;刚刚提到的那种哲学,也就是批判主义,在一个时期内都享有几近不受限的,甚至可以说"专制的"声望,今天那些自诩研究哲学、有哲学知识的人已经几乎不知道这些了,他们更不理解,批判哲学是如何特别地失去对一切宏大生命问题的全部影响力的;接着出场的是充满力量的费希特,先验唯心主义的开创者,他的出现就像一道闪电,仿佛瞬间就颠倒了思想的两极,但也正如闪电倏忽即逝,在德意志人当今的意识中,几乎已经找不到费希特的位置了,他曾经就把自己的体系安放在人类意识中,然而人们发现,后来的人已经难以弄清他的学说的基本构想了;在经过了一段时间可喜的思想运动之后(在此期间,随着实在和观念世界之间的对立被成功消除,迄今对知识的全部限制也似乎作废了),有人接着就注意到了贯穿在自然和精神世界中的唯一法则,在当时,自然本身同时也显得跟那些通过一系列光辉伟大的发现(它们都是由首次对电流的观察而引发的)而产生的新认识相合辙,如果用歌德的话,我要说的就是,在当时,真正的知识天堂似乎降临了,然而在这个时代过去以后,有人注意到,一种新的阴郁出现了,曾经盛大开始的东西反倒卑微地结束了,谁要是真真切切地综观和考察过这一切,谁就会为人类对最高的、在哲学中被要求的知识所做的全部努力之虚妄感到满心悲伤,谁就会最终只在下面的诗行里,发现歌德在《浮士德》中借否定性精神之口道出的深刻却痛苦的真理:

> 哦,相信我吧,几千年来
> 我一直在嚼这道硬菜,
> 从摇篮直到盖棺
> 没人消化过这块老硬面团。
> 相信我吧,这个整体
> 仅为唯一之神所造,
> 他自己处在永恒的荣光里,
> 却把我们置入黑暗,

XIII, 15

> 你们人类只适合昼夜交替。①

各种体系的这种不同和交替——不仅彼此不同,而且相互冲突——,这一现象无论如何都预示了哲学全然独有的自然本性;如果我们不放弃去整全地认识这种自然本性,那么这一现象就恰恰也必须被纳入考察,并尽可能地从哲学本身的自然本性出发来把握。

"所有的哲学终归还是哲学,正如所有种类的水果都是水果。"人们绝不可以用这番话来忽略各种哲学体系间的不同,人们或许会惊讶地发现,当某个人不要葡萄,或者也不要另一种水果的时候,他想要的只有水果,而不是这种水果。我并不认为,以哲学中种种体系的不同对"哲学本身"所提出的异议,仅通过类比于水果就可予以搁置。因为首先,情况并不是那个想要水果的人因此就非得到每种水果不可;如果人们以"水果"的名头给他比如说不能吃的野梨或所谓的野葡萄,那他当然会有理由说,这些不是水果,他要的是水果,即可以吃的东西;就像一个口渴想喝水的人,并不会因此就被限制不能喝硝酸;然而他想要的是某种能喝的东西,而非某种仅仅物理或者机械意义上能喝的东西,他想要的不是某种液体,而是适合他口味的、能饮用的东西。其次,情况也并不是,我们只想要哲学本身。"追求哲学本身"的意义或许就像是一些父亲或者监护人命令他们的被监护人在大学里也听听哲学,随便知道些关于哲学的东西,毕竟这也算是必要的教养,此外还可以在逻辑

---

① 歌德:《浮士德》,第一部,"书斋",第 1776—1784 行。——译者注

和辩证论证上受到些训练，或者正如人们常说的，这些毕竟可以让脑子清楚嘛。每个人确实都想知道一些关于哲学的东西，许多人也表现出一副轻视哲学的样子，如果人们对这样的人说，他不懂怎么谱写进行曲，或者不会做拉丁文诗，这或许还算不上冒犯，但如果人们对他说，他有个非哲学的脑子，这可就是大大的冒犯了。

但如果恰恰有某个人被允许说，他所意愿且准备报告的，不仅是哲学本身，而且诚然还是那种唯一的哲学，这种哲学乃是那种存在着的、进而也持存的哲学，正是这个人会最大程度地倾向于让那些先行的展开过程重获合法性，在真正的哲学中，所有这些先行过程必定会找到其目标；而这个人最害怕的正是激起这样一种观点，即听众应该独一且排他地讨论某一个别的体系，进而故意对一切在此体系立场之外的体系一无所知，或者只对它们做一些带有党派之见的报道。除了教师故意想要他的听众只讨论某个特殊的或者个别的体系，仿佛以此方式悄悄抽走和阉割了他们进行探究的自由以外，没有什么其他的会让为真理熊熊燃烧的年轻心灵愤怒。所以在我所有其他的哲学讲座那里，我通常都会以从笛卡尔到现代的种种哲学体系的谱系式展开过程作为导言。不幸的是，自从这一展开过程被多次讲授，得到大量传抄以来，在很多人那里，党派意图反倒愈发扎眼；在许多圈子里，哲学逐渐成了党派的事情，这着实不幸，党派之争无关真理，反而只是为了标榜观点。所以这次我就限制自己从康德开始，或者毋宁说，因为康德哲学是以旧形而上学为基础的，而后者并非自笛卡尔以来所谈论的那种"体系"意义上的体系，而是诸如在德国所谈论的德意志公法意义上的体系,所以以往的形而上学一定程度上就像是曾经支配着课堂的公众德意志哲学,这种哲学甚至在各种体系出现以后还在硬撑,因为所有这些体系,比如笛卡尔的体系,从来没有进入过这种哲学、被这种哲学接纳过,进入它的最多只是其中的某个部分。出于这个理由,我会从以往的形而上学出发,以便表明,在其必然展开的过程中,哲学必定最终会达到这样一个地步,即把自己区分为否定和肯定哲学,进而同时认识到,在哲学的这两个方面的联结中,它才得到了完满的、从一切方面看都令人满意的完结。各位看到,我在这里又重新拾起了在先前的演讲中(那里所涉及的是对肯定哲学自身进行的阐述)已经触及的点,以便对它进行进一步的奠基和阐发。但因为这一次,否定的或者唯理论的哲学只会据其普遍的根基、理念和方法被讨论,它自身并不会得到阐发,所以为了这个目的,我会尝试对否定哲学这门科学进行另外一种、对各位中的许多人来说或许更易理解的推导。

第二讲　论哲学的学习

在对主要内容进行展开以前,我要先给出一些听哲学演讲的一般注意事项。在做哲学演讲的时候,没有什么比听到有人抱怨内容费解更寻常的事了。对此,如果人们以为这是教师的罪过,是这些教师自己没能力清楚地表达要讲的内容,他们根本就缺乏清楚分辨问题的天赋,那对这些教师来说就太不公平了,因为罪过不如说恰恰就在事情身上:因为如果事情就其自身而言是费解且含混的,那么一切演讲技巧都不可能让它变得易于理解。也就是说,唯有人们对事情本身中的可理解部分必已尽了全力,演讲的可理解部分才会自发浮现。这种情况可以用歌德的两句诗来描述:

> 理智和恰当的意义,
> 毋需技巧就主动报告着自己。①

真的东西绝不具有那种仅靠不自然的力求就能被发现,或者靠不自然的言辞和表达就能被道出的性质。大多数人从刚踏入哲

---

① 歌德:《浮士德》,第一部,"夜",第550—551行。——译者注

学那刻起就被一种不自然的紧张激动败坏了,他们还以为这种心境是对的,并主动去接近它。一些人对待哲学就像那些长期只习惯于亲近同类人的人,当他们要跟比自己地位高的人打交道,或者觐见所谓的地上伟人的时候,就表现得笨手笨脚、不机灵和不自然;有人甚至认为,在哲学中,这种表现就是事情所要求的,致使人们最终依照某种哲学所陷入的不自然扭曲和歪曲程度来评判它在科学上的专业程度。但人们也该反过来坚持相信,一切以扭曲和古怪的方式被表达的东西,已经因而不可能是真的和正确的东西了。一位古人说,真的东西是轻松的;这并不是说,毋需努力真的东西会就落到我们头上,因为发现这种轻松质朴的东西恰恰是最难的,而许多人之所以难以理解这一点恰恰是因为他们还没找到这个质朴的东西。大多数人以为,真的东西之为真的东西,必定是困难的;但如果它被找到了,肯定就是某种诸如"哥伦布竖鸡蛋"那样走运的事罢了。一件完美的艺术品,比如拉斐尔的画,看起来就像是毫不费力、自发产生的,所有人都以为,这幅画绝不可能是其他样子,但只有艺术家知道,他必须舍弃多少东西来达到这个清楚明白的清晰点。纯玩票的人和真正艺术家的区别恰恰在于,前者一直待在艺术和科学的纯然入口处,一直都没有走向事情,后者则已经越过了这个阶段,达到了对自由艺术的自由支配。请各位鼓起对哲学的勇气:哲学绝不涉及那种像重担、像沉重的车辘一样压迫着人类精神的观点;哲学的担子必定轻松,它的车辘必定柔软。柏拉图不会像一些近来的哲学家那样给自己背负十字架;人们可以用形容奥尔弗斯的话来形容柏拉图,他用自己的乐声就推动了岩石,而柏拉图也驯服了哲学中最狂野的庞然巨兽。

也就是说,人们首先必须力求客观上可理解的东西,即事情中清楚明白的部分;因为主观上可理解的东西毕竟可以有许多种不同的程度,如果真的东西只能是就其自身而言可理解的东西,这并不会反过来得出这样的结论,即因为它是真的东西,所以它就已然是可理解的东西。因为通常的东西、日常的东西,当然对每个人来说都是可理解的,而哲学中明晰的东西反倒会让初学者,乃至让聪明的头脑绝望,比如说我就知道一个人,当他认为自己到火候研究哲学的时候,他的老师善意地把一本当时流行的哲学教材(即费德尔①《逻辑学和形而上学》)交到了他手里,这本书让他苦不堪言,因为他觉得自己理解不了这本书,他觉得,跟自己可能认为的这本书的真正内容比起来,自己所理解的东西太琐碎,而正由于这本书极大的明晰性,他对哲学的把握日益增加。但当这位教师之后把莱布尼兹的箴言集(众所周知,这部书以 Theses in gratiam principis Eugenii 为题,为著名的萨伏伊的欧根大公②所撰,其中包含了单子论的基本原理)交到他手上的时候,他又鼓起了勇气,并且觉得自己或许还是能搞懂哲学中的一些东西的。制定对每个人都适用的可理解物的普遍程度表当然是不可能的,那些以扭曲强制的方式来学着讨论哲学的人,随即就会觉得质朴的、不扭曲的东西恰恰是困难的;这大概就像某个踩了一整天踏轮的人,到了这天晚上可能

---

① 约翰·格奥尔格·海因里希·费德尔(Johann Georg Heinrich Feder, 1740—1821),德国哲学家。——译者注
② 萨伏伊的欧根大公(Eugen von Savoyen, 1663—1736),奥地利哈布斯堡王朝著名军事家。——译者注

发现自己没法再以习惯的、自然的方式活动了。人们必须能够应对这种骄纵,就像苏格拉底对待从智者和埃利亚学派的课堂那里来的学生那样,苏格拉底所尝试的,就是用仿佛轻食一般的简单问题,使他的学生们重新适应质朴和健康的东西。当然,我们在对大学课程的设置上还没有考虑到这种应对办法。

如果哲学一般地处在"某种不可理解之物"的名声中,愈发必要的或许就是去考虑人们在使一堂演讲变得更易理解时通常用到的辅助和减负手段。我想就此谈些看法。

口头演讲的辅助手段之一首推教材,不管是别人写的还是自己写的,都可以作为基础来支持演讲者进行评论和说明。但我的演讲,至少现在做的演讲,不可能以别人的教材为基础,也不可能以自己的教材为基础,甚至这一演讲的内容恰恰也不适合通常教材的形式;我演讲的内容并不存在于已完成的、可以逐条列出的定理序列中,相反,我演讲的结论乃是在一个持续不断、但彻底自由的活生生进展过程和运动中自行产生的,它的各个环节无法被保持在记忆中,而是只能被保持在精神中。也就是说,唯有整个系列演讲是纯粹科学性的,才有必要印刷它们;现在差不多就是这样在进行的;至于我的听众先生们在听了我的说明以后是仍想用其他通常的辅助手段,还是觉得它们多余,我只能听凭各位自便:我所指的其他常用辅助手段就是广泛被运用的笔记法,人们之所以觉得它尤其合理,恰恰是因为它可以根据需要停留在每个要点上,也能对各个环节的整个序列进行反复回顾。出于这个原因,加上确实没有教材,尤其是当确实需要复习,且我的整个著作也不是光凭笔记就可以记下来的时候,我不反对在此前提下做笔记,反倒还会谅解。因为此外我也不能否认,我向来只可能在有限制的、极其有条件限定的情况下才批准对哲学演讲做笔记,这不是由于我在这里或许会被滥用,也不涉及艺术和哲学必须指望的那种保护,更不是由于科学仍落后于艺术。因为在柏林这个德意志雕塑的中心(我有信心这么称呼柏林),假如有一件造型艺术品被竖立在了公共广场上,那么就算在最底层的群氓里,也不会有任何一个人会把已经立起来的艺术品直接损毁、弄坏,或者朝它扔泥;一般说来,公共雕塑早已家喻户晓,所以为了提防这种恶行,既不需要法规,也不需要对公众先行恐吓。但如果一件科学的艺术品在公开演讲中被展示,在这里,龌龊的、像叫花子一样篡改和玷污这件艺术品的书商,似乎既没有必要害怕公众的不满,甚至也没必要害怕现有法规的制裁。然而正如已经说的那样,我并不是由于这种可能的滥用,才觉得对哲学演讲做笔记——起码单就做笔记这事来说——是一种对确保理解科学展开过程而言模棱两可的手段,这跟滥用反倒完全无关。我一直担忧,在纯然机械地做笔记的过程中,人们在只想着理解教师的话的同时,丢掉了关于这番话的构想本身的关联脉络,课后反倒用一本内容残缺的小册子徒劳地要把这个关联脉络再现出来。著名的希腊哲学家安提泰尼斯,犬儒学派的头领,就曾经被一名学生问道,上课的时候必需的是什么。这位哲学家回答他的学生道:他需要一个 βιβλάριον καινοῦ,一支 γραφείου καινοῦ,和一块 πιναχος καινοῦ,这话可以理解为,需要一个新本子(很可能是为了誊稿),一支新笔和一块新记录板(很可能是为了做

XIII, 22

笔记),这个学生让人想到《浮士德》里的那个学生①,从哲学家的嘴里准确无误地听出他本人观点的瞬间就会让他满足,所以为了理解哲学演讲,首先需要的就是新笔和新记录板。但严格意义上的犬儒乃是像梅菲斯特那样不管用不用法式双关都擅长打趣的人,因为如果人们把 καινοῦ 这个词理解成两个词②,那么这位哲学家对他的学生说的就是:他需要一个本子和理智,一支笔和理智,一块记录板和理智,也就是说,归根到底最重要的乃是理智,所有其他的东西都不重要,主要的事情就是自己自发地去思想,自己的理智,这是人们所必须的。这就像著名的蒙特库科利将军③被皇帝问"什么是战争所必需的"时所答的:有三样是必需的,第一是钱,第二是钱,第三还是钱。而当一位听众向安提泰尼斯抱怨演讲笔记弄丢了时,这位哲学家回应道:你或许该把它写进你的灵魂里,而不是写在板子上。最富成效的笔记或许是这样的,即人们加以选择和区分地关注本质性要点,特别是联结探究的各个环节间的过渡,然后依照这种摘录——这种描记——试着把整体本身重新加工和再现出来,这一次每场讲座之间都有一天休息,正好可以让大家做这件事(我发现跟不间断的连续讲座相比,我这样的安排对理解哲学演讲来说收获更大,前者完全不提供去思考消化刚刚听到的一大团内容的机会)。如果人们试着用这种办法来再现整个演讲,那么演讲的内容就会成为听者自己所赢获的,而这一努力又会反

---

① 歌德:《浮士德》,第一部,"书斋",第 1868—2048 行。——译者注
② 也就是 καὶ["和""与"] 和 νοῦ["理智"]。——译者注
③ 拉伊蒙多·蒙特库科利利伯爵(Raimondo, Count of Montecucculi,1608—1680),奥地利陆军元帅和军事理论家。——译者注

过来有利于更具判断力且更加明晰地理解演讲；因为如此一来，每个人都会学着去越发关注那个在不断演进的展开过程中对关联脉络起着中介作用的东西，关注探究的关节。然而如果有更多人一同来做这事，互相帮助，互相补充，通过这种一同工作使整体得以再生，那就更好了。唯有通过这种方式，整体才会生息在每个人身上，而那种通过这种共同努力而赢获的、在共同的谈论中变得更深刻通透的内容，同时也会成为真正精神友谊的纽带。学院生活中最具魅力的地方——或者说至少会是——就是这种与他人的共在(Zusammenseyn)，所有人为了唯一的共同目的成为一体，而在人的生命过程中，再次与他人成为一体可能就没那么容易了。

一所高校办得好不好，要看有多少人，或者至少所有优秀和有天赋的人对科学中首先值得追求和希望的东西是否有所理解，归根到底，只有以这种方式，一种科学的共同精神才会自行出现，一批富有个性的青年才会自我塑造，这些青年不会摇摆不定，而是坚定决然地避开那种会表现得摇摆不定的庸人。在成年人中有许多这样的庸人，路德博士把他们称为风向标，为了知悉风是从哪吹来的，他们背对所有方向转一圈，他们听了路德的话以后才想着去观望观望，到底是基督对还是魔鬼对。而青年该做的，则是坚持他已经认定为正确的东西，并视那些更令人愉悦的感觉如浮云。最伟大的天才自己唯凭个性而高贵；而只有在拉锯战中，以及在对唯一目标的共同努力中，个性才会得到塑造并出现。为了科学而不断激起或者激发自己去进行转换才是学院生活的真正乐趣，若没有这一点，所有其他的科学乐趣很快就会变得寡淡无味。如果对许多人来说,一种德意志式的学院生活总是让人回想起某种持久的价值,如果在回想起大学和大学生活的时候,老友的面庞仍会明朗地浮现,那么这无疑不是因为想起了感官的欢愉满足,而是因为与此回想相系的,乃是意识到了那种对精神培育和更高科学共同的、男子汉式的追求。那种没有在内在的联系中与志同道合之人为信念和理解最重要之物而度过共同努力的时光的人,不算享受过学院生活。

  与高贵的青年相宜的,除了他一定程度上本就该享受的阳光下无忧无虑的快乐以外,还需去找到一位暗影般严肃的教师,而本质性的事情是,在风格和研究对象上,不可胡乱地选一位这样的教师。对青年来说,这位教师并不是朋友,而是试着让他们学着悲天悯人、心忧庙堂的人,而青年则必须在此间首次赢获主导心志和信念的力量。同样,就这一点来说,通常还存在一种好高骛远和志大才疏的滥用,如人们所说,这就是为了显摆思想自由和教学自由去利用青年,我之所以说是"好高骛远",是因为人们还可以去怀疑,那些把"思想自由"挂在嘴边的人自己究竟打算在多大程度上承认"思想自由",他们其实主要是为了自己的一些偶然看法而要求"思想自由"的,而与此同时,这些人坚持认为自己有理由以自己能掌控的一切方式迫害与己对立者;至于所谓的教学自由,那些谈论它的人大抵通常都会发现,某个听命于教会并靠它吃饭的人,会在演讲中试着把自己的东家悄悄雪藏起来,但即便如此,他本人也绝不会尝试去承认无限制的教学自由,因为比如对一位新教神学系的教师来说,教学自由大概就是尽可能地以灵与火,宣讲和列出诸如一个可见的教会牧首为什么是必要的,一个信仰事务最高的且不会犯错的裁决者为什么是必要的,以及罗马教会的其他基本法则等等就算诉诸教学自由也难以得到允许的东西。思想和研究必须不受限制,科学和教学活动(起码在得体和适宜界限内的教学活动)都必须是自由的,这一点是如此不言而喻,以至"思想自由""教学自由"这样的空话几乎只可能是意图以无害的方式叫人明白,思想和教学自由在各处都陷入了危机,进而使得特别像"直率"这样的名声成了廉价品。青年诚然应该为德国对之付出了高昂代价的无价财富感到鼓舞——愿老天和我们各位诸侯的善意保佑,这份财富绝不会因为不适当的使用而丧失!——但无疑唯有当青年愈发热情昂扬地力求获得这种精神和科学上的卓越才干(这种才干对于恰当地使用自由来说是必需的),并显示出辛苦赢得自由到底是为什么的时候,青年才会感到鼓舞;因为对日常琐碎的东西来说,思想自由不是必需的。由哥白尼世界体系引发的对人类世界观的完全颠倒,曾经能够促使先前时代的精神领袖投奔到伽利略那里,并被迫废除自己的世界观。一个被艾伦贝格[①]发现的完全由各种微生物构造和组织起来的世界——通过无数倍的放大才第一次开放在人类的眼前——,对先前狭隘的时代来说,或许会显得可怕和危险,仿佛这里面有鬼似的。人类思想正是通过这些发现不断得到释放和拓展,并现实地达到了更高的阶次。但世界并不感受得到一位拉丁语作家的著作是否被解读和朗诵;人们是该以量

[①] 克里斯蒂安·戈特弗里德·艾伦贝格(Christian Gottfried Ehrenberg,1795—1876),德国科学家,在微生物研究方面做出了决定性的贡献,"细菌"即由他命名。——译者注

的范畴还是该以质的范畴(一种新兴逻辑学喜欢以质的范畴开始,或许这只是因为它不知道怎么从量开始)来开始范畴演绎(这些范畴从亚里士多德开始就使用,这就是它们现在还在使用的原因),对课堂而言,似乎并不是完全不重要的,但世界并不会因此而改变分毫。此外,人们必须公正地承认,至少共同体对思想的结论,特别是对哲学的结论是不会完全无动于衷的。因为一种宣称人类中最优秀和聪明的人应该在吃喝等事情上享有更多的学说,或许很有可能占据统治地位,而另一种完全出于人类信念而要弃置一切形而上学要素的学说,也很有可能流传开来——然而我认为这样的事就跟猴子成为人类的主宰,或者人类永远在地表消失以后,猴子成为世界的主宰一样,都是不可能的——,但假设这样的学说可能会流传开的话,国家要做的当然只会是强硬地辞掉宣讲这些学说的人,仿佛以密集的军队在旁虎视眈眈地盯着这些学说消停下去。

XIII, 27

　　一切人类事物的整个建筑都可以跟巴比伦王在梦中看到的景象①相对比:头是金做的,胸和手臂是银子做的,腹部和腰是铜做的,腿是铁做的,但脚却一部分是铁,一部分是陶土;一旦脚部碎了,铁、陶土、铜、银、金的所有部分就一道碎了,就像碾谷场的糠,被风一吹,人们就再也不找到了。人们甚至也可以从国家和公共生活中把一切包含着形而上学要素的东西剥离出来:如此一来,国家和公共生活也会以同样的方式崩塌,真正的形而上学是荣誉,是德性,它不仅是宗教,而且也是对律法的敬畏和对祖国的爱。诸如

---

① 《但以理书》,2:31-35。——译者注

上面所描述的那种哲学(只要人们可以把这类东西称作哲学),会产生什么样的结论和后果呢?答曰:福斯塔夫在著名的战前独白中所表现出的道德:"荣誉鞭策我冲锋在前。是的,可如果在冲锋的时候,荣誉鞭策我去死,那该怎么办呢?荣誉能替我一条腿吗?或者胳膊?不。或者减轻我创口的痛苦?不。也就是说荣誉一点也不擅长外科咯?是的。那荣誉是个啥?一个词罢了。一个词是什么?空气。那么荣誉就是空气。谁有荣誉呢?在战斗中死掉的人。他感觉到荣誉了吗?没有。那么荣誉就是不可感受的咯?对死人来说就是这样。但或许荣誉会跟活下来的人活在一起?不会。为啥?对生还者的诽谤不承认荣誉。我也不喜欢荣誉。荣誉就是块墓碑,我的自问自答就这样结束吧。"① 如果人类世界和信念中的一切形而上学要素都弃置了,那么前面提到的那些学说的自问自答,必定也会以这种福斯塔夫的道德结束。人类事物不可能以数学、物理学、自然史(我极其崇敬这些科学)来统治,也不可能以诗和艺术本身来统治。唯有正确的形而上学才给出对世界的真正理解,这种形而上学因此向来都被称为科学之王。而各个大学遭到许多人指责的那个原因恰恰就是,它们把青年保持在一个远远隔绝于世界的环境中,仿佛为了保持精神力量安静且不受干扰地得到展开和完善,世界反倒是不必要的,但也正因为如此,我们的大学才是值得投入、维持和令人自豪的机构。在这大学幸福时光的神圣时刻里,青年才会做出一些重大的决断,感受到理念,并在以后实现它们;在这里,每个人都必定会找到和认识到自己人生

---

① 莎士比亚:《亨利四世》,上部第五幕,第一场,第130—142行。——译者注

的使命。没人会相信某些后来可能会在自己面前出现、但自己在大学里并没为之奠定基础的东西,也没人会相信,某部他自己想称之为生平力作,但在大学时光里甚至没有作为灵魂的预感而出现过的作品会取得成功。即便是青年的梦——就算始终是梦——也不是没有意义的,即便这些关于未来生活的梦对普通人来说不可通达,人们也能用席勒笔下不幸的唐·卡洛斯的话说:

> 请您告诉他,如果想做一个男人,
> 就该尊重自己青年时代的梦,
> 自吹自擂花样百出的理性,
> 就是置人死地的害虫,
> 切勿向它敞开心灵,
> 那是娇嫩的诸神之花
> 如果尘世的智慧亵渎激情
> 上天的女儿,
> 告诉他不可误入迷津。[①]

这番话想必也适用于各位的未来。请各位不要惊讶,跟刚决定留在这里起的那半年比起来,这半年我本人会更多地与各位交谈。所以我所承担的职责就是,不仅做各位的教师,而且也会尽全力做各位的朋友和净友。对此,我的使命既包含在我所教授的科学中,也就是那种唯一能彻彻底底让整个人受到感动的哲学,也包

[①] 席勒:《唐·卡洛斯》,第四幕,第二十一场,第4289—4296行。——译者注

含在下面这一点上,即尽管这些年我背离了诸位,但我早就有过跟诸位现在一样的感觉,即使到现在我仍没有忘记,我在各位这个年纪时的那种感觉。

如果那些决定着科学在我们这里实存的社会关系境况不允许教师用古代哲学家的方式进行教学,如果师生关系——至少普遍地——不再可能像柏拉图时代那样是一种生活关系;那么人们至少会乐意试着主动接近这种关系,所以人们得想办法让教师和听众之间的知识通告不是单方面的,而是交互式的。没有人会怀疑,当听众能反驳教师,对教师表达自己的疑虑时,对他而言始终晦暗不清的东西就能得到开解,而通过发问,听众也能确定他是否且在多大程度上掌握了教师的意思,这些对听众都是有好处的。但即便是善意的、认真负责的教师也不可能对他自己是否得到理解这件事无动于衷,如果他可以相信,后起内容之所系的先行内容已经得到了正确和完备的理解,他确实也就可以平静地继续进展下去。因为听众,教师才注意到他自己都没想到的误解(因为谁能想到所有可能的东西呢?),这事并不稀奇,这种有可能让接下来的内容变得晦涩混乱的疏漏或许三言两句就能解决。所以我先前就尝试过用跟讲座相联系的讨论使这种交互式通告得以可能,在讨论中,可以提任何问题,报告任何疑虑,甚至可以按自己的理解来复述听到的内容,以便能确证或者根据各种状况修正和补充自己的理解。或许接下来在这里也会有些类似的安排;所以在我们的课程期间最好就跟上个冬天一样,如果大家有一直搞不明白的地方或者有什么解决不了的疑虑,都可以用书面形式,把自己签过字的小纸条放到讲台上或者送到我的住处。以这种方式交给我的问题,我都会在任何时候答复,如果牵扯的没那么多,我就即刻答复,或者在适当的时候答复。我的前提是,在我的听众中没有人据此就会以为,他在这里仿佛只是为了找茬,而主要不是为了学东西。我或许有些天真——但这也是应该的——的前提是,在这里没有人会不怀真实和正派的意图——不管多还是少——从我这里多少学些东西。如果有人认为自己对课上谈的事情理解得比我好,那就请让我知道,好让我试着尽可能快地从他那里也学到些东西。只有当某件事情已经说透了,教师也对它进行过完备的说明,这件事的自然本性才可能以发问、思考和提出异议等方式谈论。有些缺少教养的人,一听到些自己闻所未闻的东西,就心痒难耐,连连表示异议。这样的事情我当然不会提倡,但我也相信自己不必为之担心。只要事情全然剖析清楚,那么在这个点上,毕达哥拉斯式的保持沉默就会成为每个学生的法则。

我已经把口头演讲的种种辅助手段——教材、笔记、师生之间的交互通告——都查验了一遍。不过我现在想提一种就各种状况来看可能是在研究一切科学时最有力的辅助手段,进而也是理解哲学演讲最有利的手段,我指的是就是阅读,即研究那些已写入了某门科学中、刻画了这门科学在前进或完善过程中某一重要环节的主要著作。

当我谈到主要著作的时候,我就已经充分地暗示了下面这点,即我认为,如果我们没有在心中留下一条线索,那么为学习科学而进行的每日阅读就跟今天听到明天就忘掉的日常废话一样是没用的。但除此之外,即便是严格的、科学的著作之间也还是有区别的,并不是所有的都以同样的方式始自源泉,并非所有的都同样源初。如果那些二手著作对理解一手著作来说绝不是必需不可,人们肯定就会坚持只读原著,并在它们身上付出更多的时间和精力。任何人,只要把柏拉图的单部对话,比如《智者》《斐勒布》极尽精微地彻底钻研一番,无疑都会获得远比看一大堆评注更富意义的成果。从名副其实的本源著作中,我们同样总会遇到异常鲜活的精神,这种精神强劲地激发着我们自己的创造力,而在其他人那里,这种创造力一直沉眠不醒。

即使在道德方面,读什么也远不像人们所想的那样无关紧要。在生命中,我们并不是总能决定想让谁进入我们的内心;所以人们就要愈加认真地对待阅读,以便尽早适应永恒、不变和持存的东西,进而学会对那些昨是今非的东西轻而视之。

现在我要联系于紧接下来的演讲,或者联系对哲学本身的研究来给出一些最重要的建议,这是必不可少的,并且会比之前说得更加明确具体。

自康德引发了伟大的运动以来,成问题的就不再总是这种或那种哲学,而是哲学本身,这正是康德在其批判中所讨论的问题。De capite dimicatur[主要的战斗],围绕着首要的事情,即哲学本身。诚然,肯定有一些因为各种偶然状况或许就把胆子壮起来了的人会误以为,就该把科学和人类中的一切形而上学要素的空疏性和绝对否定性置于顶端,而这个时候已经到了,如果这些人听到,人们还得又一次回到各种基础性的探究上(就历史来说,得回到康德为止),那肯定会觉得十分不合时宜。由此,因为这些人阻止不了人们回到康德,他们就会对之无所不用其极——至少会去质疑它——,并去试着找些借口,比如佯称自己所做的不过是为了宗教——这一争执其实是宗教之争——,在这些人嘴里,人们只不过是想恢复以往意义上的宗教,特别是官方宗教等等,因为这样一来人们就会觉得,这场争论实在是够声名狼藉了。但事情并不是这样的。在这里——希望这是最后一次!——又一次成问题的,确切地说,事关宏旨的乃是哲学本身的意义。

我们暂时不承认任何特定的哲学,不管是宗教的,还是自诩非宗教的。我们先把两者搁在一边,因为在认识到首要的事情,在这里也就是哲学本身以前,人们不可能讨论从中衍生出来的东西。从康德的《纯粹理性批判》开始,哲学一直都处在一种不断进展的变化中,它或许恰恰现在才陷入最后的危机。如果康德批判哲学的必然结论已经可以被看清,那么只要这一结论还没有得到普遍的承认,人们就至少仍必须暂先依赖对历史进程的阐述,这一进程的终点就是,我们必须把从康德到现在的整个哲学道路走一遍。因为我必须最明确反驳的乃是这样一种观点,即仿佛任何可以被提出来的东西都是完全从与康德的联络中被攫取出来的。这无非就是下面这种做法的后果,即所有要通过取消这一联络而把自己建立在它之外的尝试,不管为此投入多大的努力和多深的洞见,不仅在有限的范围内几乎得不到一点点关注,而且也根本得不到普遍的关注。若要为此举例,所谓的赫尔巴特哲学就够了。①

---

① 见《神话哲学导论》,第283页注释1。——作者原注(约翰·弗里德里希·赫尔巴特[Johann Friedrich Herbart, 1776—1841],德国哲学家,科学教育学的奠基人。——译者注)

若不回溯到康德,恰处在变化中的哲学(即使它已经在对其变化的最终研究中、在对其最终结论的完善中得到了把握)至少在目前就不能以富有教益的授课方式令人普遍信服地得到阐述。因此,如果我要为这一演讲的开头建议某种研究,那除了研究康德的《纯粹理性批判》,我就不知道还有什么更富教义和更有效的了,对现在大多数哲学的语言用法来说,它不仅同时是真正意义上的源泉,更可用作研究哲学的开端。主修哲学的人仍都是以研究康德开始的。当然并不是所有人都这样,但即便是那些只花一部分时间钻研哲学的人,至少也不会放弃去研读由康德本人批准的《纯粹理性批判》简明却扼要的选本,他的编者是约翰纳斯·舒尔策①,他还为此选本做了注。

我现在要再次回到那个我首先已将之标明为我们自己所进行的展开过程之开端的点上,也就是回到康德。

---

① 约翰纳斯·舒尔策(Johannes Schulze,1739—1802)。谢林提到的这本书名曰:*Erläuterungen über des herrn professor Kants Critik der reinen Vernunft*(《对康德教授先生〈纯粹理性批判〉的详释》),哥尼斯堡,C. G. Dengel 出版社,1784年。——译者注

第三讲　论前康德形而上学、康德及费希特

康德自己是把旧形而上学预设为前提的,他的批判直接关联于它。所以我们也要从旧形而上学出发。旧形而上学本身源自经院哲学,后者乃是在整个中世纪具有普遍支配地位的哲学。经院哲学自身内部产生的差异,并不是本质性的、会使立场发生改变的差异。从经院哲学垮台开始,哲学中持续了如此之久的和平也就一去不返了。对经院哲学来说,真正意义上的哲学,即最高的哲学科学乃是形而上学,但这个词就其来源而言是可疑的,它所指的是不是现今冠以"形而上学"这一名目的亚里士多德著作(这一名目并不是由这门科学的开创者亲拟的),这是不确定的。就通常含义来看,形而上学似乎是这样一门科学,它所关联的对象乃是超出纯然物理之物和自然之物的东西。就此而言,它可以被视为主要研究超自然和超感官之物的科学。实际上这也是以往形而上学的主要对象。就其自身而言的神,处在与世界之关系中的神,世界本身,在其总体性中被设想为全体的世界,这些不再是纯然的物理表象或认识的对象,世界的开端与最终意图,作为物理世界和更高世界之间纽带的人类,人类意志的自由,善与恶的区分,这一区分的本源,恶本身的产生,人类灵魂的精神性,它在死后的续存,这些诚

然都构成了形而上学的主要内容。尽管如此,人们还是不可以把刚才提到的那些视为形而上学独有的对象;这门科学也并非超物理学(Hyperphysik),而是后物理学(Metaphysik),因为比如说即使在可见的自然那里,也并非一切都是纯然的物理研究对象,即使感官自然也有其形而上学的一面。进一步来说,就算绝对的超感官之物——比如神——是一切形而上学所致力的目标,决定性的仍是找到认识超感官之物的精神工具。在先前,形而上学是在三种不同的认识方式中来寻找这一工具的,它们由此也就可以被视为我们认识的三种源泉,为了深入洞悉旧形而上学的精神,人们必须确切认识这三者,因为实际上,旧形而上学唯有通过对这三种人类认识的源泉进行统合或者统括才是可能的。

认识的第一种源泉乃是知性,intellectus[理智],它被理解为以普遍概念进行把握的能力,在被运用到经验上的时候,这些概念就成了普遍的本原。

也就是说,正如人们观察到的那样,在通常的和科学的知性使用中,某些判断和推论的形式仿佛是合乎本能地被运用的,并且能持续得到重复运用——如果使这些形式摆脱它们运用于其上的材料,被纯粹或抽象地来看待,那它们随即就成了所谓普通或者形式逻辑的内容了——,如此一来就不难觉察到,我们所有的判断和推论都以某些最终的普遍概念为基础,否则不止哲学,一切思想都会是不可能的。谁要是没有实体与属性,原因与结果这样的概念,谁就不能思考任何东西。当化学家要证明下述经验规律,即燃烧过程在于把空气中的氧气和燃烧的物体联系起来,比如正在燃烧的金属,金属重量的增加相应于残存空气重量的减少,在此过程中他悄悄预设为前提,仿佛自己没有意识到的东西是什么呢?不是其他,正是下述规律,即如果没有处在物体之下,承载着它重量增减的实体,物体的偶然存在方式就不可能发生改变,也就是说,这位化学家起码把物体的实体及其种种属性区分开了,即他区分了实体和属性本身。同样,如果有某种新现象引起自然科学家的注意,并且他也感到自己有义务把这个现象的原因找出来,他由此也就在没有进一步去确证正当性的情况下,把"在自然中,如果没有一个起着规定作用的原因,就没有结果"这样的法则,即因果概念预设为了某种不言自明的前提。因为唯有遵循这些思想的普遍概念和本原,所有对纯然感官表象本身的超出才得以可能,如此一来,因为思想本身好像是跟这些概念和本原一道得到保存的,所以人们预设,这些概念和本原是借由思想本身的自然本性设定的。对思想来说,它们是自然而然的东西,或者像人们后来说的那样,是思想天生的或天赋的东西,它们并不是人们必须穷竭经验才得到的,它们只是不被运用到经验材料上,但它们自身已经借由人类知性自身在经验之先被给定了,所以在此关联中,它们也就被称作先天的概念和法则。

也就是说,认识的第一个源泉把旧形而上学设定入了纯粹的知性中,它把知性规定为一切概念和法则的源泉和能力,对我们来说,它具有普遍性和必然性的特质。但假如没有经验的补充,这一特质也就没法得到任何运用。

如此一来,就可以把经验视为在形而上学中生产着认识的第二种源泉,而经验接着又被区分为内在和外在经验,这要看它是在报道我们外部的现象或境况,还是我们自己内部的。经验并不启示给我们事物身上普遍、必然和不变的东西,反而恰恰只启示特殊、偶然和稍纵即逝的东西。但事物身上的这些特殊和偶然的东西才恰恰是科学真正意义上的支点,在认识和科学的产生过程中,科学所倚仗的就是它们,因为始终被附带预设为前提的是,形而上学并非一门已然被给定,没有我们的参与就现成存在的科学,相反,它是一门有待产生的科学。在知性的那些普遍概念和法则中,根本就没有生产性的活动,单独来看,它们自身其实是无所产出的,在它们自身中不包含任何现实的知识;亚里士多德就说过下面这句意味深长的话:scire est agere, intelligere est pati[知识是主动的,理智是被动的];更确切地说,我们显得像是在消极对待必然性,这一必然性乃是那些概念和本原向我们的思想陈展出来的;同样,我们从经验中直接汲取的,乃是某种我们接纳却不产出的东西。

唯有如此,进行着生产性的活动才可以称作哲学性的,通过它,形而上学才得以出现在我们面前,只有在理智和经验这两种首要的认识源泉中,形而上学才有其前提。但那种把这两个前提作为支点来运用,以期借助它们达至那个既非通过纯粹的知性(知性根本就不给出任何具体、现实的东西,进而也不给出任何人格性的东西),也非通过经验而被给予我们的东西的能力——这个东西正是绝对的超感官之物——,也就是说,这种使我们得以由前两种前提出发达至对超感官之物的认识(这种仿佛从这里自发产生的认识,其实始终只不过是一种被中介过的认识)的能力,乃是认识本身的第三种源泉,也是各种进行自由产生活动的认识的直接源泉。这就是 ratio,作为进行推论能力的理性,唯有要把普遍的,即由知性本身所赋予的本原运用到经验中当前的偶然之物上时,才有这种进行推论的能力,通过这一点,我们就被引到了第三者那里,它超越于前两者,同时必定也具有与此两者共有的某种东西,或者说,把两者统合为一的东西;也就是说我们被引到了全然的普遍者上,这一普遍者自身同时也是一个具体者,而恰恰因为它是那个同时也是全然普遍者的东西,所以我们也就被引到了作为真正普遍原因的神那里,但他自身(作为普遍原因)同时也是人格性的东西,由此也是特殊的东西;也就是说,形而上学认为,仅通过作为一种推论能力的理性就可以达到这一结论。当我把由经验给予的种种现象在世界这个概念中进行综括,进而把这些现象本身规定为偶然之物(即也可能是不存在的东西),尽管我也把它们规定为存在者,但我所采取的方式是把普遍的知性法则运用到了这种实存着的偶然之物上,也就是说,一切表现为纯然的结果的东西,即表现为某种也能够不存在之物的东西(因为"能够不存在之物"乃是结果真正意义上的概念),并非没有原因,而是唯有通过一个特定的原因才能被规定为实存,以此方式,一方面,我就把自己提升到绝对原因这个概念上,通过绝对原因,世界本身,即一切特殊和纯然相对的原因和结果之总体本身,被规定为此在,另一方面,我获得了对此绝对原因之实存的洞见,认识这一实存被视作一切形而上学最终和最高的目标。因此一般而言,以往的形而上学都建立在这样的假定上,即通过把普遍的概念和基本法则运用到经验中的被给予者,就能以推论的方式走向那个超越于一切经验的东西。在近代,这种形而上学被轻蔑地称作知性形而上学。其实完全应该希望,每一种这样的哲学都可以得到讨论,也就是可以讨论每一种完全只包含知性的哲学①。

在我们现在说明了这种形而上学的根基之后,把握下面这一时刻是以何种方式必然到来的也就不难了。在这一时刻,在这种知性形而上学中驻足不前已不再可能,进而哲学也不得不离它越来越远。同样明显的是,知性形而上学在没有对那些它从中获取知识的源泉,也就是经验、知性和理性三种能力做进一步确证正当性的情况下就假定并预设它们。所以在时间的进程中,这些本源自身也成了怀疑的对象,或者至少成了批判的对象,这没有毛病;一旦它们成了怀疑或批判的对象,哲学的形态也必须随之自行改变。笛卡尔是第一个表示要对外部的、感官的经验进行明确怀疑的人,正是以此方式,作为认识本原的经验也就被取消了,因为现在它自身成了对象。怀疑所关联的,不可能是我们必定在表象着外部事物这一行为,相反,问题在于,我们是不是恰恰在其中被蒙蔽了,比如被一个这样的神蒙蔽,他只为我们生出这些外部事物的表象,但这些事物并不在我们之外实存,马勒伯朗士就坚持这一看法,随后著名的贝克莱甚至说,唯有在神中我们才会看到一切事物。在这里,已经包含着要去说明事物本身之必然性的要求了。

也就是说,首先作为认识的确凿源泉遭到攻击的是经验,它本

---

① 见《神话哲学导论》第261—262页关于旧形而上学方法的对应阐述。——编者注

身被置入了怀疑。

然而在笛卡尔之前,著名的维鲁拉姆的培根①就反过来把感官经验当作一切认识唯一真正的源初源泉,他疲于经院形而上学的三段论,所以创造了一整套与三段论对立的方法,进而激起了对整套普遍概念和建立在它们之上的种种推论最普遍的不信任。培根的方法,也就是归纳、结合和类比,其目的在于得到在一切现象中始终一致、相同和同一的东西,以此方式,这样的东西自身就会最终超出个别现象,进而自行提升为一切现象中的普遍之物。这种把科学回溯到作为独一源泉的直接经验上的做法使人类认识的材料得到了拓展,与之相比,以三段论的方法吃力造作地赢获的形而上学命题就显得微不足道而寒酸了。一切都自行转向经验这个认识的直接源泉,它曾经只被形而上学视为一种特殊的、独立于纯粹知性的源泉,直到约翰·洛克,以及后来的大卫·休谟,认识的第二种源泉,intellectus purus[纯粹的理智],才完全失去了它独立于经验的权威和意义。众所周知,借由关联于经验的反思,洛克使那些普遍的概念和基本法则本身最终都仅仅来源于经验,如此一来,这些普遍之物其实都只是主观的,只不过是可以用普遍性和必然性的特质包装而已。可一旦这些先天概念和基本法则独立于经验的权力和声名破裂,真正意义上的形而上学的神经也就被切断了。莱布尼兹大抵感觉到了这一点,所以从现在开始,哲学的主要问题恰恰因此就成了是否还存在独立于经验的天赋概念。莱布尼兹反驳洛克的主要著作是他的 *Essai sur l'entendement humain*[《人类

---

① 即弗朗西斯·培根,他被封为维鲁拉姆(Verulam)男爵。——译者注

理智新论》]，但它跟莱布尼兹所做的其他努力一样，并没有在德国之外遏止猖獗的经验主义。也就是说从现在起，对形而上学而言，不再有两个相异的基础，而是只有一个同质的基础，也就是经验；因为即便是那些先前被视为必然且知性先天地居于其中的概念和法则，也要么只是通过持续重复而形成的习惯之结果，要么只是通过对不断增加的经验进行反思的结果。但基于纯然的同质之物，是无法再进行任何推论的，a且a这个命题不提供三段论的任何可能性；先前曾被视为就其自身而言的普遍者，即独立于一切经验的普遍者已经失去了这一特质，并且自己倒成了某种特殊的、局部的东西，或者说，只具有纯然可疑的普遍性。但逻辑的基本法则 'ex puris particularibus nihil sequitur[从纯然局部的东西中得不出任何结论]' 已经表明，以上述方式，也就不再可能有三段论哲学了。也就是说，如此一来，以往的形而上学——它在相当长的时间里仍保有自己祖传下来的影响（它之所以还能保留在学校里其实只不过是由于某种潜规则）——，根本说来在康德之前就已经垮台了，而康德本人的工作只不过是为以往的形而上学带来这样的进展：使它似乎完全变得正式，并用以各种精巧的方式来审查它。如果人们对自旧形而上学垮台以来出现的体系更迭、不安（这一不安由此遍及全部科学）也特别地做一番学术研究，或者仅仅观其大略，人们就很可能会为形而上学先前所处的那种完结状态已经被取消的事实感到遗憾；然而如果人们不想让人类精神绝对地停滞，这种状态也是没有办法得到保留的。因此，人类精神已经不可能再满足凭着以往的哲学认识方式继续延续下去，因为用以往的方法所产生出来的认识始终只是一种纯然造作的认识,因为这种认识所达成的关联脉络,只处在我们的构想中,而不在事情本身中。纯然三段论的知识道路根本上只会达到命题,它道出了某些特定内容,而没有道出这些内容本身已经被看清为必然的。从实体性这条基本法则出发,大抵就可以得出如下结论,即我们内心的种种现象和运动都有一个实体作为根基,人们将之称为灵魂(从根本上来说,对象本身只能从经验或者普遍的信念中获取,比如人类灵魂这个概念就是如此;对象乃是被给予的,重要的只不过是给它们寻找合适的谓词);关联于人类灵魂的知识其实在于,灵魂被人们视为实体,通过进一步的推论,它随即也被规定为非物体的、非物质的,进而是不可被消解或不可被摧毁的存在物。就此而言,人们可能就以为据有了普遍真理:存在着非物质的、非物体的存在物 = 灵魂,它是不可被摧毁的;但"为什么有这种存在物"这个问题,并没有得到解答;这种存在物实存的必然性,并没有被看清。后来时代的巨大转变恰恰在于,人们不再只盯着谓词,而是尝试确保对象本身。甚至现在,在哲学中还出现了许多这样的看法,即在哲学中要紧的是某些命题或陈述,它们就仿佛是人们可以猎取的猎物。但情况已经不再是这样了。当下哲学的要务在于对对象本身进行推导,而在先前的形而上学中,对象只是出于纯然的经验或者普遍意识被完全直截预设为前提的。因此对于理性而言,这一内容始终只是某种外在的。就算承认了存在,对象的自然本性,即本质对理性而言仍是不可把握的,所以人们在存在身上一无所有。人们大抵可以认为,下面这个命题是得到了证明的:由于世界明显地得到了合目的的排设,所以必然要把一个具有理智的自由开创者预设为世界的前提;但这个具有理智的世界开创者的自然本性,即本质,并没有因此被看清,即便是这一开创者,对哲学来说始终只是一个纯然外在的东西,他与世界之间的联络只是一种纯然名义上的(实际上根本就没人对此进行过思考),而非实际的,或许曾与某种现实洞见相联结的联络。因为如果我没有看清,一个外在于世界的、有待思想的、比世界崇高的存在物,能够以怎样的方式产生出一个不同于它的、被设定在它之外的世界,那么这一预设或许只不过是我在自己身上发现的一种影响了人生的信念,但除了纯然未经理解的言语,我并没有获得任何洞见。因为即便是关于人类的洞见——人类是一种能够自由地进行意愿和行动的存在物——也不会给我们提供任何现实的概念,如果在我们的设想中,这种想法并没有同时与对人类自由行动的手段和工具的知晓相关联,与对这一行动物理上的可能性的知晓相关联,它就不会给我们提供任何现实的概念。这类知识早晚肯定会显得满足不了人类精神,人类精神要么必须放弃一切形而上学,即放弃一切对处在经验之外或之上的东西的认识,要么必须去寻找另一条通往这种知识的道路并达到它。

曾经所设想的形而上学从感官世界上达至超感官世界的桥梁乃是普遍的理智基本法则,尤其是因果律这一基本法则。如果弃置了这些曾经普遍且必然有效的基本法则,就会缺少这一桥梁。但形而上学也恰由此赢获了它最高和最终的方向。如果形而上学并不能超出纯然的感官世界,那么唯一赋予它价值和意义的东西也就崩溃了。因此，在康德心中重新唤起旧形而上学精神的，必定首推休谟的对它的攻击（他的著作多次译为德语），正如在莱布尼兹心中，形而上学精神是被洛克唤醒的。与此同时，在经验和经验科学的旨趣中，也同样存在着这样的情形，即要为种种普遍的知性法则，特别是因果律，保留独立于经验的特质，也就是首先要保留它们为经验本身提供条件的功能。因为如果普遍的知性法则（经验中的一切关联脉络和经验科学的一切可能性都基于这些法则）只不过是偶然习惯的结果，一切经验科学也就因此而终结了。实际上，这也是在康德内心中起着推动作用的主要构想；他想的是，至少要拯救经验科学，因为他无法掩饰，即便只被用在经验对象上，也就是说，即便是在经验世界中以最大的确凿性被运用的那些基本法则，在以三段论式的方式被运用到处在一切经验之外的对象上时，所提供的关联脉络也只不过是最不确凿且一触即碎的。就算只涉及那些并不就其自然本性，而是仅仅偶然在眼下处在我们直接经验之外的对象，这种三段论论证也得不到任何确凿性。所以在发现天王星以前，人们曾认为有理由推论出土星之外的另一颗行星的实存，后来又认为有理由推论出火星和木星之间也有一颗行星实存，因为这两颗行星间的间距太大。但人们也同样认为——尤其是在上面这个例子里——数学的发展也能够证明人们声称在行星间的相互远离中已经发现的东西：所以当经验尽管并没有显示出一颗行星，而是仿佛超过了科学的要求，现实地显示出同一片天区的四颗行星时（诚然，这四颗行星当时肯定只被视为等同于一颗），人们还是感到高兴。人们在对待外在于经验的对象时同样也隐瞒不了推论的无能，由此，下面这回事情也就易于理解了，即康德尽管是为经验区域（并且也只是为了经验区域）而捍卫独立于一切感觉印象的普遍知性法则的权威——在迄今规模中的形而上学都是从经验区域而来的，那么就此而言，它也就不再拥有独占那些处在一切经验之上对象的优越性了，——但康德诚然也认为，一种真正意义上的经验的可能性，即对感官事物的客观认识的可能性已经先天地得到了指明。

此外，既然要进一步地涉及康德，那么我们要从两个方面来考察他，首先是他对先前的形而上学所持的立场，其次是他对哲学本身所持的立场；也就是说，在何种程度上，他的批判并不关涉以往形而上学的材料，而是首先关涉以往形而上学的根基。如果康德自己不同时提出一种关于人类认识的理论，并由此成为哲学全新转向的开创者，他就不可能触动以往形而上学的根基。

如此一来，康德的批判立场所涉及的，首先当然就是他把矛头对准了直接在他之前的莱布尼兹—沃尔夫哲学，他本人就是受的这种哲学教育，就这一方面来看，只要莱布尼兹—沃尔夫的哲学从未获得过普遍效力，或至少不可能被认为左右了形而上学的存亡，康德的批判就不可能具有普遍的影响。但与此相反的是，只要康德的批判关涉一切形而上学的最终结果，即关涉"究竟还有没有形而上学"这个问题所系的东西，那么就此而言，康德的批判对整个形而上学的未来而言就是决定性的。众所周知，以往的形而上学把自己架设在四门不同的科学上。第一门是存在学，它之得名来自下面这一点，即它会包含存在者首要的和最普遍的规定，包含一切概念,而这些概念都可以从存在者本身(Ens)这一最高概念中推导出来;用康德所引入的说法就是,存在学乃是普遍知性概念或范畴的科学。紧随存在学的是理性宇宙学和心理学;但在所有这些不同科学中,立于顶点的乃是所谓的自然或理性神学,毫无疑问,它是从经验或者流传下来的传统中直截拾起神这一概念的,对此,证明神的实存就被设立为主要任务。人们不可以断言,在他对所谓的神之实存证明的批判中,康德完完全全地切中了要害,也就是说在我看来,他根本就没有发现所谓的存在论证明(后面会详细谈到它)中真正意义上的推论错误,不过根本上来讲,在康德对理性神学的批判中,肯定性的结论比否定性的更加重要。肯定性的地方就在于,神乃是最终且最高的理性理念并非偶然的而是必然的内容。如果我们根本不去回溯柏拉图和亚里士多德——对他们来说,神同样是必然的终点——,那这一点起码首先就不是先前的形而上学的断言,甚至根本不是形而上学的断言。对新近的形而上学来说,神这个概念根本上跟其他概念一样都是偶然的。但否定性的结论也紧随着肯定性的,即理性没有能力去认识神的现实存在,神恰只不过是最高的理性理念,进而恰由此也始终必须保持为终点,它绝不可能成为开端,即成为某种科学的本原,或者像康德自己表述的那样,这一理念始终只有范导性作用,而绝没有建构性作用,也就是说,尽管理性必然地趋向神,一切都在尝试行进到这一最高的理念中——这一点恰恰包含在范导性本原这一概念中——但是,光凭这一理念本身,科学无法开启任何东西,这一理念绝不可能成为某种知识的开端。理论上来说,一切现实的宗教根本上就被这一否定性的结论给取消了;因为一切现实的宗教只能关联于现实的神,确切说来是关联于那个唯一地作为一切现实之主宰的神;因为一个并非这种意义上的神的存在物,绝不可能成为宗教的对象,遑论迷信的对象。但根据康德的批判得出的否定性结论,这种意义上的神根本就是不可能的;因为如果作为现实之主宰的神是可认识的,那么就会有一门科学,对它而言,神就是本原,在这门科学中,现实可以从神出发被推导出来;但康德却否认这些。自然神学跟启示宗教的关系,也就一丁点都没有得到保留了。启示宗教把自行启示的神,也就是进行着运作的现实的神预设为前提。从已被证明为实存着的神出发(旧形而上学认为自己就拥有这样的神),才可能过渡到自行启示的神;从仅仅是最高理性理念的神出发,只能在某种最不真切的意义上道出下面的情况,即神是对意识自行启示的,这种意识完全不同于启示的信仰者在其中谈论启示时的那种意识。

但当康德摧毁旧形而上学的时候,他同时也就成了一种全新的科学的开创者,因为他在"纯粹理性批判"这个谦朴的名目下,宣称已经提出了一种关于人类认识能力的完备详尽的理论。

在他的认识理论(然而这种认识理论仅仅是从经验中获取各种不同认识能力的,它们根本只是作为偶然的认识能力)中,康德是从感性开始的,如他所言,感性为我们的一切表象提供了源初材料,这些表象要么关联于我们之外的事物,要么关联于我们内心中自己意识里的种种过程。我们通过外感官觉知前者,通过内感官觉知后者。但在这些感官表象身上,自行浮现出了两种形式,它们作为一切感性直观的条件是不可能从感性直观中才刚刚获得的;也就是说,尽管在现实的直观中才得到运用,但依照我们的认识能力所进行的源初排设,这两种形式在我们之中必然是先天的,先行于现实直观的,就仿佛预先形成的一样。这两种形式对外感官而言是空间,对内感官而言则是时间。所有的外部事物都是我们在空间中直观到的,而我们自己心中流逝的一切,比如说对外部对象本身的表象,则是在时间中直观到的。

从感性出发,康德过渡到了认识的第二种源泉,即知性,它跟感性的关系就如同自发性和接受性。通过前者(如康德自己表述的那样),对象被给予我们,通过后者,对象得到思考,确切地说是依据先天地关联于对象的概念来思考,这些概念并不是我们从对象自身那里获得的,然而在此不可不提醒的是,仅通过纯然的接受性,对象是不可能被给予我们的。因为我们也可以如此普遍和不确定地思考对象这一概念,所以在此概念中,知性规定肯定已然被触及了,至少"这一个"规定被触及了,即对象是一个存在者,一个现实的东西;但康德本人是在范畴中列举这些概念的;因此,应作为对象而显现的东西,不可能是仅通过接受性被给予的东西,根据康德自己的理论,对象之为对象已然把对范畴的某种运用预设为前提,至少把对最普遍的"存在者"这一范畴的运用预设为前提。也就是说,通过感性被给予的东西还不可能是对象,而只可能是纯然的感观印象。然而在我们的意识中,从感觉,即感官印象到某一对象的表象的过渡实在是太快、太直接,致使人们可能会认为,后者是跟前者,即感官印象已然一道被给予的。但当我并不接近对象,而是只把某物作为对象本身来规定的时候,就表明了情况实际上并非如此。当我在黑暗中撞到什么的东西的时候,我就说:这里有个什么东西,也就是说,有一个存在者,有一个对象本身。然而存在者本身也绝不可能是通过感觉被给予的,它显然是个概念,只能在知性中被思考。因此,如果说康德使对象只能通过感觉或接受性被给予,那这至少是一种并不确切的说法。因为除了这一点以外,康德还最明确地认识到,感观印象唯有通过下述概念才能被提升为表象和客观认识,康德假定这些概念是独立于感观印象的,即遵循我们认识能力的纯然自然本性先天地在我们之中现成存在。我谈的既非康德取得这些概念的方式,也非他是如何确凿地认为对这些概念的列举已经完备了。在德意志哲学中,康德的十二范畴表十到二十年来都享有不逊于十诫表①的声望,每个人都认为,只要照着这个表,必定可以处理一切东西;然而如果做一番更切近的考察,范畴表的规模或许会大大缩减。但这只是对康德学说进行专门的评论时的课题,在这里,我们并不是依照康德学说的特别内容来讨论它,而是依照其普遍意义。

康德在多大程度上为普遍的知性概念指明了它们在认识能力中独立且先行于现实认识的根源,他当然也就一道消除了这些概念纯然后天的起源,而洛克、休谟,以及出自他们两者的整个感觉主义学派都把知性概念归于后天的起源;但康德同时也不得不把知性概念贬为认识能力的纯然主观形式,尽管在作为我们经验对象的客体中,有某种东西符合它们,但这种东西并不在对象自身

---

① 即摩西十诫,谢林在这里用"表"(Tafel)这个词来形成对仗,故将该词译出。——译者注

中,也不独立于经验。但如果我们假定必然的、预先居于认识能力中的概念(通过对它们的运用,纯然的感官印象才被提升为现实经验和客观认识),那么对这一理论来说,在现实经验中出现的事物就是从两个要素出发被统合而成的;在每一事物那里,我们都必须把认识能力的各种规定区分开:最普遍的规定当然就是,恰恰存在一个事物,存在一个对象,即一般地存在一个存在者,一个现实之物(它肯定已经是独立于范畴的);进一步的规定是,它在空间和时间中存在(在康德看来,即便是时空规定,就算不源自知性,也是源自认识能力的),接下来的就是,对象要么是实体要么是属性,要么是原因要么是结果,也就是说,在每一个已被我们认识的事物身上,1)存在着认识能力贡献给它的东西,2)在其中也残留着独立于认识能力的东西。但这个东西是未知的,就如同数学中的 X,康德自己就是这么称呼它的,这个东西是在印象中当下存在的,不管我们愿不愿意,我们不得不得出的结论是,我们无法照亮这个X。但这个我们在与印象相系的因果联结中必然会想到的 X(它先行于一切范畴,并且是不可由范畴规定的)是如何可能的呢?因为不管我们愿不愿意,我们都必须把它设想为存在者,设想为现实之物,进而照此在某个范畴下设想它,因为除了"实存者"这个概念,我们甚至对它没有任何其他概念;即便我们弃置所有其他的规定,它至少仍然持存着:一个实存者仍必定至少存在着。但这个不管我们愿不愿意,都要把原因概念用于其上的东西,是如何能独立于一切规定的呢?也就是说,这里有一个显而易见的矛盾;因为一方面,这个未知者,即这个 X,先行于范畴的运用(情况必定如此,因为唯有它才促成或者说推动把范畴运用到感官印象上),另一方面,我们可能仍然不得不给出这个未知者跟认识能力的关系,比如说,把它规定为感官印象的原因。我们必须把"存在者""原因"等等范畴运用到那个就前提预设而言在一切范畴之外的东西上,康德本人把这个东西称作物自身,也就是说,把它刻画为先于和外在于认识能力的物。

各位已经看到:康德的这一理论根本就不是畅行无碍的;人们甚至不必问,尽管那个物就其自身而言不在时空中,也不可能由任何范畴规定,但它又是如何随即在我们的表象能力中与各种形式自行接合的,而这些形式是我们的认识能力的各种规定所假定的,它们只在我们的主体中有其根据。主要的问题始终是:这个物自身,本身究竟是什么呢?似乎唯有当我已经认识到它了,我才会认为要去真正知道它的知识价值。也就是说,这个物自身乃是康德的《纯粹理性批判》无法跨越的障碍,在这一点上,批判哲学作为自立的科学必定搁浅。人们从一开始似乎就在强烈要求批判哲学,或是把物自身扔掉,即把自己宣称为彻底的唯心主义,把整个世界转化为纯然必然表象的世界,或是坦白,思想就在这里告终了,各种不同要素压根就不可能被统合在一起来思想。康德本人显得非常动摇;他有一些零碎的说法,可以跟彻底的唯心主义统合起来(所以我请各位注意一种对这两者的并置,在雅各比的《大卫·休谟或唯心主义和实在主义的对话》中,各位可以发现它);然而这些说法跟另一些坚持物自身的说法无论如何都是相矛盾的;甚至康德本人也在《纯粹理性批判》的第二版中插入了一种对唯心主义的明确驳斥。在这个对他来说无法克服的矛盾上,康德一直驻足不前。但清楚的是,科学的展开过程也同样不可能在康德的理论上驻足不前。康德断言,存在着一种对事物的先天认识,但康德恰恰从这种先天认识中抽走了首要的事情,即实存者本身,自在者,事物的本质,即事物之中真正意义上存在着的东西;因为依照我们认识能力表面上的规定而在事物中显现的东西,并不是它们之中真正意义上存在着的东西,但这个在事物之中最终独立于我们认识能力的种种规定的东西是什么呢?对此问题康德并没有给出解答。因此,接下来不可避免的一步就是这样一种洞见,即如果根本上存在对事物的先天认识,甚至实存者自身也可以先天地被看清,那么事物的质料和形式都必须一道从同一个源泉中被推导出来。这一构想在费希特那里得到了实施,他伟大且不可被遗忘的贡献始终都是,他在自己的精神中首次把握到了彻底的先天科学之理念。尽管他并没有现实地完成这一理念,但哲学仍始终受惠于他伟大的遗赠,即绝对的、不把任何东西预设为前提的哲学这一概念,也就是说在这种哲学中,不假定任何从别处而来的现成之物,相反,一切都应从那个唯一的普遍在先者(唯一可被直接设定的东西),在合知性的序列中被推导出来①。当康德把哲学的唯一内容当作对认识能力的批判时,哲学本身就由此被定向于主体。费希特完全自然地依照这一定向在自我中发现了这个唯一的普遍在先者,确切地说,是在人类意识的自我中;费希特的体系乃是彻底的唯心主义,对这一体系来说,整个所谓的客观世界都不具有现实的客观持

---

① 见《神话哲学导论》中对此的阐述,第369页。——编者注

存,相反,它只不过在自我的必然表象中才在此。借由先验的,即超经验的活动,也就是自我意识(对它的表达就是我在),一种关于实存的完整体系就为每一个人设定了。源泉,即一切实存的首要根据,存在于自我中,或者说实际上存在于"我在"中,存在于它无时间的行动中,通过这一行动,一切理性存在物才获得意识,借由这一无时间的行动,对每一个个体来说,整个外部实存的体系仿佛一下子就被设定了。因此根本上来说,唯有人类是在此的,正如费希特自己在他后来的通俗著作中表达的那样,唯有在自我的必然表象中,所有其他的东西才在此。

现在或许要做的当然就是,从自我的自然本性中把这种必然表象的体系推导出来,这一体系要与客观的、在经验中此在的世界相符合。费希特认为,主观的或者个体的能量就可以解决上面的问题,他借此而断言"一切只通过自我而存在并为了自我而存在",在费希特看来,康德因物自身而陷入的种种矛盾反而为自己的解决方案提供了充分的理由。对费希特来说尤为重要的一点是,自然并不是一个具有自身性的东西,而是仅仅在自我身上作为对自我的限制而此在的东西。如果自我被取消,那自然也就没有任何意义;自然只不过是为了去限制自我而存在的,而非一个在自身中也具有自我性的东西,就此而言,它同样也不是实体性的东西,反而恰恰只是纯粹的非—我,实际上就是一种自身非存在者,是在自行—设定—自身的源初行动中,自我以一种不可理解的方式与自身相对立地设定的东西,自我之所以设定它,只是为了拥有某种可以力求与之相对抗的东西,自我越是更多地取消它,就可以相对于它越多地拓展自己,或者说,拓展其意识。因此在实践哲学中,也就是在自然法中,费希特才谈到自然;在这里,他不得不去思考处在交互影响中的多重自我,他演绎道,每一个理性存在物都必然会设定或者直观自己和其他有身体的理性存在物,从这一点上他就会进一步得知,他必定也是由一种坚固可变的质料构成的;此外在这里,有两种工具或者说媒介被演绎了出来,它们既是与其他理性存在物共同实存的条件,由此间接地也是个体自身意识的条件,理性存在物通过它们而彼此交往,其中一个进行着中介作用的媒介是空气,它能把理性存在物引向彼此倾听和相互进行理性的对话,另一个让其他人在交谈中同时看到彼此的媒介就是光:费希特知道,这些伟大的自然—元素所指明的不会是其他意义。容易看出,一种哲学式的自然—科学——如果费希特毕竟想到这种科学——,对他而言至多只可能是一种对自然的目的论演绎,在其中,费希特把整个自然以及它的全部规定都演绎为理性个体自身意识的条件①;唯有以此方式他才能成功把自然与自身意识勾连起来,确切地说,是把自然作为自身意识的前提预设,但除此以外,在作为前提预设的自然和作为目的或者目标的自身意识之间,仍有某种实际的联络,一种不同于通过必然表象而产生的联结;根本上来说,费希特似乎只证明了,自我对这一具有这些规定和层次的世界必定在进行着自行表象。谁要是想在其精神的全部能量中认识费希特,就一定要去参阅他的主要著作《知识学基础》(对费希特来说,知识学就是哲学,所以哲学其实也就是一切科学的科学,这一规定

---

① 见谢林本人写给费希特的信:《谢林与费希特往来书信》,第105页。——编者注

的重要性接下来会为我们呈现)。当然,即便是一个明显专注于研究哲学新近发展的人,今天都还不能毫无阻力地把这部著作的进路弄透,尽管这一进路在费希特那个时候不乏钦佩者,他们想在费希特的进路中观看一种登峰造极的辩证法艺术,观看一件无法超越的杰作,在后来的另一种的哲学那里(顺带一提,这种哲学极其缺乏真正的天才创造性且更加机械化),这种情况仍有发生;因为德国相当大的一部分已经落入了这种学究式的瞎忙活中,用 J. 莫泽尔①的比喻来说就是,费希特要的不是面粉,而是满足于磨子的咔咔声,并乐在其中。但在他后来的著作中——比如在柏林这里举行的讲座《极乐生活指南》,因为更易理解或许会得到一些人的追捧——即在紧随 1794—1795 年间的《知识学基础》出版的讨论中,费希特的讲座越来越转向大众,比如他发表的一部著作的标题就是:《明明白白的报道,或者强烈要求大众理解知识学的尝试》②。在这部著作里,事情当然已经足够明白了,但跟那些先前在知识学中已经得到认识的更高的东西比起来,事情也变得叫人倒胃口。在他后来的著作中,费希特无疑仍在尝试把一些他从开始就不熟悉的理念和他自己原本的理念联结在一起。但他现在所讲授的那种绝对的神性存在(它是唯一的*实在之物*)如何还可能跟唯心主义联结起来呢?后者的基础实际上就是每一个自我都是唯一的实体。实际上费希特最好还是把纯粹的他自己保留下来,因为这样

XIII, 54

---

① 尤斯图斯·莫泽尔(Justus Möser, 1720—1794),德国法学家。——译者注
② *Sonnenklarer Bericht oder Versuch das Publikum zum Verstädniß der Wisschenschaftslehre zu zwingen*, 1801 年出版于柏林。——译者注

的强行融合会让他的哲学落入无规定,让他的哲学从先前得以卓异的那种特点落入无特点。

  费希特的真正意义在于,成为了斯宾诺莎的对立面,就这一方面来说,斯宾诺莎的实体是一个纯然僵死的、不运动的客体。把无限的主体规定为自我,并据此根本上把它规定为主体—客体的这一步(因为自我不过就是那个从其自身出发就是主体和客体的东西),就其自身而言乃是意义重大的,所以人们忘记了费希特亲手为之做出的贡献。在自我中,一种必然的(实质性的)运动之本原被给予了,自我并非一个原地不动的东西,而是一个必然自发地进行着进一步规定的东西,但费希特没有利用这一点。自我并没有自行推动费希特穿过它由以达至自身意识的必然进程的全部阶段,这一进程自身穿越过自然,使自然由此才被设定为真正地在自我之中的自然:自我自身并没有自行推动费希特,倒不如说,一切都是通过主观反思,即哲学家进行的反思才纯然外在地勾连到自我身上的,而不是通过自我的内在演化而赢获的,也就是说,不是通过对象自身的运动而赢获的,这种主观勾连到本原身上的行为,通过某种对这种任意和偶然的纯然合理化才得以发生,所以正如已经说过的,人们需要辛苦一番,去认识那条贯穿在整体中的线[①]。

[①] 见《神话哲学导论》,第370页。——编者注

第四讲　论本质与实存的区分及理性科学

对哲学的整个后果来说,费希特在两个方面是决定性的,1)但这种决定性也处在受限制的形式中,这一形式也是他为本原赋予的形式,之所以是受限制的是因为本原仅仅被表达为自我,确切说来是人类意识之自我,然而据材料或者本质来看,某种先天科学的真正出发点就处在这一受限制的形式中,经由康德,这种科学已经成了一种不可拒绝的要求。实际上,要达到真正的普遍在先者,只需把这种限制取消掉(据此限制,自我就仅仅是人类意识之自我),下面我会详细阐述这一点。但 2)恰恰也因为费希特要求一个唯一的绝对在先者,哲学的道路由此也就表现出了对康德的超越。康德有三重性的先天之物。a)感性直观的先天之物:空间和时间;b)纯粹知性概念这一先天之物;c)概念这一先天之物,康德将之特指为理性概念或者狭义上的理念,要捎带一提的是,他认为这些理念只具有先天范导性意义,而不像知性—范畴那样具有建构性意义。但还有一个更高的东西超越于所有这些不同的先天之物,它本身也是感性、知性和理性的共同在先者;处在一切特殊认识形式之上的,只可能是最普遍或者最高意义上的认识能力或者理性本身,康德本人也在这种意义上把他对认识能力的批判称为理性批判,尽管他接着又把理性规定为特殊的认识能力,也就是规定为那种专门关联于超感观之物的认识能力。康德之所以认为理性必须专指对超感官理念的认识能力,其原因在于,一旦向着超感官之物进发,理性当然就不再需要经验的支持,也就是说这里的理性是在其纯然性中,或者指无经验的独立理性;在这里,理性才显现为理性,尽管它是在感官之物中通过感性的中介才得以显现的。但如此一来,先验的、为一切直观提供条件的感性形式,即时空中的先天之物(在这两种形式中的先天之物绝不跟任何经验性的、感觉的东西掺杂在一起)除了恰恰是只处在特殊运用中的理性,还会是其他先天之物吗?或者说,如果不是出自理性,那这种在时空形式中经由数学而得以突显的必然普遍者又会从哪里来呢?肯定不是从感性本身中来,因为康德把它说明为纯然的接受性。也就是说,康德所谓的先验感性不是其他,恰恰就是处在与感官之物的特殊关联中的理性自身;同样,如果不是出自理性,知性概念无一例外的普遍性和贯穿一切的必然性又会从何而来呢?因为在对知性概念的构造和运用中,理性又只是在某一特殊的功能中显现的,也就是把处在时空形式下被给予的现象结合到意识的统一体中,结合为真正意义上的经验。进而第三,在康德专门称为理性的东西中,才真正地存在着理性这一先天之物,这一点是不可再被误认的,因为只有在这里,理性才仿佛能单独与自身相伴并摆脱经验,也就是说,它处在一切与在它自身之外的东西的关联之外。如此一来,费希特说的那种从一个唯一本原出发对先天认识进行普遍推导的必要性,必然导向绝对的理性,即绝对意义上的理性(我刚刚已经试着对此意义进行了说明），由此也就必定导向无条件的理性科学这个概念，在这种科学中，不再是哲学家，而是理性自身在认识着理性，在这里，理性只不过是站在自己面前，进而进行认识的就是被认识的，仅凭这一点，这种科学据材料和形式而言足堪理性科学之名，这样的科学才是被提升为全然独立和自立之科学的纯粹理性批判。因为在理性批判意义上，理性并没有达到其自立性，这正是因为它先前总关联于纯然的被给予之物，即便像康德自吹的那样，全部认识能力都得到了恰当的度量，它们的整个排设都被看得清清楚楚（正如康德习惯表达的那样，仿佛在被一架机器操控），情况也还是如此，因为就算借着所有这些洞见，当所谓的排设并不是从理性自身出发被把握，而是从外部被给予的时候，认识能力或者理性自身也仍是不可把握且不可通观的。

如果纯粹理性科学这一概念现在以这种方式得以被提出（这种科学从自身出发去达至一切存在，进而不再纯然从经验出发来着手），那么抛出下面的问题就是自然而然的了，即经验作为另一种与理性相对等的认识之源泉是否应完全被撇在一边，全然被排斥在外。我的回答是：一点也没有。经验只不过是作为认识的源泉被排斥在外了。理性科学与经验究竟有怎样的关系，我下面会先来讲这一点，而各位马上也会把握到。

一旦理性以自身为导向，以自身为对象，它就在自身中找到了那个在先者，或者说一切存在的主体，它跟在先者是同一个东西，在它身上，理性拥有对一切存在者进行先天认识的工具，或者更确切地说也就是本原。但现在的问题是，以此方式，也就是说先天地在一切存在者身上被认识到的东西是什么呢？它是存在者的本质，存在者这件事情，还是存在者存在这一实情？也就是说这里需要注意，在一切现实之物那里都有两样东西需要去认识，有两种完全不同的事情需要去知道，也就是存在者是什么，quid sit[所是]，和它存在的实情，quod sit[如此存在]。前者旨在回答"存在者是什么"的问题，它为我提供了对事物之本质的洞见，或者说，它使我理解事物，使我对事物有所理解或有一个概念，抑或拥有处在概念中的事物自身。但后者是这样一种洞见，事物存在的实情，并不为我提供纯然的概念，而是某种超出了纯然概念的东西，这个东西就是实存。后者是这样一种认识，以这种认识诚然得到了澄清的就是，缺乏现实认识的概念和缺乏概念的认识都是不可能的。因为我在认识中作为实存者而认识到的东西，恰恰是"什么"，quid[所是]，即事物的概念。大多数认识其实都是一种再次认识，比如，当我认识一朵花，并且知道它是哪一种花时，我就以此方式在这个置于当前的东西中，也就是实存者中重新认识了我先前已有的关于这朵花的概念。在认识中必定始终都有两种合并在一起的东西，拉丁语把这种认识叫作 cognitio。

也就是说，在这里（一旦做出这一区分后）我们很可能会觉得，假使关于"什么"的问题指向的是理性，那么与之相反，存在着某物这一实情，即使它是一个从理性出发被看清的东西，但这个东西存在着这一实情，即它实存的实情，只能由经验来表明。去证明某物实存这一实情，就因而已经不可能是理性的事情了，因为迄今为止，理性从自身出发所认识的大多数东西，都是在经验中出现的：

但对于经验的事情来说,并不需要证明,因为某物实存的实情中,此实存之物恰恰已经被规定为一个现实实存者了。也就是说,至少关联于在经验中出现的一切来看,证明某物实存这一实情不可能是理性科学的事情;理性科学只会做多余的事。实存着的"什么",或者更确切地说,会去实存的"什么"(因为从在先者出发推导而得的存在者对这个东西——即先在者——而言表现为某个将来之物;所以从这一在先者的立场出发我就可以问,如果一般地有某物实存,那将会存在和实存的是什么),才是理性科学的任务,"什么"是可以被先天地看清的,但某物实存这一实情,并不是从理性科学得出的,因为甚至根本上无物实存也是有可能的。理性不能在没有经验的情况下就断言,一般地有某物实存,尤其不能断言,某种特定的,即已经先天地被看清的东西在世界之中实存。

在我第一次报告这一区分的时候,我大概就已经预见到了会发生什么;有一些人已经对这个质朴的、绝不可能被误解的、却也恰恰因而至为重要的区分表现得殊为惊异;因为这个区分曾经属于那种先前错误地理解了思想与存在之同一性的哲学。如果这种同一性被恰当地理解,那我无疑不会去辩驳,因为对它的恰当理解就是由我给出的,但我大抵不得不恰恰跟那些误解,跟那些出自这一误解的哲学进行辩驳。然而人们并不需要怎么去通读黑格尔的《哲学科学百科全书》,就可以在第一页上找到这句一再重复的话:理性所专注的乃是事物的自在。现在各位或许会问,事物的自在是什么?大概是它实存的实情,它的存在?绝不是,因为自在、本质、概念,比如说人类的自然本性,始终都是保持不变的,就算世界上根本不存在人类,人类的自然本性也还是如此,就像不管是否实存,某个几何图形的自在也始终保持为同一个东西。也就是说,如果一般地有某物实存,比如某种植物本身存在着,这就不是偶然的事情:一般地存在着植物,这不是偶然的,但实存的绝不是植物本身,实存的只不过是这株特定的植物,在空间的这一位置上,在时间的这一时刻中的植物。也就是说,如果我看清,或许也可以先天地看清,在实存的系列中,植物本身必定会出现,但光凭这一洞见,我始终仍没有超出植物的概念。这种意义上的植物仍然是存在的,但它不是现实的植物,而是植物的纯然概念。它不会带来更多的东西,某个人觉得,这株特定的植物在此或者现在的实存是可以先天地或者从理性出发证明的,这一点我绝不接受;无论这个人做出多少努力,他始终也只证明了,一般地存在植物。如果人们想尊重一位哲学家,那么人们就必须在他还没有演进到结论的时候去理解他,在他的基本构想中来理解他;因为在进一步的展开过程中,他可能会迷失通向自己原本意图的道路,没有什么比在哲学中迷路更容易了,在这里,每走错一步都伴随着无限的后果,在这里,人们根本上只走在一条路上,而它的四面八方都被深渊所包围。一位哲学家的真正构想就是他的从中出发的基本构想。而黑格尔的基本构想本身就是,理性与自在,即事物之本质是自行关联的,由此就可以直接得出,只要哲学是理性科学,它就只专注于事物的"什么",即事物的本质。

人们把我的区分这样来解读,仿佛哲学或者理性跟存在者压根无关似的;这样的理性当然就是一种可悲的理性,它跟存在者没关系,反倒只跟一只奇美拉①有关系。但我的区分并不是这样讲的;倒不如说,理性恰恰除了跟存在者有关,跟其他东西就再也没有任何关系了,但跟理性相关的,乃是据其质料和内容的存在者(这正是在其自在中的存在者),可理性并不需要去表明,存在者存在这一实情,因为这不再是理性的事情,而是经验的事情。诚然,当我把握了事物的本质,事物的"什么",比如一株植物的本质时,我也就以此方式把握到了某个现实的东西,因为植物并非某种不实存的东西,不是一只奇美拉,而是某种实存着的东西,在这个意义上,下面的说法确实是真的,即对我们的思想来说,现实之物并非某种陌生和锁闭的东西,不是与思想相对立的不可通达之物,概念和存在者是同一的,存在者并不是在自身之外,而是在自身之中拥有概念;但在这里所谈到的只不过是现实之物的内容,但关联于这一内容而言,它实存的实情,乃是纯粹偶然的东西:实存还是不实存,这一状况在我关于内容的概念中并不会引起丝毫改变。同样,当人们反驳说:事物的实存乃是一个必然且内在的概念运动之结果,即一种逻辑必然性的后果,借由这一必然性,事物自身恰恰就是理性的,并且展现出了一种理性的关联脉络;但如果人们想要从这一点出发继续推论道:这样的话,事物的实存,或者说,它实存的实情乃是必然的,那么我就要回应说:在事物中诚然存在着一种逻辑必然性,这一点诚然并非偶然之事,就此而言,科学是被一步一步地推至这一洞见的,比如说,在世界中首先突显并自行进行着组织活动的乃是宇宙的本原,接下来的局部的自然,它首先表现为无

---

① 希腊神话中的怪兽,狮头羊身蛇尾,能喷火,这里指随意拼凑出来的怪物。——译者注

机的,随即有机的植物王国才把自己提升到无机自然之上,接着动物王国又把自己提升到植物王国之上,这一切都可以先天地被看清;但人们看到,在所有这些情况中,所谈及的只有实存者的内容:如果有实存着的事物,那它们就会如此存在,只会是这一结果而非那一结果,这就是逻辑必然性的意义;但以这种方式,我并不知道事物实存的实情,我必须从别处,也就是从经验出发才能确信事物的实存。相反,现实性跟"什么"也是无关的,进而必然之物独立于一切现实性。这样一来的话,比如空间的不可分性就不是现实空间的事情,在现实的空间中存在的秩序、对称和规定全都有其逻辑上的本源①。各位就要这样来把握这一区分的要点。理性据内容而给出了在经验中出现的一切,理性把握的是现实之物,但它因而也就把握不了现实性。因为这里有个巨大的区别。自然的现实实存及其个别形式并不由理性科学来给予;只要我们恰恰是通过经验才认知到现实的实存,经验就是一个独立于理性的源泉,因而也就与理性并行,而理性科学与经验的关系能肯定性地得到规定的点恰恰就在这里。也就是说,理性科学远不是要去把经验排斥在外,反倒是要求经验本身。这恰恰是因为,如果存在一个由理性科学先天把握或构造的存在者,那么理性科学就必须倚赖一种检查,通过这一检查,理性科学得以证实,它先天发现的东西,不是一只奇美拉。这种检查就是经验。因为被构造之物现实实存的实情恰恰

---

① 或许跟这一构想类似的,是据说由柏拉图对 ἀριθμιῶν εἰδητιχῶν[理念的数] 和 μαθηματιχῶν[数学的数] 做出的区分。——作者原注(谢林这里意思是亚里士多德在《形而上学》1086a5f 提到的理念数和数学数的区分。——译者注)

只由经验而不是理性道出。也就是说,理性科学并不像以往的形而上学那样把经验当作源泉,或者源泉的一部分,而是把经验当作同伴。以此方式,德意志哲学就在自身中拥有了经验主义,因而也就避免了自己成为经验主义,在欧洲其他国家,经验主义已经享有了一个世纪的独尊地位。但诚然还存在这样一个点,在这里因为经验本身的终止,经验和理性的关系也就终止了。在康德看来,神是理性最终的、完结一切的概念——也就是说,这个概念始终都是理性从自己出发发现的并非偶然、而是必然的终点——,但对神实存的实情,理性不可能还像对待其他先天被看清的概念那样求助于经验。一旦到了这个点,哲学将会得出的结论是不可能还在这个点上得到说明的。我必须首先分辨清楚,理性科学是如何行至这个点的。

当间接从康德出发、直接由费希特出发的哲学不再是康德意义上的纯然批判,而是理性的科学——在这种科学中,理性会从自己,也就是从其本己的源初内容出发去寻找一切存在的内容——,这个时候就要问,理性的源初内容,也就是唯一的直接内容是什么,与此同时,这一内容被谋得的方式乃是,从它出发——也就是间接地——达至一切存在。在康德看来,理性不是其他,正是认识能力本身,这些能力据此也就是被设定在我们之中的能力,但在哲学的立场上它们对我们而言成了客体,据此,自身全然被客观考察的理性就是认识的无限潜能阶次(因为认识还没有考虑它的主观立场,即它们在某个主体中的存在)。潜能阶次就是拉丁语的 potentia[潜能],即力量,它与现实(Actus)相对立。比如在通

XIII, 63

常的语言用法中人们说:处在萌芽中的植物就是处在纯然潜能阶次中的植物,它处在 pura potentia[纯然的潜能]中,已然现实地成长起来的或者现实地展开的植物乃是现实中的植物;在这个例子里,潜能阶次被纯然看作被动的潜能,被动的可能性;也就是说,种子并非无条件地就是植物的潜能阶次,还需要许多外部条件的补充,这一潜能阶次才会成为现实,比如肥沃的土壤、雨水、日照等等。作为认识能力的理性诚然表现为被动的潜能,就此而言,理性是这样一种能力,它有能力进行展开,而就这一展开过程而言,理性诚然也有赖于外部的影响。但在这一点上,理性并没有被视为认识能力,没有被视为主观的,相反,在这里已经被理性预设为前提的立场是,它基于这一立场乃是自身的客体,但被视为客体(也就是说在这里,主体的限制并没有被考虑)的理性除了恰恰是认识的无限潜能阶次,就不可能是其他了,也就是说,这种理性是在其本己和源初内容中的理性,不依赖任何其他东西的理性,它不得不向着一切存在演进,因为唯有一切存在(存在的全然充满)才能与无限的潜能阶次相应。如此一来就要问,这一源初的内容是什么?似乎只有某种现实的认识才可能有一个内容,而认识的纯然无限潜能阶次是不可能有内容的;但诚然——这一点可以被先行提示——必定存在这样一种内容,它尚不是一种认识,进一步来说,它是理性在没有自身参与的情况下就有的内容,是理性自身尚不是现实的时候就有的内容,如若不然,理性早就终止作为认识的纯粹潜能阶次了;理性必定有其天生的和天赋的内容,一种与它自身被一道设立的内容(正如人们说天赋和天才并非由人自己所得的），一切现实认识都把这一内容预设为前提，也就是说，这是理性在一切现实认识之前就具有的内容，由此我们就可以把它称作理性的先天内容，按照这一说明，此内容现在或许也就不难得到进一步规定了。既然一切认识都相应于一种存在，而现实的认识相应于现实的存在，那么与认识的无限潜能阶次相应的不可能是其他，只能是存在的无限潜能阶次，而这也就是理性天生的和天赋的内容。只要理性在哲学中表现为主体，那么哲学，或者说理性，也许首先就已经触到这一理性的直接内容了；在这一自行以其内容为导向的活动中，理性就是思想——κατ᾽ ἐξοχήν[最卓异的] 思想——，也就是哲学性的思想。但这一思想，一旦它自行以内容为导向，就会直接在其中发现它的自然本性所具有的彻底的运动性，如此一来，一种运动的本原也就恰恰被给予了，现实的科学需要这一本原才会产生。通过这一最高概念的运动性，当今的哲学就把自己跟经院哲学区分开了，后者可能看起来也有过一个类似的开端。在经院哲学中，相应于存在的无限潜能阶次的是 *Ens omnimode indeterminatum*[全然无规定的存在物]，经院哲学正是从这里出发的：经院哲学并不把这种存在者理解为某种已然实存者，而是如它自己所言，把它理解为实存者本身。经院哲学的这种 Ens[存在物] 乃是完完全全的僵死之物，它实际上是最高的类概念（Gattungsbegriff）， *Ens in genere*[普遍的存在物]，正因为这一点，从它出发只可能在名义上演进到存在的种类和样式，演进到 *Ente comoposito*[复合存在物] 或 *Ente simplici*[简单的存在物]，而存在物的种种特殊等级也就以此方式得到了进一步的规定。在沃尔夫哲学中,经院哲学将之说明为 aptitudo ad existendum[对实存有所倾向者] 的 Ens[存在物],甚至被说明为某种纯然的 non repugnantia ad existendum[不抗拒朝向实存者],由此,直接的潜能阶次就完全变得淡薄了,它被贬低成了纯然被动的可能性,借由这种存在物,自然不可能有任何东西会得到开启。但存在的直接潜能阶次,或者说无限的能在,才是理性的直接内容,它并非去实存的纯然能力,而是直接的在先者,存在本身的直接概念;也就是说,据其自然本性,它始终以永恒的方式(逻辑意义上的 mode aeterno[永恒的方式])就是如此,一旦它被思想,它就在概念中必须过渡入存在;因为它除了是存在的概念以外,不再是其他;也就是说,它是不会被存在阻拦的东西,因此对于思想来说,它就是直接进入存在的过渡者。如此一来,由于这种必然的过渡,思想也就不能在能在那里驻足不前(对哲学中一切演进的正当性确证就包含在这一点中)。但在这一点上确实也无法避免,许多人首先想到的是现实的过渡,进而设想,这里所说明的应该是事物的现实生成。然而如此一来意义就完全被搞错了。此外,理性科学推导而得的东西,当然是在经验中东西,也就是在经验的一些条件下,在时空中作为个别物之类的而出现的东西,但理性科学只在纯然的构想中演进,尽管构想或概念的内容不再像在黑格尔逻辑学中那样仍是纯然的概念。理性科学对现实存在的内容进行着推导,也就是说,有经验从旁协助,但恰恰在这一点上包含着许多人都会产生的错觉,即理性科学不仅把握了现实之物,也把握了现实性,或者说,现实之物也以此方式得以产生了,纯然的逻辑进程也是现实生成活动。然而在这里，并没有什么发生在思想之外，这里出现的并不是一个现实进程，而是一个纯然的逻辑进程；潜能阶次过渡入其中的存在，本身只属于概念，也就是说只是概念中的存在，而非在概念外的存在。过渡无一例外地就是成为他者；在纯粹潜能阶次的位置上（潜能阶次本身乃是非存在者），显现出了一个存在者，但"一个存在者"这个规定本身在这里也只不过是一种纯然 quidditative[什么] 意义上的规定，而非 quodditative[如此] 意义上的规定（这是经院哲学的表达，但它简洁地标画出了我的区分）：也就是说在我看来，在这里只涉及 quid[什么]，而没有涉及 quod[如此]。一个存在者，或者某物，跟那个唯一的存在者或者潜能阶次一样，都是概念。一个存在者不再是那个唯一的存在者，前者不同于后者，但这只是就本质而言，即据概念而言的，而非现实地是一个与后者不同的他者。植物并非那个唯一的存在者，而已经是一个存在者了。但即便它绝不现实实存，它也是一个存在者。所以在理性科学中，我们只是在一个逻辑世界里运动；设想这里指的是一种现实的过程，或者断言，在事物的源初产生过程中，这一过程已经开始了，不仅会跟我们的意思相悖，而且本身也是一种无稽之谈。但当无限的潜能阶次表现为通过它过渡入存在而出现在思想面前的东西的在先者时，并且当与无限的潜能阶次相应的不是别的，正是一切存在时，那么理性就是通过据有这一潜能阶次（从它出发，一切对理性而言的现实之物都可以出现），确切说来，是通过把潜能阶次据有为与自己一道生长、不可被剥夺的内容，从而被设定在指向一切存在的先天位置上，就此而言，人们也就把握到,存在着一种先天科学,即先天地规定一切"所是"(而非"实情")的科学,以此方式,理性就能够从自身出发、不需要经验的任何帮助地达至一切实存者的内容,进而据此达至一切现实存在的内容,理性并没有先天地就认识到,这个或那个东西现实实存的实情(因为这完全是另一回事),相反,理性只是先天地知道,如果某物存在,那它是什么或者能是什么,也就是说,理性先天地规定着一切存在者的概念。当潜能阶次被设想为仅在概念中自行运动时,也就是被设想为仍与现实存在相对立的可能性时,理性所获得的就是能够存在或将会存在的东西。事物只不过是在无限的,即普遍的潜能阶次中被指明的特殊可能性。

XIII, 67　但思想去探究那个正在成为他者的潜能阶次的原因是什么呢?下面就是原因。理性所意愿的,除了它的源初内容,再无其他。但这一源初内容在其直接性中只拥有某种偶然的东西,它既是也不是直接的能在,同样,存在者,即本质,正如它们在理性中直接自行展现的那样,是也不是存在者,一旦它自行运动,它就不是存在者了,因为在此情况下,它自行转化为一个偶然的存在者。如此一来,说实在的,我也只是曾经在第一个概念中拥有过存在者,但它并不因而就不能在我面前消退并成为他者:也就是说,我还是不曾拥有过存在者。但我意愿它,我其实就意愿那个唯一的、真正的、能够不再成为他者的存在者。但最初的直接概念并不能把"能够—成为—他者"排除出去。也就是说,我必须把它从本质中凸现出来,必须让它自行排除自身;当它过渡入偶然的存在时,它就把自己排除到自身之外了;我必须让这个偶然之物(它是理性的源初内容所包含的）自行离开，以此而达至本质性的东西，也就是达至真的东西。理性的直接内容还不是真的或持存不变的东西，否则就绝不会存在运动，也不会有演进的必然性，也就是说，不会有科学。但在此科学中，一切纯然偶然的东西，即理性内容中所有非真的东西，都会阶段性地被远离，或者不如说，自行离开自身。因为无限的潜能阶次，正如它是理性的直接内容，据自然本性就在向着他者过渡，并以此方式表现为一切的在先者，进而表现为理性之外的东西（实存的东西）的在先者。

如此一来，理性的直接内容就不是什么绝对确凿不变的东西。其中真正意义上的持存不变者必定是有待查明的。当偶然之物正在被排除的时候，查明持存不变者的过程就发生了。并不是每个人都清楚存在者（自身）与非存在者（偶然之物）这种源初的交织互在。然而还是存在着一种极为显而易见的对比。最高的思辨概念所幸始终同时也是最深的伦理概念，这一点每个人都明白；所以我不会为了把我的区分讲清楚而鄙薄这一对比，这一区分对接下来的全部内容来说是至关重要的。人类的意志相对来说也是一种无限的潜能阶次（也就是说在完全属于人类的领域中）；除了意志区域，根本就没有别处可以使现实和潜能阶次这两个概念得到更确定的表述。实际上意志不仅是被动的潜能，而且也在经验王国中扮演着最明确的主动潜能，它与纯粹的能在最具亲缘性。诚然在许多人那里，意志还是一种被动的潜能，它需要激发才能变得活跃起来，但在有能力做出自由决断的人和能够自发开启某物的人（即成为一个行动序列的开创者）那里，意志则完全明确地自行展现为主动的潜能。纯然的意志,即静息的、不去进行意愿的意志乃是无限的潜能阶次。意愿本身不是其他,正是从潜能向现实的过渡,确切地说,是这一过渡最纯粹的范例。现在,那种在自己身上知道了意志这一无限的潜能阶次的人,或许会假定,这一潜能阶次是为他能够无条件地以任何一种方式去进行意愿而赋予他的;如此一来,他就会把自己的意志设定在一系列的其实配不上意志的事物上,这样的事物不仅配不上意志,而且也会让他的意志变得褊狭,使它沉重且不自由;这种人仿佛只是为意愿而意愿,为了展示自己的意愿而去意愿。但人也可能会有这样的想法,即对他来说,真正的财富不是意愿,而是意志本身(即潜能阶次),他至高至圣地崇敬这一意志,以便把它用在次好的事情上,较之于意愿,他更多的是在静息的意志中寻得他的天堂。理性将之发现为自己直接内容的存在的无限潜能阶次也与之类似。如果潜能阶次自身是存在者(正如刚刚提到的情况中的意志本身,而非意愿,意志本身恰恰已经是存在者了),那么它就不是那种是其所是的存在者,潜能阶次自身并非存在者,所以它必然地表现为非存在者。这种两可性并不能被无限的潜能阶次这一概念,也就是并不能被理性的直接内容排除在外,恰恰是这一两可性激发着理性,使理性行动起来,即使得科学得以被要求,确切地说,正如各位在这里同时看到的,它首先唤起清除、排除(因为科学所做的就是清除直接内容中纯然的偶然之物),亦即批判性的(每一次清除都是危机)或者说否定性的科学(因为它在清除)。如此一来,这种科学从一开始就自行表现为所谓批判性科学的后裔,表现为哲学经由康德的《纯粹理性批判》而被置于其上的那一立场的后果。若无理性的直接内容的这种两可性，思想就不会被推动，不会从这一两可性出发而向前演进，也不会一直进展到这样一个点，在其中，这种两可性被完全地取消，进而关于它，人们才可以说，这种情况下，它才是其所是。

也就是说，理性发现自己在双重方面被要求跟上总是在超出着自身的能在：1)因为理性知道，它由此获得了一种跟一切外在于它现有之物的先天关系，以此方式（也就是说当理性跟随着正在进入存在的潜能阶次），外在于它现有之物的一切都会先天地得到把握。我说的是：外在于其现有之物的所有其他东西；因为不断超出自身的能在恰恰也由此超出了理性，进而也产生出了这样的存在，它尽管是先天的，也就是作为可能性，但不作为理性中的现实性，而是作为仅仅在经验中的现实性。

但这一要求，即理性要跟上总是超出自身的能在，不只包含在这一点中，而且，理性在此还有另一种更高的旨趣。其实理性所意愿的，除了它源初的内容再无其他，但正如所指出的那样，这一内容在其直接性中乃是某种就其自身而言的偶然之物。自行运动入存在的潜能阶次，只要它还没有自行运动，就仍是存在的主体，仍等同于是其所是者，但潜能阶次有的只是主体的假象，因为一旦它成为某个他者，它就展现为非其所是者。恰恰因为它是将是者，而非是其所是者，所以它就是生成者本身。直接的潜能阶次因而也就仅仅在质料意义上、本质意义上，即仅仅偶然地是存在者，也就是说，它也就正因为如此而不可能是是其所是者；只要它不自行运动，它就仅仅仿佛暂时地是存在者，可一旦它从自己的可能中走出，它也就恰由此走出了"是其所是者"的领域，进入了生成者的领域，所以它既是存在者也不是存在者；它暂时地或者先天地是存在者，但转眼间就不是了。但正因为它既是存在者又不是存在者，所以它就不是存在者自身(αὐτό τὸ ὄν)，因为存在者自身并不是那个是又不是的东西，而是那个是其所是的东西，即如希腊人生动准确地称呼的那样，是 ὄντως ὄν[真正的存在者，存在者之存在者]，希腊人完全有理由区分纯然的 ὄν[存在者] 和 ὄντως ὄν。处在这一状况中的理性现在虽然意愿的是存在者自身；因为唯有存在者自身才被理性视为自己真正的内容（因为它是持存不变的）。但那个能是存在者自身的东西，不仅具有存在者自身的假象，并且也能成为一个他者，能过渡到对理性而言陌生异在的东西中，即过渡到自然、经验中等等。理性除了通过把他者，即不是存在者自身的东西排除出去，不可能有其他方法来获得存在者自身。但在关于存在者自身的最初直接构想中，这一他者是不可能被脱离的，它是与前者一道被不可抗拒地同时纳入最初的构想中的；但理性是如何能把那个他者（它其实不是理性所意愿的东西，只是没有被设定，而不得不去设定的东西，是理性在最初的构想中不能排除在外的东西）排除出去呢？除了理性让它凸现出来，让它现实地过渡到其他者中，并以此方式把真正的存在者 (ὄντως ὄν) 释放出来，并且在其纯粹性中展现它以外，还有其他办法吗？除了这一方法，理性所意愿的东西就不可能以别的方法被端出了。下面这一点至关重要，并且也是我们刚刚得出的结论，即理性关于存在者自身所有的，除了一个否定性的概念，再无其他。尽管理性的最终目标和意图唯有是其所是的存在者,但除了"非—非存在者"(das nicht nicht Seyende)(不过渡入他者中的东西)这个概念外,理性不能以其他方式来规定存在者自身,对它也没有其他概念,也就是说,理性所有的只是一个否定性的概念,如此一来,一种否定性的科学的概念也就被给予了,这一科学的使命恰恰就是以下面的方式产生出存在者自身的概念,即把一切非存在者,即把存在者普遍且无规定的概念中暗含或潜在的非存在者逐步排除出去。恰恰除了那个已得指明的否定性概念,这种科学不可能导向更高的成果,也就是说,它根本上只能导向存在者自身的概念,唯有在此科学的终点才产生出这样一个问题,即那个作为这一否定性科学的结论,并纯然通过排除而赢获的东西,是否也会成为或者能够成为另一种肯定性科学的对象。

我以下面的方式来确定我的立场,即对我来说,唯有存在者自身,真正的存在者,所有其他的只不过是纯然表面上的存在者,从这一立场出发,这都是自明的,进而也就完全清楚了,这一他者只可能具有纯然可能之物的意义,由此,正如已经指出的那样,这一他者并不被演绎为现实之物(据其现实性而言的现实之物);进一步讲,在纯然表面上的存在者(它只不过是能在者)和真正的存在者(正如我已经说过的那样,只能在存在者自身中认识它)之间的这一区分乃是至关重要的。当我在思想中紧随能在者的时候,存在者自身当然对我来说始终都在这一思想运动之外,存在者自身并不连带着被卷入这一运动,在此运动中,我所专注的唯有能在者和可能之物(属于这一可能之物的不仅有自然,而且还有超升自然之上的精神世界；由此，先天科学必然地是自然—哲学和精神—哲学）。当我把存在者自身和纯然能在者区分开，并从这里出发时，那么情况当然就是，当我紧随能在者时，我也就并没有把存在者自身一道卷入运动，对我来说，它始终都在运动之外，并作为这一排除活动的结果才最终登场。也就是说，在这整个运动中，我只跟能在者和可能之物打交道。至于我以此方式发现的东西，从另一种立场看，即从经验的立场看，是否是一个现实之物，在这里跟我无关；从我由以观视这个东西高处来看，即先天地来看，我所找到的东西乃是纯然的可能之物。

XIII, 72　　哲学最近陷入的迷乱主要源于它没有做出这一区分，也就是说，存在者自身，也被一道卷入了进程中，而不再纯然作为结果，我是说，作为那个它由以被完成的对非存在者自身进行的排除过程之结果，也就是说，它只不过是结果、终点，如果人们把它翻转过来，它不可能同时复为起点。但存在者自身愈是没有一道被卷入此进程中（不如说，一切不是存在者自身的东西都会由这一过程分离出去），它也就愈是必须从另一方面被放入这一进程中，因为唯有如此，存在者自身的理念才能在逻辑上——在构想中——自行对我们实现，而存在者自身就是通过它的在—自身中—持存不变，即不—成为—他者而存在着的。也就是说，为了拥有这个在—自身中—持存不变者，即独立的绝对自身等同者，我们必须首先分离一切包含在尚未得到规定的存在者中并以（及物的）能在者这一方式而存在的东西。但除了把存在者首先视为走出自身者，即视为也能够在自身之外存在的东西以外，我们没有其他方法能做到这一点；就是因为这一点，我们才能找到和指明，在源自及物能在者（也就是能够过渡入存在的东西）的存在者中有什么，以便去达至那个不像过渡入存在的东西那样实存，而是是其所是，纯粹地是的东西。

康德把神规定为最终的、完结人类认识的必然概念。但他其实只是从经验、传统、人类的普遍信仰，简言之，是从现成就有的东西那里获取这一最高理念的，他并没有在方法上演进至这一构想。但现在当另一种哲学凭借一种客观方法现实地达至这一作为最高者的概念时，这一最高者就由此产生一种认识的假象，但这一认识被限制在这样的实情上，即被认识为最高和最终者的概念，并不像在康德那里那样，只是纯然被假定或者预设的。这一点就产生出了一种错觉，即这里的结论与康德的批判是相对立的，但得到恰当理解的结论其实是完全一样的。在这种哲学中，所有紧随其后的结论无疑都建立在先行部分上，但先行的部分仍只作为纯然的概念。这种哲学自始至终都是内在性的，也就是说，在纯然的思想中前进的，它绝不可能是超越的（transscendente）哲学。由此，如果这种哲学最终要求某种对神的认识（然而神只是作为必然的理性理念被指明的，这一点在康德那里诚然已得到了确保），这么做的必然后果就是，神的一切超越都被剥夺了，他被卷入这一逻辑性的思想中，成了纯然的逻辑概念，成了理念自身，并且因为实存这一设想，确切地说是最富生气的实存这一设想是与神这个概念不可分离地捆绑在一起的，所以从这里就产生出了一种被滥用和不切实际的表达，即理念的自身运动，通过这个说法，理念就被人格化了，并且获得了一种它从来都没有过也不可能有的实存。与之相关联的还有另一种误解。即这种哲学是一步步阶段性地前进的,从被规定为非存在者并由此可被认识的东西开始,直到那个在同一条进展路线上,即同一门科学中不再需要被规定为可认识而是仅需要被规定为存在着的可思想之物,正因为这样,它就可以叫作超越的,因为它已经延伸到这门科学之外。但这一从相对的非存在者到存在者的进展过程,即到那个据其自然本性,或者据其概念的存在者的进展过程,恰恰被视为存在者被逐步实现的过程,即理念的一种逐步自身实现过程,既然这只不过是概念的逐渐提升或者提高,而在其最高潜能阶次中的概念仍始终是概念,所以一种向着现实此在、向着实存的过渡并不会凭借这一过程被给予。①

---

① 见《神话哲学导论》第373页及以下。——编者注

第五讲　论否定哲学与肯定哲学的区分及黑格尔

有人书面问过我,我们如何达至认识的无限潜能阶次？因为我们仍意识不到任何对我们而言无限的对象。当然,对象在这里似乎其实并非合适的表达,但我们在理性中确实意识到了一种直接的内容,而它诚然不是对象,也就是说,它并非已然是一个存在者,而只是存在者的无限潜能阶次。人们不可以把这个关系颠倒过来并且说：如果给我创造一个认识的无限对象,那我就会承认有一个认识的无限潜能阶次；而这样一来就不啻在苛求我们直接越过理性,但我们的意图毋宁是完全把自己关在理性之中,并且除了在理性自身中发现的东西以外,概不承认其他。问这个问题的人似乎认为,在认识的无限对象在此存在以前,不可能存在认识的无限潜能阶次。然而问题根本不在于,是否可能存在一个无限认识的潜能阶次,因为这样就相当于在问,是否可能存在理性,没有人会突发奇想来问这个问题,理性是存在的,这是每个人都预设为前提的实情。这个纯然的、无限的,即指向一切的自由的、不偏向任何东西的认识之潜能阶次的存在是人们也必须同样承认的：我说的是,不偏向任何东西,也就是说不偏向任何现实之物（众所周知,有一些神学家和哲学家把神当作理性的直接内容；但这个意义上的神与我们这里的是相矛盾的,因为我们必须把神设想为某种现实的东西);与之相应,存在的纯然潜能阶次,因为它是纯然的潜能阶次,在某种意义上也就等同于无,所以理性当然就是偏向于它的,理性乃是指向一切的敞开者和对一切而言的相同者(omnibus aequa),是不排斥一切者,但唯有纯粹的潜能阶次才不把一切排斥在外。理性这个词的阴性冠词①其实已经暗示了它作为潜能阶次的特质,反之,知性这个词的阳性冠词②则表明它是现实;因为正如莱辛所言,德语是为哲学而生的。

  自然,如果有些人认为,自己可以在纯粹的理性科学中据有对现实过程、对事物的现实产生过程的阐述,那他们就不会喜欢潜能阶次这个词,这个词恰恰只是在提示,在理性科学,或者说在纯粹先天科学中(两者是一回事),被把握的只不过是事物的可能性,而非现实性。但理性只不过是认识的无限潜能阶次,进而作为潜能阶次也只不过是以存在的无限潜能阶次为其内容,并恰恰由此也只会达到先天的可能之物,可能之物接下来当然也是在经验中出现的现实之物,但理性所达到的现实之物并不是现实之物本身,而只是作为纯然先天可能之物的现实之物。我曾经某个时候表达过,人类精神在它展开过程中的某个点上,会感受到那种仿佛要到存在背后去的要求,这个表达有些粗俗,但我很乐意且有意这样说,因为这个表达具有说明效力,常言道,人们会乐意走到一个事情背后。但这里的"事情背后"是什么呢? 不是存在;因为存在毋

---

① 在德语里"理性"(die Vernunft)一词是阴性的。——译者注
② 知性(der Verstand)则是阳性的。——译者注

宁是事情的前端，是直接落入眼帘的东西，是在这里已然被预设为前提的东西；因为如果我想要去到一个事情背后，比如一个事件背后，这件事情，也就是这个事件，必须对我来说是已被给定的。如此一来，在事情背后的就不是存在，而是本质、潜能阶次、原因（这三者其实都是同义概念）。如此一来，在人类精神展开过程的顶点，那种深植人类心中不可克服的求把握的倾向也就会要求，不仅仅去到这件或那件事情背后，而且也要去到存在本身背后，去看看那个并非超越于存在（因为超越于存在的东西完全是另一个概念），而是在存在之彼岸的东西。也就是说，要一直走到这样一个点上，在这里，人类必须摆脱的绝不仅仅是启示，还必须摆脱一切现实之物，以便逃入一切存在的大荒漠，在这里，不可能碰到任何一种现实之物，相反，能碰到的只是一切存在的无限潜能阶次，即思想的唯一直接内容，借此内容，思想仅在其自身之中，即在它自己的以太中运动。但理性恰在这一内容里才具有那个给予它指向一切存在的全然先天位置的东西，所以从这个东西出发，理性就不仅能去认识存在者本身，而且也能够去认识在其全部层次上的总体存在。因为在无限的，即尚未得到规定的潜能阶次中，彼此相继的各个潜能阶次间的内在组织直接地揭示着自己，确切地说，不是把自己揭示为偶然的，而是必然的组织，在这个组织这里，理性拥有通达一切存在的钥匙，也就是理性自身的内在组织。唯理论哲学的事情就是揭开这一组织。

　　对哲学最古老且大抵可被理解为最正确的说明是，哲学是存在者的科学（ἐπιστήμη τοῦ ὄντος）。但什么是存在者，恰恰是需要去寻找的,也就是说,什么是真正的存在者,hoc opus, hic labor est[这才是真正的工作,真正的劳动],这是科学自己首要去弄清楚的,确切说是出于下面的理由:存在者,正如它自行表现为理性的直接内容(即直接的能在),它自身同样也作为其他存在的质料。潜能阶次(即理性的直接内容)就其自身而言乃是未被规定者(τό ἀόριστιον[无规定者]),就此而言,它也就是潜能阶次、主体、质料(因为它们都是同义的表达),或者说它本身就是那个能是存在者的东西。由此,只要人们还没有把包含在恰恰是其他存在的质料中的这种质料性或者说纯然潜能性的东西,即这种纯然能够存在的东西排除出去,人们就不拥有存在者自身。但为了能做到这一点,思想必须首先接受这个理性的直接内容,对它主动敞开,但必须要问:那个是理性直接内容的存在者是什么?它身上有什么作为存在者的要素?因为这一点并不是自明的。也就是说,存在者的概念首先必须被产生出来。那么现在很明显,作为存在者的首要要素就是,它是存在的主体;但既然它是存在的纯然主体,即只不过是存在能从中得以被道出的那个东西,那它似乎还不是存在者(在简明的意义上我们在这里把存在者认作一切存在本身的原型)。存在者首先诚然必须是存在的主体,即能够存在者,就此而言,存在者必须首先是存在的潜能阶次,但并非某个尚不存在(因为在这里,它恰恰还不是存在者)的东西的潜能阶次,而是已然存在的东西的潜能阶次,即直接且不包含过渡之物的潜能阶次。重复一遍:在直接且最初的构想中,我们所寻求的存在者乃是存在的潜能阶次,它是主体,但这一主体乃是直接被自身充满的主体(主体就其自身而言是一个空的东西,它必须由谓词来填充),由此,存在者就既是直接的存在者,而作为存在者也是能在者,确切地说是纯粹的存在者,是全然客观存在着的存在者,在它之中,不包含任何从可能而来的东西,正如在主体中也不包含任何从存在而来的东西;既然现在在主体或者说潜能阶次—存在中也直接存在着客体,那么完备的存在者概念还需要下面这种第三位的要素,即在其中,主体和客体被思归于一,即不可分的主—客体,所以它必须作为第三种规定被区分开来。

各位看到:我们在"存在者"这一名目下所把握的,除了那个从费希特出发的哲学的主—客体之外,再无其他,当这个主—客体在最初的构想中被规定为主体和客体的无差别①的时候,这两种表达的意思其实完全相同:理性的直接内容是存在的无限潜能阶次。(但费希特先前只是在人类意识中拥有主—客体;从他出发的哲学取消了这一限制,进而以普遍和无条件的主—客体代替了人类意识中的主—客体)。但若不区分下面这三个要素,主—客体就不可能被切实地设想,即 1. 主体,2. 客体,3. 或者说作为第三者的:主—客体。除了主体,没有任何东西可以被直接地,即无前提预设地被设想。甚至除了前提预设,主体这个词再无其他意思。唯一把自己预设为前提的东西,即对它而言不可能有任何东西被预设为前提的东西,恰恰就是主体(在更古的哲学语言中,subjectum[主体]和 suppositum[假设,处于某物之下者] 是同义的):没有什么可以直接就是客体,因为除了相对于一个主体而言,没有什么直接就是

---

① 谢林指的是自己 1801 年首次提出的同一哲学体系。——译者注

客体,同样,也没有什么能够直接就是主—客体。主—客体把前两者预设为前提:1.那个唯一没有前提预设的能在者——主体,2.客体。而恰恰是那个先前已经是主体和客体的东西才可能是作为第三者的主—客体。

但我们现在必须同时补充说,那个唯一的存在者不是主体,不是客体,也不是第三者,即不是主—客体,不是它们中的任何一个,如果我们用数目来标示它们,那么1、2、3各自都不是那个唯一的存在者;1+2+3才是存在者自身。① 也就是说,为了达至存在者自身(现在要做的就是这个),进而为了在我们的构想中达至存在者自身,我们首先必须把1、2、3(在其源初的一体性中,它们都等同于存在者自身)清除掉,也就是说,我们必须使它们彼此之间不相等同,以便让它们不再一道是存在者,而是让每一个各自都是存在者。当我们让存在者中的主体,也就是存在的潜能阶次成为为自身而在的潜能阶次,即成为它自己存在的潜能阶次,上述情况就会发生,也就是让这个潜能阶次被设想为过渡入存在的东西,但它因而也就终止作为主体并成了客体,那么与之相应,在存在者中先前是客体的东西自然必定会终止为客体,进而自身成为主体,同样,先前是主—客体的那个东西也就会被排除出去,并同样被设定为独立的存在者。这一做法的可能性是由下面这点赋予的,即那个是主体的东西诚然也是一个独立为自己而在的存在的潜能阶次,也是及物意义上的能在这一潜能阶次,如此一来,那个是主体

---

① 关于这一点和紧接着的一点,见《神话哲学导论》,第12和13讲,第291、313、319、320、365、387页。——编者注

的东西就不再只围绕着在存在者中被设定的客体，也就是说，不再是对客体而言的主体，而是成为自身的主体，即成为自己的存在的潜能阶次。以此观之，1、2、3在其一体性中尽管是存在者，但它们也可能不是存在者，也就是说，它们是存在者那里的偶然之物，是为了达至处在其纯净状态中的存在者自身以及为达至超越于一切怀疑之上的存在者而必须被清除掉的东西，它们都是同一者，但非绝对的同一者自身。

那种在存在者的这些最初概念中消除着偶然之物，并借此以排除的方式完成存在者自身的科学乃是批判性的科学，它的方式是否定性的，进而在其结论中，它就拥有了那个我们称作存在者自身的东西，不过这种拥有仅仅在构想中。但去认识这个现在处在自己的纯粹性中、借由排除纯然的偶然存在而超越于这种偶然存在而实存的东西，就不再可能是否定性科学的事情了，而是另外一种与之对立的、可以称作肯定性科学的事情，否定性科学乃是为了这种肯定性科学才寻求那个真正意义上的最高对象的。

我现在又把各位引到了这个点上，在这里，就其首先寻求的是它最终和最高对象（但借此对象只产生了逻辑的——处在构想中的——被中介化了的概念，而没能在它自己的实存中指明它）而言的哲学，和就其现在首先直接与这一对象，即超越一切怀疑之上的存在者打交道而言的哲学，彼此照面了。

在这里，否定和肯定哲学还处在未区分状态，人们只想以一种哲学（这种哲学恰当地理解只可能有否定性的意义）达到那个唯有对肯定哲学才可能的东西，正如已经说过的，当人们试图把神阐述

XIII, 80

为在一个必然进程中被把握的东西时,在这一点上就包含着迷乱和人们曾经陷入放肆无度行为的原因,因为在做出了这种阐述以后,除了在放肆的无神论中寻求庇护,就没有其他出路了。这种迷乱甚至阻碍仅仅去理解那种对否定和肯定哲学进行的区分。

唯有被恰当理解的否定哲学才会引至肯定哲学,反过来肯定哲学也唯有对立于被恰当理解的否定哲学才是可能的。当否定哲学自行撤回到其界限中时,才使得肯定哲学可以被认识,进而使后者不仅是可能的,而是必然的。

当某些关于肯定哲学的内容首次由我的公开讲座得到透露时,有许多人觉得,一定要拾起否定哲学来对抗我,他们还以为,否定哲学会被我完全废除,这当然是因为我是在否定哲学的意义上谈论黑格尔哲学的;但之所以如此,并不是因为我把黑格尔哲学视为否定哲学;我不可能损害黑格尔哲学的声望,也绝不可能承认他的哲学是否定哲学,但这种哲学的根本缺陷反倒恰恰在于它想成为肯定性的。除了区分了否定哲学和肯定哲学这一点,黑格尔跟我之间的差别微乎其微。黑格尔所阐述的那种哲学是被驱到其界限之上的否定哲学,它并不把肯定性的东西排斥在外,而是自以为已经使它臣服在自身之中;被他的学生们一再引用的大话就是:对神性此在完满的现实认识(康德否认人类理性可以拥有这种认识)乃是由黑格尔哲学提供的;甚至基督教的教义对黑格尔哲学来说也不过是小菜一碟。这种自我膨胀为肯定哲学的哲学(尽管它据其最终的根据只可能是否定性的),我在我很久以前的公开讲座中早就对之进行过驳斥,今天并不是第一次,我会继续驳斥它,也就是说，只要可能看起来仍有必要，我就会继续驳斥它，此间我会把真正的否定哲学，即把对自身有所意识地在崇高的节制中于其自身的限度之内自行完成的否定哲学，说明为最伟大的善举，这种否定哲学至少目前可以被赋予人类精神；因为通过这种哲学，理性就已经踏入和投入到了它所应得的东西和整全的正当性中，去把握和树立起本质，即事物的自在。理性将以此方式得到静息，它的一切正当要求都将完全得以满足，它不会再受到侵入肯定性之物领域的诱惑，相反，它从自己那方面一劳永逸地摆脱了对肯定性方面的持续侵犯和干涉。从康德开始，在德国没有一种哲学不是甫一出场就即刻遭到肯定性之物拥护者们的无神论指控，而这一指控主要针对的就是康德本人；但一种正直坦率地自行满足于把神树立为最终、最高和必然的理性理念，却不在此基础上要求去证明神之实存的哲学，不再会遭受这种侵犯和干涉肯定性之物的危险，而是能够且将会在自身中安静地完成自身。

不过现在却经常发生下面的情况，即有一部分上课的人以为，我把自己早先的哲学说明为否定哲学，以便用肯定哲学替代它的位置。这样一来，可能就得谈谈怎么去转变理解。但如果对一个事情来说存在着两个不可或缺的要素，A 和 B，并且我发现自己一开始仅据有其中一个，即 A，那么就要通过 B 来补充 A，或者说，我现在不再只据有 A，而是据有 A+B，而 A 其实并没有改变；如果我认为，单通过 A 就可以据有和达到那个唯有通过补充 B 才可能的东西，那就坏事了。否定哲学和肯定哲学间的关系就是如此。当后者补充前者的时候，在前者那里并没有发生任何改变，相反，前者唯有通过后者的补充才被置入自己真正的本质中,即它不再可能被诱惑去纵越出自己的边界,也就是说,不再可能自身成为肯定性的。

XIII, 82 　　在康德的《纯粹理性批判》流传开来以后,人们很快就开始讨论批判哲学。但人们也很快问道,这种批判哲学是否就是一切,是否在它之外就不再有任何关于哲学的东西了。这个问题涉及我自己,所以我觉得自己有必要强调,在彻底研究过康德哲学之后,我很快就清楚了,这种所谓的批判哲学不可能是全部,我甚至怀疑,它可不可能是真正意义上的哲学。凭着这种感觉,我在1795年的《关于独断主义和批判主义的书信》中——就是它为我惹来了当时与费希特之间公开的矛盾——就断言,面对这种批判主义(如此称呼的话批判哲学也就被称作一种体系了),一种跟以往错误的半吊子形而上学比起来完全不同且远为大胆的独断主义将来一定会显露出来。诚然,独断主义这个词的名声从康德开始就被搞坏了,而在逻辑独断主义出现以后,这个词的名声就彻底臭了,黑格尔后来想把这种逻辑独断主义奠定在纯然抽象的概念上(这是最令人反感的东西),因为抽象的概念是最狭隘的东西,跟它比起来,旧形而上学的独断论反倒始终拥有某种伟大的东西。但关联到旧形而上学,我们就必须区分独断哲学和独断化的(dogmatisierender)哲学;旧形而上学是独断化的哲学,它已经无可挽回地由康德摧毁了。但康德的批判还不足以触到真正意义上的独断哲学,形而上学或许曾经实际上就是这种哲学,而不是像旧形而上学那样,只是想要成为这种哲学,因此我就把旧形而上学称作纯然独断化的哲学。旧形而上学认为,神的实存可以唯理论地得到证明,且已经得到了证明,就此而言,旧形而上学正如康德所表达的那样是唯理论的独断主义,或者也可以像我这样反过来表达,是肯定性的唯理主义。这种唯理主义现在已经被康德摧毁了,所以它显得从今以后也是不可能的,正如当今甚至还有些神学家,乐于到处去抓切入点,而不再去从旧形而上学那寻求任何帮助。但当那种肯定性的唯理主义被摧毁之际,一种纯粹的唯理主义也就恰恰借此得以被许诺,但我们绝不会把这种纯粹的唯理主义称作否定性的;因为它会把肯定性的唯理主义预设为一种可能的前提,但自康德以来,肯定性的唯理主义就不存在了。唯理主义只可能是否定哲学,两个概念是完全同义的。据事情而言,那种纯粹的唯理主义其实已经包含在康德的批判中了。正如所说的那样,康德只把神的概念许给理性,因为拒斥了所谓的本体论证明,也就是拒斥了那种想要从神之概念推论出其实存的做法,所以他也没让神的概念成为下述规则的例外,即某个事物的概念只包含它纯粹的什么,不包含任何关于其存在的实情,即实存的内容。康德一般地表明了,理性通过推论来超出自身达至实存的努力是徒劳的(但在这种谋求中理性不是独断的,因为它恰恰没有达成自己的目的,所以它反倒只是独断化的),也就是说,除了下述的这门科学,康德没有许给理性任何东西,这门科学把自己封闭在事物纯然的"什么"之中,康德所表达的看法十分明确,即这种纯粹的唯理主义才是唯一仅剩的能始终取代旧形而上学的东西。诚然,康德只是把关于理性所做的证明延展到哲学上,并且悄悄地假定,除了纯粹的唯理论哲学,不存在

XIII, 83

任何其他哲学;但康德从来没有以任何方式明示过这一点;如此一来必定就同时产生了这样一个问题,即是否在摧毁了旧形而上学之后,另外一种,即肯定性的要素现在也被完全消灭了,是否在否定性的要素在纯粹的唯理主义中已经得到沉淀以后,肯定性的要素反倒才必定会自由且独立于否定性要素地在它自己的科学中自行构造。但那种曾经陷入危机的科学并不是以这种方式轻率冒进的;因为即使在科学的运动中,起支配作用的也并非纯然的偶然,相反,哲学愈是深刻和愈发深入地去进行把握,它就愈发被一种必然性所支配,这种必然性不允许任何跳跃,它以命令的方式要求,在演进到更远的地方之前,要首先完成最切近的东西,解决直接置于面前的任务。纯粹的唯理主义是康德批判的必然结果,但在批判哲学中它只是间接地被包含的,并且与很多偶然之物混杂在一起;也就是说,首先要紧的是把纯粹的唯理主义跟偶然之物分离开,把康德的批判本身完善为形式科学,完善为一种名副其实的哲学。在康德面前所呈现出的目的,必定就是那些对这种纯粹唯理主义首先进行阐述的呼求。这些呼求必定紧紧围绕这一目的,所以它们也不可能在此目标之外被设想:它们必定认为,在此目的中能拥有一切;只要它们紧紧围绕这一目的,它们就不可能想到超出此目的的东西。也就是说,只要肯定哲学诚然尚未谈及,否定哲学因而也就尚未作为自身得到认识和说明。为了彻底自行退回到否定性之物的界限内,即纯然逻辑之物的界限内,进而把自己坦白为否定哲学,这种哲学必须把肯定性的东西明确地排斥在外,这一点可以用两种方式做到:否定哲学把肯定性的东西设定在自身之外,或者完全否认、全然放弃或者取消后者。后一种做法是一种过于强硬的苛求。就算康德已经从理论哲学中完全清除了肯定性的要素,他也通过实践哲学的后门把它重新引进来了。当然,那种处在更高科学性阶次上的哲学是不可能采取这种救急手段的。但为了能以另一种方式把肯定性的东西排除在自身之外,这就是说,为了把肯定性的东西作为另一门科学的对象设定在自身之外,一定要为此而发明肯定哲学不可。但这种哲学先前恰恰还没有被发明,康德根本就没有给予这门科学任何可能性。他把哲学带到了一条要把自己完结和完成为否定性的、或者说纯粹唯理主义哲学的道路上;但对于一种肯定哲学他根本无计可施。但我们却在自然中,比如在有机自然中看到了下述的事情,即有某种先行之物自行成为否定之物,或者说,唯有在外在于此先行之物的肯定性之物对它而言是被给定的,它才会在此瞬间决断把自己坦白为否定性之物。也就是说,在肯定哲学被发明和现实地存在以前,那种唯理主义哲学不可能自行决断为纯粹否定性的、被肯定哲学要求的哲学。在这一点上,曾经发生过这样的事情,即这种否定哲学在另一个非常积极的时期曾自行展开过,它吵吵嚷嚷且信誓旦旦地渴求着认识;面对它,一切肯定性的认识都要被放弃,这或许也是一条富有生机的求索精神难以取消的禁令。另一方面,那些仅仅把立场固定在肯定性之物中的人也反对这种否定性的哲学,但他们同时也放弃了一切科学性的哲学,仿佛为了补偿这一耻辱,他们只愿意借由那些越来越强烈地要求把一切更高的信念奠定在盲目的感觉、信仰之上,抑或直截奠定在启示本身之上。雅各比就是这些人中的一

XIII, 85

员,他把"一切科学性的哲学都导向无神论"说成是基本原理。这个人不忌惮把康德的命题"理性没有能力证明神的实存"扯得跟自己的基本原理一模一样,尽管两者之间有着天壤之别。但既然康德在哲学中既不愿从盲目的信仰,也不愿从纯然的感觉出发进行知识活动,所以对雅各比来说,康德的否定性结论本身就可以表现为无神论,甚至几乎拦不住雅各比这样乱讲。除了这些人(对他们来说,由于康德的结论,需要做的只不过是为命题"一切科学性的哲学都导向无神论"寻求确证,所以他们在一切地方看到的都是无神论,不管那里究竟有没有),斯宾诺莎也仍持续发挥着有力的影响,当他把必然的实存者当作本原(开端),但只把现实事物逻辑地从其中推导出来时,他就首先把对肯定之物和否定之物的混淆带入了哲学。

所以,恰恰在否定和肯定性之物会彼此永远划分开的瞬间,也就是在纯粹的否定哲学出现的瞬间,肯定性之物当然就必定会愈发有力地凸现出来并发挥效用。我早年就已经清晰地预感到,在那种已然摧毁了独断化哲学的批判主义的对岸,另外一种哲学,确切地说,一种并非经由批判主义而达成的独断哲学必定兴起,这事也可以这么来设想,当那种经由康德已经得到预备的唯理主义体系被我挑明为纯粹的、摆脱了一切偶然之物的名副其实的体系而置于眼前之后,我的那种感觉也就必定愈发强烈地萦绕心头。否定性之物愈是纯粹地得到树立,与之相对的肯定性之物也就必定愈发有力地自行升起,只要后者还没有被发现,前者也就显得无所作为。或许人们可以就此宣称,在对那种基于批判主义而构成的体系进行首次阐释之后,这种哲学就仿佛被他的开创者几乎直接遗弃了,并在当时被交到了那个早就想将之据为己有的人手中,用柏拉图的话说,这个人被已然空置之处的光辉吸引,以极大的热情沉湎其中。对我来说,那种哲学实际上只是过渡;说实话,在这种哲学中我恰恰只是尝试了一下那种在康德之后最可能的东西,并且在内心里远没有——没人可以对此表明异议——在对整个哲学而言的意义上来看待这种哲学,这种意义上的哲学是在我发明肯定哲学以后才出现的,可即便肯定哲学已经被发明,我也最多只是通过暗示让它被认识,或者通过那部与雅各比的论战著作①中广为人知的悖论被认识,所以我认为,我对肯定哲学的克制性保留该被称赞而非被斥责;而我就是因为这个,才被某种思潮一直任意发挥和妄加评论,对此我也不想提什么,所以现在没有人可以再对那种思潮本身以及我与它的关系表示质疑了,尽管我似乎在一般情况下很可能也摆脱不了它了。对这一思潮,我所有的预防措施只有一项,那就是随它去,在这件事上我完全确信,这种思潮会快步走向枯萎凋敝。

要是我的哲学恰恰已经被限制在了纯然的逻辑意义上,或许它就可以得到真正的改善。但黑格尔仍比他的先行者更为明确地要求肯定性之物是已被把握的。人们通常对我和黑格尔间的关系本身有许多完全错误的理解。人们以为,他之前恼恨我,并且肯定已经超越了我。但恰恰相反。我做了非常多人们今天已经不再知

---

① 谢林指自己1812年的著作《对雅各比先生关于神性之物一文的思想纪要》(*Denkmal der Schrift an der göttlichen Dingen usw. Des Herrn Friedrich Heinrich Jacobi*)。——译者注

道的事情,去克服和疏通所有黑格尔认为已经屈服在概念下的材料,黑格尔或许也会允许被我修正。如果黑格尔整个方法中的那些极具天才巧思,却怀有敌意的成分诚然瞒不过我,那么对于这一点,我所看到的是,黑格尔对许多人来说也是一个虚假的天才和真正的羸弱者,甚至是一个孩子气的人,一个因徒有其表的适惬而误入歧途的人,我也看到了,他在活着的时候发现了什么,看到了他是怎样为了真正获得彻底的思想方法和科学而努力前进,诚然,在其他人几乎都只在蹒跚而行的时候,他至少坚守着方法本身,而那种他借以贯彻了一个错误体系(但毕竟也是一个体系)的能量,或许已经被反转成了正确的,并且能使科学受益无穷。那个成就他主要影响的方面,在我看来,恰恰就是那个使他得以被最热情地赞扬的方面,抛开一些大话和大词以及细节不谈,这个方面其实就是一直在突出,黑格尔的哲学是一个体系,确切说是一个完成了的体系。一方面,在这一对体系的无条件追求中,我们时代的哲学科学在其已然被提至的高度上表达出了自己;人们确信,不再可能有任何东西会被个别地知识,相反,一切唯有在关联脉络中,作为一个巨大的、无所不包的整体之环节才能被知识。另一方面,有许多人想不计一切代价地完成一个体系,对贴近一个体系感到孩子般的喜悦,进而以此来提升他们自己的重要性,当党派或者派系之名传开或者又重新产生影响,那么这些人的做法无论如何都首先会因而成为一件糟糕的事情。因为我曾有机会见过许多人,他们觉得自己不算什么,却自称为一个自由党人或者君主制的拥护者,似乎认为自己和别人在一起才确实算个东西。因此,捎带一提的就是,并不是每个人都堪当一个体系的创造者。为了让求完结的努力不致被荒谬或者古怪的东西吸引，并能保持在自然之物的界限之内，一种艺术家般的感觉是必要的。黑格尔在个别问题上非常敏锐，可尤其在从个别问题进入整体的时候，除了这种艺术家般的感觉，他没有被任何东西离弃，否则他早就对突现在逻辑和自然哲学之间的思想运动之阻滞有所察觉了，仅仅从他把后者接续在前者上的做法中就必定会看到，他偏离了正路。我并不属于那些在感觉中寻求哲学本身源泉的人，但对哲学思想和发明而言，正如对诗性的艺术的东西一样，感觉必定是一种声音，它警告我们提防非自然和非直观的东西，对那种仅由于下面的情况就终止并逃避的人来说，才有许多导向错误的道路，即这种人的感觉已经是某种被制作出来的东西，仅仅由于统合工作的艰辛和不清楚而害怕可以达到的东西。真切地意愿一个完满体系的人，必须走得更远，进达陌生领域，而不是短视地纯然停留在细节和最切近的东西上。

　　前文说的那种哲学虽不可能在黑格尔的意义上自我标榜为无条件的体系，但人们也不可以因而就指责它根本就不是体系。这种哲学并不需要首先被体系化，它生来就是体系；它的特点恰恰在于是体系。至于对它做的外部阐述的学院化程度有多少，倒可以是无关紧要的，体系在于事情，谁拥有事情，谁就恰恰借此也拥有体系；但这种哲学作为绝对的、不留任何东西在自身之外的体系大抵还不能自行完结，尽管如此，但只要肯定哲学未被发明，就没什么能阻止黑格尔把他的哲学作为哲学本身来发挥效用。黑格尔好像从一开始就看清了这种科学的纯粹逻辑的自然本性。但如果纯粹的逻辑意义被偏执地对待,那么对黑格尔来说,逻辑就必定不只是一个部分。他的整个哲学,甚至由他的先行者已经开始着手进行的自然和精神哲学,对黑格尔来说必定是逻辑的,也就是说,是逻辑学,他特别地树立为逻辑学的东西,必定恰恰只是某种在他那里被搞错的东西。黑格尔并没有以真正切实的逻辑学为基础,也没有以此出发来前进,而是把处在逻辑运动之意图中的概念假设为前提,人们可以把这一运动理解为独立于一切主体性之物,然而尽管它始终只能存在于构想中,却被赋予一种客观的,甚至进程的意义。黑格尔并没有摆脱曾经阻碍过他的先行者的实在之物,他甚至站在自己的立场上装腔作势地说一些他的先行者所采取的、绝不是为了他的立场而做出的表述。在保持为纯粹否定性的哲学里,进入自然哲学的过渡只能纯然假设性地发生(由此,即便是自然也只是被包含在纯然的可能中,而没有被试图说明为现实,而现实必须为哲学的另一个完全不同的方面预留),所以在这一过渡上,黑格尔运用这样一些表达(比如理念自行决断;自然是理念的堕落),这些表达要么什么都没说,要么据他的意图而言或许应该具有说明效力,也就是说,或许包含了某种实在的东西,一个现实的过程,一种发生事件。由此,如果说对否定哲学进行的首次阐述的缺陷在于,还没有在自身之外设定肯定性的东西,那么这一阐述也确实被后继的阐述(黑格尔的)超过了,但其方式却只是把缺陷加工得更为完备而已。

我现在回到这样一些人所持的观点上,他们一听到些关于肯定哲学的只言片语,就觉得它会完全取代了否定哲学的位置,也就是说,肯定哲学会排挤和取消否定哲学。我绝不是这个意思,一项诸如哲学这样的发明绝不会如此轻易就被放弃,尽管对我而言,它现在已经把自己规定为否定哲学了。这种否定哲学曾经出现在一个美好的时代,那个时候,经由康德和费希特,处在指向一切存在的真切自由中的人类精神自行解开了束缚,并且有理由有意地不去问:是什么?而是去问:能够存在的是什么?同样在这个时代里,作为艺术之完成的崇高典范的歌德也早已开始闪耀着光辉。然而,倘若没有在否定哲学中取得相应的进展,肯定哲学也不可能被发现和展开,而且现在也能对否定哲学做一番完全不同于40年前的阐述了。尽管我知道,这种建筑术质朴、简单却伟大。就此而言,它也就直接以最初的构想突越进入自然,并以此方式从最宽广的地基出发,直到指向天空的尖顶。在对这一建筑术的完满实行中,特别是就它能够具备甚至要求的无数细节而言,唯有古代德意志建筑艺术的作品才能与之媲美。对此建筑术的完全实行不可能是某一个人的工作,某一个个体的工作,甚至不是某一个时代的工作。尽管在一个时代里,就算是先前时代还没有完成的哥特式大教堂,也已经开始被后来的人依照其建筑原理进行改建了:虽然我知道这一点,但我仍不希望,在还没有把否定哲学体系稳固到其真正的根基上之前(就现在来说并且对我而言,这个根基是可以被建立起来的),就告别这个世界。

XIII, 90

从迄今所讲的东西出发,下面这回事情同时也就明白了,即为了针对我而把唯理论或者否定哲学保护起来或者去捍卫它的行为纯属多此一举,这就搞得我好像完全不再想从那种纯粹理性哲学中知道任何东西似的。此外,那些自认为有职责必须捍卫黑格尔哲学,特别是在要跟我对抗这方面去捍卫它的人,至少一定程度上绝没有做到这一点,为了对抗肯定哲学,他们自己反倒也在意愿某种同属此类的东西;这些人的观点不过就是,这种肯定哲学必须建立在黑格尔体系的基础上,进而不可能建立在任何其他的基础上,对黑格尔的体系来说,除了要由他们把它进展到肯定性之物中,就没有什么进一步的缺陷了,这些人以为,在一个持续不断的、没有中断和颠倒的演进过程中就可以做到这点。他们是以下述方式来证明的,1)他们根本就没有过一个关于我的哲学的恰当概念,否则他们肯定会知道,这种哲学是一个封闭的、在自身中完全终结了的体系,它是一个有真正终点的整体,也就是说,这种终点不是那种人们可以依据各种状况或处境又可超出的终点,相反,这个真正的终点必须始终保持为终点;2)他们对自己想要去改善和拓展的黑格尔哲学根本一无所知,因为这种哲学根本不需要被他们拓展为肯定性的,这种哲学自己反倒已经这么做了,而其缺陷恰恰在于,这种哲学所意愿的乃是那种据它自己的自然本性和来源来看绝不可能的东西,也就是说,黑格尔哲学不可能同时是一种独断哲学。这些人尤其以为(很可能只是道听途说),肯定哲学是从人格神出发的哲学,而他们觉得,在黑格尔哲学的进展过程中,人格神已经作为理性的必然内容被赢获了。也就是说,他们不知道,康德,以及从他出发的哲学都已经把神当作理性的必然内容了:对此没有什么好争执和怀疑的,关于这一内容也没有什么好再讨论的了。在涉及这一内容时,黑格尔甚至自吹自擂道,自己已经在哲学的终点拥有了作为绝对精神的神。但如果一种绝对精神不同时也是一种绝对的人格，一种绝对的对自身有意识者，人们还能够设想它吗？或许黑格尔的拥趸们觉得，这个绝对精神恰恰不是自由行动的人格，不是自由的创世者这类东西；精神诚然不可能是下述意义上的精神，即它在最终，在 post festum[一切之后]，即在一切已然做成以后才姗姗来迟，除了把进程中的一切先行且独立于它自己而存在的环节都接纳到自身之下以外，不需做任何事情。但即便是黑格尔，最终也恰恰感觉到了这一点，所以在后来的一些附录中，他让这个绝对精神自由决断去创造世界，以自由去自行外化为世界。就算在这个方面来看，黑格尔的拥趸们也还是太迟钝了。他们不能说，黑格尔哲学在创世上是一种不可能的构想；因为这些人确实是想就用黑格尔哲学来达成同样的目的。也就是说，这些人对黑格尔哲学想当然的改善其实是恰当的，正如常言道，"事后诸葛亮"，所以人们现在倒不如假定，黑格尔是有理由去反对他的那些学生的，正如当其他人觉得，在每一位令人心折、也就是有力的思想家的哲学中，唯有那些可能令人不适的多愁善感的—虔诚的废话才对一部分公众有价值的时候（这些人把来路不明的理念硬塞在总把它们晃荡出来的小舟里），为这位思想家所遭受的不白之冤进行一番辩解想必也不是不合适的。

那些同样仍想改进黑格尔哲学的捍卫者的主要论点是：一种唯理论哲学乃是某种就其自身而言必要的东西，特别是对肯定哲学进行奠基而言是不可或缺的。对此可以说，对哲学之完成来说，否定哲学和肯定哲学是同等必要的，但后者并不是在如黑格尔哲学拥护者所假定的那种意义上才是必要的,它并不是通过前者被奠基的,也就是说,情况并非肯定哲学只不过是否定哲学的进展,因为毋宁说,当在这里展开过程的形式完全颠倒过来的时候,在肯定哲学中就发生了一种完全不同于否定哲学中的 modus progrediendi[进展方式]。当否定哲学把肯定哲学的对象作为已然被认识到的东西递交给后者,后者借此对象才能开始运作的时候,肯定哲学才会通过否定哲学来奠基。但情况并非如此。肯定哲学真正意义上的对象在否定哲学中始终都是作为不再可能得到认识的东西而驻足不前的;因为在后者那里,一切都仅仅是可被认识的,就此而言,一切都有一个在先者,但那个最终的对象并不具有像任何其他东西那样意义上的在先者,相反,事情在这里自行翻转了过来:纯粹唯理论哲学中的在先者,在肯定哲学中成了后来者。在它的终点,否定哲学自身就包含了对肯定哲学的要求,这个时候,它当然是对自身有所意识地、对自身完全理解地有把肯定哲学设定在自身之外的要求;在这个意义上人们可以说,否定哲学从自己那方面为肯定哲学进行了奠基,但不能反过来说,肯定哲学同样也有被否定哲学奠基的要求。诚然,我们从否定哲学(而非肯定哲学)那方面所承认的奠基活动,不能被这样来看待,即否定哲学的终点似乎就是肯定哲学的起点。并非如此。就肯定哲学自身而言,否定哲学递交给它的只不过是任务,而非本原。但人们会说,这样一来,肯定哲学确实就是由否定哲学奠基的呀,毕竟它是从后者那里接到任务的。完全正确,但肯定哲学必须全靠自己来创造解决任务的工具。当否定哲学演进到要求后者的时候,否定哲学只不过是在它自己的旨趣中产生了对肯定哲学的要求,以便自己能自行完结,但情况并不因而就是,仿佛肯定哲学必需从否定哲学这里获得其任务,或者必须被它奠基似的;因为肯定哲学能够纯粹独立地开启,它甚至仅凭这句话就可以独立地开启:我意愿那个超越于存在的东西,它并非纯然的存在者,而是比存在者更丰富,也就是存在的主宰。因为从一种意愿出发而开启就足以使肯定哲学有理由作为哲学,即作为科学来自由地规定自己的对象,作为哲学,就它自身而言并就其据"哲学"这一名称来看,它已然是一种意愿了。也就是说,它也能够纯然从自身出发获得其任务,进而也能够首先自己给予自己切实的开端;因为这一开端并不需要奠基,它是那种通过自身而确凿无疑的绝对开端。

第六讲　论否定哲学与肯定哲学的历史，唯理主义与经验主义的关系

　　对否定和肯定哲学之区分的主要指责大抵就是：哲学必须是一整块，不能有两种哲学。在进行这种指责以前，人们必须知道，否定和肯定哲学是否真的是两种不同的哲学，或者毋宁不过是唯一的哲学的两个方面，而这唯一的哲学处在两种不同但必然共属一体的科学中。这一点会通过接下来的考察变得明确。目前只需要注意，处在否定和肯定哲学之根底处的对立，其实早就存在，确切地说，存在于那种试图把不可统一的东西统合为一的唯理论体系中，也就是说，我们并没有首先创造对立，相反，我们的意图毋宁是通过严格的划分一劳永逸地保存这一对立。

　　如果不是来自这种或许仍然唯一的哲学的两重方面，下面的情形又是从何而来的呢？即人们早就发现，为哲学给出一个令人满意的定义极为困难，甚至根本不可能，而这一定义也要同时表达哲学的行事方式和 modus procedendi[演进方式]。比如说，如果人们把哲学说明为自行退回到纯粹的、这里同时意味着必然的思想中的科学，这大抵可以是对否定哲学的一个定义；但如果把这个定义看作绝对的，那它的必然后果是什么呢？既然普遍意义上的

哲学仍然无法拒绝去讨论和解答自然和世界的现实实存本身,而非只专注于事物的本质,那么如果人们对哲学的定义一以贯之,结论就是必须去断言,就算在现实领域,一切都是纯然逻辑地联络而成的,自由和行动反倒什么都不算,但逻辑之外的实存自然对此是如此明确地在震怒,以至于甚至那些以自己的概念前后一贯地把据其实存而言的世界说明为某种源初必然性的纯然逻辑后果的人,也不会否认,自己反而毋宁要放弃纯粹思想的立场,去抓取那些在他们的立场上完全不被允许甚至根本不可能的表达。

事情的情况其实是这样的:那种把握事物之本质,即一切存在之内容的科学,和那种说明事物之现实实存的科学都是需要的。两者间的对立先前就存在,人们之所以不可能绕开这一对立是因为,固然可以压下两项任务中的一项,但不可以混淆两者,否则就会出现迷乱和矛盾。也就是说,始终都得假定的唯有下面这一点,即两项任务各自独立地,也就是说,在其特有的科学中,都必须得到树立和处理,但这一点诚然也并不会阻碍去断言两者间的联络,乃至一体性。让我们可能更为惊奇的是,当这样一种具有两个方面的哲学突显之际,在这个时刻(这是我认为要多花些时间逗留其上的要点)下面这回事情就可以得到指明,即哲学中的这两条路线其实自始至终都已经相并列而存在了,当它们陷入冲突的时候,两者仍彼此相并列地不断坚持着自己。

要是从古代先哲开始讲,那么作为古代哲学的主要源泉的亚里士多德就多次谈到了一系列他称作神学家的哲学家。如果我们现在假定,亚里士多德以"神学家"之名理解的首先是这样一些古代哲学家,他们仍处在神话灵感的支配下,或者说,他们在自然和人类理智运用的事实之外,还考察了宗教事实,也就是神话传说,比如有时会被柏拉图提到的所谓的俄耳甫斯教,或者说 παλαιῶν λόγων[古代传说] 的创作者,那么亚里士多德在《形而上学》中①谈到的他那个时代那些被他冠以同样名称的人时(即谈到 θεολόγων τῶν νῦν τισι[现在的一些神学家] 时),所指的除了那些把世界回溯到神的人,也就是独断哲学家以外,不可能指别人,这些人即刻就可以跟另一些尝试把一切以纯然自然的方式或者通过理性来说明的人区分开。无疑,爱奥尼亚物理学家,尤其是赫拉克利特,首当其冲地就属于后者,他的学说绝不是某种诸如"无物常驻"那样的东西,而是说,一切始终都只是在行进着,或者说如一条河流那样自行运动:τά ὄντα ἰέναι τε χαὶ μένειν οὐδέν[存在者都在行进且无物停滞不前],或者像柏拉图那样把这一学说表达为:ὅτι πάντα χωρεῖ,即一切都在消逝,或者说所有的东西一直在为其他东西让出位置,根本上说来,这只是理性科学所描绘的情形,理性科学当然不在任何东西上停驻不动,而是像某个恰恰才被规定为主体的东西那样,在下一刻被贬为客体,也就是说,它实际上正在消逝,并且在为另一个东西腾出空间,但后者也不会停驻,而是注定为另一个更高的东西的到来消逝,直至达到那个不再对任何东西表现为非存在者的东西,也就是不再可能消逝的东西。

---

① 卷 XIII,第 300 页(布兰迪斯版)。——作者原注(谢林这里用的是柏林科学院版亚里士多德全集,贝克尔[Bekker]和布兰迪斯[Brandis]编,柏林,1827年。谢林所引文本为《形而上学》,1091a30。——译者注)

埃利亚学派尤其是这种唯理论哲学的代表，但亚里士多德却首先指责他们道，他们的科学仅仅是逻辑学，但他们竟还想借此去进行说明。关于这一点，亚里士多德说，埃利亚哲学只会让人头昏眼花，提供不了任何帮助；因为处在构想中的纯然运动把一切现实的发生事件排斥在外；然而如果想使这种纯然逻辑性的运动发挥说明效力，那这一运动就不能在此过程中显得停滞不前（因为逻辑性之物不可能是发生事件（Geschehen）的现实进展过程，相反，一切只是在构想中先行，如此一来，当逻辑性之物被视作在说明现实的时候，这一说明活动就显得不再停滞不前了），而它之所以惹人头昏眼花恰恰是因为，这种说明活动就像任何一种围绕同一个中心点旋转的圆周运动①。苏格拉底曾经就用由他完善到最高程度的辩证法（它远非某种肯定性的东西，也不想为自己赋予某种独立的意义，对苏格拉底来说，辩证法只有作为摧毁性的工具的意义）绝不仅对抗了智者，即对抗那种主观的—逻辑的伪知，而是同样也对抗了埃利亚学派的那种要求客观性的唯理论的伪知，谁看清了柏拉图跟智者和埃利亚学派有何等相近且内在的亲缘性，谁才恰当地理解了柏拉图；对智者的轻率浅薄和埃利亚学派的浮夸，苏格拉底的辩证法都同样有效，在这一方面，普鲁塔克关于苏格拉底说道：他把哲学中仿佛烟雾一般（ὥσπερ τινά χαπνόν φιλοσοφίας）的浮夸（τῦφον）和自大又吹回到了对手脸上。苏格拉底做到这点的

XIII, 97

---

① 我们既不可以把毕达哥拉斯学派算作神学家，也尤其不可以把他们算作唯理主义者。我们必须假定，他们曾尝试过统一神学和唯理主义，但同时也很难讲他们是如何统一两者的。——作者原注

手段就是他的问题,对我们来说,这些问题显得纯然孩子气,有时候甚至无聊,但其目的在于,唯有通过这种知识的节食法摆脱智者的伪知或埃利亚学派的浮夸,才能重新变得对真知敏感,苏格拉底就像一名机智的医生,当他想对患病的身体下猛药的时候,会先用泻药,这样就可以不影响机体的恢复性和再生产性法则,而是作用于病因本身,以免其效果愈来愈强,病情反倒严重而非减弱。面对这种伪知,苏格拉底著名的说法就是:他和其他人的区别在于,他XIII, 98 们尽管一无所知,但仍以为知道点什么;较之于他们,自己则好在知道自己一无所知。在这句名言里,需要特别注意的是,苏格拉底并没有否认所有知识,他所否认的恰恰只是那种其他人自吹自擂、以为自己真的具有的知识,他把自己也算在这种人之列,只不过他补充道,自己意识到了这种知识并非真知。也就是说,苏格拉底的这番话其实从一开始就有另一种样子,它不同于许多近代人想要给出的那种苏格拉底式无知的样子,这些人即刻就以坦白无知开始,想借着无知在一开始就静息下来。对苏格拉底式的无知来说,必有一种宏大的、乃至更具意义的知识先行于它,对这种知识,苏格拉底式的无知才值得去表明自己并不是知识,或者说,对此一无所知。正如帕斯卡表达的那样,这种无知必定是一种 docta ignorantia[有知识的无知],一种 ignorance savante[有学问的无知]。如果没有一种先行的宏大知识,那宣称人们一无所知就完全是在搞笑了;因为假如真正的无知者确信自己一无所知的话,那这话还有什么好令人惊奇的呢?倒不如说,如果他真的知道些什么,才会令人惊奇;要是人们本来就认为他一无所知,那还有什么必要去管他呢。法学家那里有这样一句格言:Quilibet praesumitur bonus, donec *probetur* contrarium [所有的事情都要被预设为是合法做出的,直至出现反证]。在有学问的人那里这话就得反过来:Nemo praesumitur doctus etc[没人该被预设为有学问的……]。但如果有知识的人说,他一无所知,那这话就有另一种完全不同的意义和调调了。

也就是说,在宣称自己无知的时候,苏格拉底把一种知识预设为了前提。现在的问题就得是:苏格拉底和其他哲学家都具有的那种知识是哪一种呢? 但对苏格拉底来说,这种知识是一种无知的知识,对于这种知识,苏格拉底知道,它并没有在进行知识。我们现在要尝试把无知之知的这种否定性定义转化为肯定性的。思想绝非知识;就此而言,我们完全可以把无知之知称作思想性的知识,把无知的科学称作纯然的思想科学;因此,柏拉图在著名的各门科学的线喻(《理想国》,卷 VI)中,毫无疑问地没有把比如一门像几何学这样的科学算作 ἐπιστήμη[科学],而是仅算作 διανοία[思想],所以,据苏格拉底的说法,他和其他人一样都有的、但被他视为无知的那种知识,很可能就是纯粹的理性科学,苏格拉底比埃利亚学派更识得这种理性科学,而他正是通过下面这一点跟埃利亚学派区分开的,即后者想把逻辑性的知识搞成某种知识性的知识,然而按照苏格拉底的观点,这种知识只能算作无知的知识。但我们现在要更进一步。也就是说,当苏格拉底把纯然处在思想中的科学宣判为无知的科学时,他同时也就借此在这种科学之外——至少作为理念——设定了一种他必须在这种科学外设定的进行着

XIII, 99

知识的,亦即肯定性的科学,在这一点上,苏格拉底对自己无知的坦白首先假定了一种肯定性的意义。也就是说,人们既可以就某种现实存在的科学来坦白自己无知(关于这种科学人们只会说,它还不是真正意义上的知识),也可以就那种人们尚未据有的科学来坦白自己无知,对我们来说,后一种科学仿佛仍在来临之中。显然,在苏格拉底那里两种情况兼有。就纯然逻辑性的知识来说,他是在第一种意义上宣称的,但他也恰借此把另一种知识预设为前提,进而当他就另一种意义来坦白自己无知的时候,这种无知也就由此重新获得了一种完全不同于人们惯于料想的意义。因为其中一种情况是由于缺乏科学而不知或无知,而另一种情况的无知则是由于有待知识者的浩瀚无际。唯有在这种意义上苏格拉底才可自称无知;但清楚的是,并非每个人都能有资格模仿他。苏格拉底显然预设了一种知识为前提,纯然的理性科学跟它比起来只能显得像是无知。诚然,现在还不是时候来详细说明像苏格拉底那样的人的真实意愿,这种人并非没来由地招致了一切时代,乃至现代智者们的憎恨和厌恶。在这类人内心的崇高之上仍覆盖着一团还没完全升起的浓雾,但已经有了一些现成的细节,从中可以推论出,这类人的精神曾经恰恰在纯然逻辑性之物和肯定性之物的界线上动摇过。关于这一点,一个不该鄙弃的迹象不仅仅是神话的,即历史的表达方式,有人习惯于用这种方式来描述一切在他那里是学说,或者配享学说之名的东西(比如死后的永生);这个人所感兴趣的并不是通俗的神话故事,相反,他寻求的乃是一种更高的历史性联络,仿佛唯有在其中才会有名副其实的知识①。对这一点最有力的证据就是，苏格拉底的学生中在精神上最卓越的，柏拉图，他所有传世的系列著作都是贯穿着辩证法的，但在所有著作的顶峰和极点处——至少施莱尔马赫选取的是《蒂迈欧》——或者说，难道在这些著作中就没有一部使青年对柏拉图这位诗哲如痴似狂吗？无论如何，在《蒂迈欧》中，柏拉图的思想变得富有历史性，进而——尽管诚然是以强制的方式——突入了肯定性的东西，同时正因为如此，他在科学上的过渡痕迹就几乎发觉不到或者说难以发觉到了，这与其说是过渡入肯定性的东西，不如说是与先前的东西（也就是辩证法式的东西）相断绝。苏格拉底和柏拉图对待这个肯定性的东西都像在对待某个仅仅未来性的东西，他们只是像先知那样预言它。在亚里士多德那里，哲学才首次洗净了一切预言性和神话性的东西，然而亚里士多德恰恰在下面这一点上显得还是像前面两位的学生，即他主动转向了纯然的逻辑性之物，并且完全反过来转向了对他而言可通达的肯定性之物，即在"经验"一词最广泛意义上的经验性之物，在它们这里，实情（某物实存的实情）是第一位的，"什么"（是什么）首次成了第二位或者次一级的。

倘若逻辑性之物想要有说明效力，进而成为肯定性的，那亚里士多德就会主动转离它：在这里，λογικῶς[逻辑性的]、διαλεκτικῶς[辩证法的] 和 κενῶς[空洞的] 对他而言是同义的说法，所有那些尽管停留在逻辑性之物（ἐν τοῖς λόγοις）中，却仍想把握现实性的人都受到了他的指责，他把这一指责本身扩展到柏拉

---

① 关于这一点见"神话哲学"，第284页。——编者注

图的《蒂迈欧》上,进而扩展到 μέθεξις[分有] 这种特别的学说上,也就是关于事物对理念之分有的学说,如果这种学说是逻辑性的,即如果它只被理解为,比如某个美或善的东西(只在经验中出现的东西)并非美或善本身,而只不过通过分有美和善本身才是美和善的,那么在这种意义上,这种学说才提供了一种正确的意义;但如果要用 μέθεξις[分有] 来说明的事物的生成和实际的出现,或者说,如果认为"分有"对此问题是充分且合用的,那当然就会出现这样的缺陷,即要试图以某种只具有逻辑意义的东西来进行实际性的说明。在这个意义上,亚里士多德有理由指责柏拉图道,他没能给出令人理解的言辞来说明,理念是如何把自己分给具体事物的。唯有涉及这种意在说明具体事物、却做不到这一点的 μέθεξις[分有] 学说时,亚里士多德才把柏拉图的整个学说称为空洞的,他对此甚至还用了 κενολογεῖν[空话] 这个词。但一般而言,他之所以要反对以逻辑的方式进行哲学的人是因为,从逻辑必然性到现实性之间有一条无法跨越的鸿沟。他也正是据这一点来指责这种混淆的,它之所以产生,是因为逻辑秩序跟存在秩序被混淆了,进而存在的现实原因跟科学的纯然形式性本原也就不可避免地被紧接着混淆了。但恰恰因为这一点,我们就必须说,亚里士多德的道路尽管和否定哲学的极为迥异,然而在结论的本质性方面,除了亚里士多德意义上的否定哲学,恰恰没有任何东西与得到恰当理解的否定哲学如此若合符节。这一点如何可能,需要通过对否定和肯定这两种方法进行讨论才能明白,这一讨论是不可或缺的,它本身会把一道新的光亮反射到迄今为止的过程上。

也就是说，我强调的是，只要那种唯理主义或者否定哲学实际上愈发是一种纯粹的先天哲学，那么它就愈发不是亚里士多德系于逻辑一词的那种意义上的逻辑性哲学。因为亚里士多德哲学并非如黑格尔所认为的那样，是一种空洞的逻辑性思想，这种思想只不过又把思想当成了内容，但也就由此放弃了现实的思想，正如关于诗的诗不过是放弃了诗。真正的逻辑性之物，即现实思想中的逻辑性之物，在自身中具有一种与存在的必然关联，这种真正的逻辑性之物会成为存在的内容，进而必定过渡入经验性之物。由此，作为先天哲学的否定哲学并非那种把存在排斥在外的意义上的纯然逻辑性哲学。尽管存在只不过作为潜能阶次是纯粹思想的内容。但那个是潜能阶次的东西，据其自然本性就仿佛处在进入着存在的跳跃中。也就是说，思想会由于它内容自身的自然本性被吸引到自己之外。因为已然过渡入存在的东西就不再是纯然思想的内容了，它已经成了某种超出纯然思想的（经验性的）认识的对象。在任何一个点上，思想都会一直行进到与在经验中现成存在的东西相一致为止。据此，在每一个点上，已然过渡入存在的东西都会被思想离弃；然而已然过渡入存在的东西对思想来说只不过是作为阶次而服务于更高的东西。在这一更高的东西这里，相同的事情也会再次发生，它会被思想抛弃（而思想诚然在确保和把握它的内容），但已然得到把握的东西被思想抛弃的同时，也被交托给了另一种认识，即经验性的认识，所以在这整个运动过程中，思想其实根本就不拥有任何为它自己而在的东西，而是把一切都指派给了一种相异的认识，指派给了经验，直到达至那个不再可能外

XIII, 102

在于思想的、停驻于思想中持存不变的东西,如此一来,思想同时也就借此达到了自身,也就是说,思想现在是自由持立、摆脱了必然运动的思想,正因为如此,借此开启的乃是自由思想的科学,而不再像在否定哲学中那样,开启的是一种投身于必然运动的思想之科学。也就是说,唯理论哲学据事情而言其实并不与经验相对立,反倒正如康德关于理性所说的那样,它并不超出经验,经验的终点在哪,这种哲学就在那里认识到它自己的界限,并且留下了那个作为不可认识者的最终之物。即便是唯理论哲学,据其材料来看,也是经验主义,只不过是先天的经验主义罢了。

但正如我们所见,先天之物并不排斥经验性之物,反倒与它有一种必然的关联,反过来也是一样,经验性之物也并不自由于先天之物,反倒在自身中甚至也有同样多的关联,甚或如我所言,经验性之物甚至是一只脚完全站在先天之物中的,在此程度上,在一切经验性之物身上都不仅有普遍必然的、亦即先天的形式,而且现实的实存者也并不比本质(一切事物真正意义上的"什么"乃是某种先天之物)更少地属于经验性之物。在得到了完成的科学中,经验性之物的本质乃是某种可以先天得到把握的东西,唯有它实存的实情是经验性的,这需要纯然后天地去看清。

但恰恰因为这一点,正如从逻辑性之物通向经验性之物有一条道路,从经验性之物通向逻辑性之物也有一条道路,来到达天生地且天赋地居于自然中的逻辑性之物。亚里士多德曾经踏上过这条道路,确切说来,是以他所处时代可能的最大规模踏上了这条道路,他的做法是,不仅总体自然(也就是他那时可通达的程度上的总体自然),不仅人类和他所处时代的种种伦理和政治关系,而且同样还有普遍的、在不断的运用中得到把握的范畴和概念(并非在对其抽象的理解中,而是恰恰在其运用中,即现实的理智使用中),随即还有到他那个时代为止的整个哲学史,所有这些都作为亚里士多德的分析研究之对象得到了探讨,他就这样逐步地攀升到了作为最终目标的第一科学(πρώτη ἐπιστήμη),或者第一哲学。但恰恰就在这条道路上,尤其是在这条道路的终点上,亚里士多德必定也会碰上否定哲学。如果人们追随他直至他由以出发的最深处,那么就会看到,他是以潜能阶次(跟"开端"是一个意思)开启他逐步攀升的科学进程的,在此进程中,每一种对立都得到了展开;这个进程终结于现实中,它超越于一切对立,因而也超越于一切潜能阶次,它是纯粹的隐德莱希;因为隐德莱希之于亚里士多德正如现实之于我们,它是 δύναμις[潜能] 的对立物。从潜能阶次,即可能之物无规定和无限的母腹中,自然逐步向着终点自行提升,如亚里士多德所言,自然被终点所吸引。他说,在每一个后继之物中,先行之物仍只表现为潜能阶次,表现为非存在者,就如在自然哲学中,物质相对于光只不过表现为客体,而两者相对于有机本原彼此又表现为非存在者。亚里士多德说,已然先行之物始终持存于据潜能阶次而言的后继之物中,或者作为潜能阶次 ἀεί γάρ ἐν τῷ ἐφεξῆς ὑπάρχει δυνάμει τό πρότερον[每一后继之物都始终潜在地包含了先行之物]。序列中的任何一个点,任何一条边界都是先行序列的目标,序列的每一环节在其位置上都是目的因,正如最终的环节是一切的目的因,因为序列不可能落入无限之中,自然的攀升运动不可能自行流入虚空,从潜能到现实的道路必须有一个最终的、下述意义上的目标,即开端乃是纯粹的潜能阶次,而终点则是同样纯粹的现实。在逐步趋近终点的情况下,存在凌驾于非存在之上,现实凌驾于潜能之上;一切 ὕλη[质料](跟潜能阶次意义相同)都会被逐步地清除掉,最终的东西不再是潜能阶次,而是 τό ἐνεργείᾳ ὄν[已得实现的存在者],即全然被设定为现实的潜能阶次。这一最终的东西自身不再像其他一切那样是序列的一个环节,相反,它是超越于整个序列独立自为的存在者。诚然,亚里士多德把它当作了现实的实存者(而非像否定哲学那样只把它当作理念),两者的区别就在这里,但他之所以把这个最终的东西当作现实的实存者,不过是因为他的整个科学都是被他奠基在经验上的。也就是说,他把整个世界(唯理论哲学只在构想中拥有它)当作实存着的世界,但他的旨归却并非实存,实存仿佛只不过是附着于世界的偶然之物,进而对他来说,实存唯有就其乃是那个他从中得出事物的"什么"的东西而言才有价值,对亚里士多德来说,实存只是纯然的前提预设,他本来的目的其实是事物的本质,事物的"什么",实存只不过是起点,所以当最终之物对他而言同时顺带地就是现实的实存者时,它据其自然本性(这才是亚里士多德真正意义上的旨归)就是纯粹的现实,而这个恰恰据其自然本性是现实的存在者,乃是唯理论或否定哲学的最终之物。所以亚里士多德也并没有把最终之物——即神——用作现实的实存者,相反,当他把这一最终之物始终只规定为目的因(αἴτιον τελικόν [目的性的原因] 而非 ποιητικόν [生产性的(原因)])时,他就明确地拒绝了这一点,如此一来,正因为他只把这个最终的东西当作现实的实存者,所以他就绝没有再试着把它作为运作着的开端;对亚里士多德而言,它始终都是终点,他没有想到要把它重新作为开端,作为进行说明的本原。整个生成运动只不过是朝向这一终点的运动,而不是从作为开端的终点中出发的,进而当亚里士多德把这个最终之物用作对现实性进行着说明的根据时,比如,用来说明天体运动时,他就不是通过那个 ἐνεργείᾳ ὄν[已得实现的存在者] 的推动或运作来说明这一运动的,而是通过各种次级的自然存在物和星体所感受到的朝向最高者的吸引、欲求和 ὄρεξις[意欲] 来说明。如果对亚里士多德来说,神诚然至多只是运动的原因,那么在他看来,神仍只是运动的 ὡς τέλος[目的]、αὐτός ἀκίνητος[自身不被推动者],所以在运动中,神自身是不动的。这个 αὐτός ἀκίνητος[自身不被推动者] 直到现代都只是被这样看待的,即神自身不复被另外的东西推动。但自身不被推动者的意思并不是这样,而是说,即便神自身并不运动,不行动,他也在运作着,尽管始终保持不动;他运作,但不被推动,因为他只作为目的因而运作,作为那个一切自发地向之趋求的东西而运作。就这一点来看,神表现的就像渴求的对象,就像(正如亚里士多德明确说的) ὡς ἐρώμενον[被爱的东西],就像一个被我们所欲求的东西,我们走向它、趋向它,它推动我们而自身不被推动。对亚里士多德来说,这个不动的神仿佛不受阻碍,不能对外产生影响(ἄπρακτος τᾶς ἔξω πρᾶξις[不能有外部活动]),它只能持续不断地思想,并且只能自行思想自身,它是 ἑαυτόν νοῶν[思想自身者]。对亚里士多德来说,最终之物就是现实,所以他其实也就没有再把神中的 νοῦς[思想活动] 从 νόησις[思想到的东西](这是从现实的思想中而来的)中剥离出来，而后者不再是思想的纯然潜能阶次。对亚里士多德来说，神就是思想（但绝非无内容的思想）纯粹且不间断的现实。如此一来，既然对亚里士多德来说，道出自己所想的东西有许多困难，（因为甚至对我们人类来说，一些东西也是不允许被思想的，正如对我们来说，不去看一些东西比看要好（βέλτιον ἔνια μή ὁρᾶν[有些东西还是别去看的好]），那对神而言就更是如此。出于这个原因，亚里士多德断定神只会持续不断地思想自身。也就是说，借此所表达的不过就是，这种现实乃是一种无限的现实，也就是说在这种现实中，直至无限也没有什么对它来说是陌生异在的（也就是说，没有限制它的对象）。出于这个原因，亚里士多德谈到了一种 νοήσεως νόησις[对思想的思想]，这种思想唯以其自身为内容。①

---

① 相反很难假定，据亚里士多德看来，神的极乐在于，他以黑格尔式的方式持续不断地进行着哲思。在 18 世纪中叶，在莱辛和克洛普施托克（Klopstock）登场之后，德意志人欢欣于现在他们也有自己的文学了，伴以这种文学的，还有当时即刻将出现的不同类型的评论家和诗人，接着，得到了普遍认可的历史叙事和哲学的著作也加入了进来（因为狭义上的民众文学首先关心的是它的诗和评论，接着是历史叙事，最后才是哲学）。那么在这种状况下，一种比较就开始了，德意志人很快就不再缺少自己的荷马、提尔泰奥斯，忒奥克里托斯，也不缺少德意志的修昔底德，但终归缺少许多位柏拉图（对公众来说，赫尔德和雅各比很快就成了德意志的柏拉图）。那德意志的毕达哥拉斯和赫拉克利特又在哪里呢？——会是莱布尼兹和雅各布·波墨？那德意志的亚里士多德在哪里？所有这些人都没有康德更有资格配享这一称号。然而有一种后来的哲学已经为自己预留了可被视为"亚里士多德般"的理由。这种哲学讨论的是一种神性生命的循环，也就是在其中，神一直在下降，直到最深的无意识存在；在这里，神尽管也是绝对者，但只是被囚禁的、亦即盲目和麻木的绝对者；但神一直在持续不断地下降，只是为了能同样不间断地通过越来越高的阶次最终攀升到人类意识，在这里，神成就了人类的主体性，并脱离它而成为绝对精神，亦即首次在真正意义上成为神。我承认，在所有这些出色的哲学中，那种断言了这种神性生命之循环的，在我看来是最反一亚里士多德哲学的，我同样怀疑，任何一个有理性的人可以在这种学说中看到德意志哲学的终局，正如在亚里士多德身上，古代哲学诚然也达至了顶峰，两种哲学一样，都是以对逻辑性之物和现实之物所进行的极其怪异的联结而告终的。——作者原注（作者最近对亚里士多德神学进行的讨论见《神话哲学导论》第 559 页注释。——编者注）

亚里士多德的哲学是逻辑性的哲学,但它是从被预设为前提 XIII, 107
的实存者出发的,就此而言也是从经验出发的。它的开端是经验,
终点是纯粹的思想,即在逻辑这个词的最高意义上的逻辑性之物,
但这一哲学的整体乃是一种处在最纯粹的分析之火焰中不断蔓延
的、从自然的一切要素和人类精神中被抽离出来的精神。

唯有那些新柏拉图主义者(但他们已属于向一个新时代的过
渡,他们都已然受到了即将来临或者已然在此的基督教的刺激)才
试着去重新唤起柏拉图那里特有的种种对肯定哲学的冲动(它们
被亚里士多德压制了)。亚里士多德是不可能允许有一种肯定哲
学的,而在柏拉图那里,肯定哲学只是一种纯然的预感,就算是柏
拉图,也没有发现进入肯定哲学的科学性过渡。即便现在亚里士
多德从经验性之物出发,即从在经验中被给予的、就此而言是实存
者的东西出发,向逻辑性之物,即存在之内容演进的道路看起来似
乎仍是唯一的道路(这条道路缺乏一种达至现实实存着的神的肯
定哲学),然而如果我们会对那种以亚里士多德的方式觅得的神感
到满足,那我们也必须能像亚里士多德那样放弃那种把神重新当作
产出性原因的意愿,在作为终点的神那里驻足即可;但这样的神是不
会符合我们意识的种种要求的,亚里士多德没有认识到,在我们的意
识面前的世界是未被锁闭的。我以此所指的并不单是基督教。因为
对亚里士多德来说,即使是神话性宗教的意义,也只不过是一种不
完善的现象;在神话中,亚里士多德无法看到任何本源性的东西,也
没有什么值得他去考察,或者可以被他算作认识之源泉的东西①。

---

① 《神话哲学导论》,第256页。——编者注

先前就有这样的一个问题时常被提出,即为什么查理曼大帝允许,或者说想把亚里士多德的著作(即一位人们只会把他当作无神论者的哲学家的著作,在某种意义上大抵可以这样说)引入自己创建的学院,并以之为学院的基础?基于我们刚刚所说的,答案是明白的:为了从神出发去说明世界,除了那个只能被用作本原的神,亚里士多德诚然不认识任何其他的神,亚里士多德的神最多只是观念上的创世者,作为神,一切都是朝向他,却非通过他而生成,并且即便是天意,在亚里士多德的体系中至多也不过作为一切所指向的终点,进而所有不是通过这一运动的最终目的,且就此而言当然也不是通过作为目的因的神而得到规定的东西,都是不可能产生的,人们说,与基督教更为亲近的柏拉图哲学反倒被排斥在外了。有个17世纪的作家对这个问题给出了一个幼稚的答案:如果神学家不得不丢掉一些哲学身上的东西并指责它,那他恰恰就对了;因为如果要达到基督教教义和哲学之间的完全一致,那么许多人可能会因为魔鬼的引诱产生这样的想法,即基督教本身无非就是人类的发明,它要么是思想者的作品,要么是理性的机巧发明。实际上,纯粹的亚里士多德哲学在基督教学校里根本没有得到教授。基督教神学,进而基督教学校所需要的乃是一个自行开启某物的神,他可以被设想为世界的,特别是启示的开创者。由此,基督教是几乎不可能把否定哲学接纳到自身之中的,至少在没有完全改变后者的情况下是不可能接纳它的,同样,纯粹的亚里士多德哲学也不可能被保留在基督教学校里。因此,经院形而上学就取代了亚里士多德哲学的位置,这种哲学的特质可以通过"唯理论的独断论"或"肯定性的唯理主义"得到刻画。这种哲学由以开启的方式是以唯理论的道路达到一种肯定性的结论,也就是达到一个实存的神(对此,正如我们先前所见,它的本质性手段是三段论,即推论,它一方面以在经验中被给定的东西为基础,另一方面则以 κοιναί ἔννοιαι[普遍概念],即普遍的、同时也自行展现为必然的概念和本原为基础),以此方式,这种哲学就以经验和天赋的知性概念为基础来尝试推论出神之此在,从这一方式中就已经可以看到,在这种唯理主义的哲学中,其实只有一种形式功能在起作用,作为推论之基础的材料一部分是从经验中获得的,比如自然在细节和整体中都是合目的地得到排设的等等,而这种形而上学的推论的另一部分,即理性的构成部分则是一些普遍的基本法则,比如因果律,特别是原因和结果必须成正比,而一个合目的的整体必须预设一个有理智的原因为前提;把这些基本法则运用到经验上,就会使某一推论能得出那个超越经验的东西。如此一来,这种对各要素进行的联结的后果就是,在这种形而上学中,不管是唯理主义还是经验主义都不可能纯粹且自由地突显出来。这种造作的统合之为造作的,就已然不可能持久了;其实说到底,不过是教会的权力在如此长时间地强行维系这种造作的统合。在宗教改革之后,它的后果就是,这种强行的维系不再可能硬挺下去了,在哲学中出现了这样一种运动,它最终不可避免地招致了对这种独断唯理主义的摧毁(我们先前已经描述过了)。但唯有从这种摧毁中,纯粹的唯理主义和纯粹的经验主义才能各自单独地出现。

XIII, 109

如果我们首先在它跟纯粹的唯理主义的关系中来考察普遍意义上的经验主义,那么被恰当理解的纯粹唯理主义所追求的不是其他,而是最终可以跟如在经验中所给予的那样的现实性相遇;反之,最狭义的经验主义自身除了下面这点外也不可能承认其他的奋斗目标:在每个个别的现象中,以及在一切现象的联络中发现理性,也就是揭开和昭示这一在个别现象和现象整体中必须被预设为前提的理性。摆脱了这一目的的经验主义必定只能把自己坦白为非理性。也就是说,经验主义不仅不跟得到了恰当理解的唯理主义(自康德开始,唯理主义就是这样完善自己的)相对立,反而是一种与唯理主义平行的现象,这种经验主义跟先前形而上学的那种独断化的唯理主义的关系全然不同,跟那种经由摧毁这种独断化的唯理主义而产生的纯粹唯理主义的关系也全然不同,我们德意志哲学直到今天还是这种纯粹唯理主义。如果人们跟着这种经验主义(除了德国,整个欧洲在一个时代之久都热衷于这种作为哲学唯一真方法的经验主义),跟着它直至返回其开端和源泉(在维鲁兰的培根那里)①,如果人们沿着这条道路的另外一侧,就会看到,这种经验主义是以何种规模、为何之故且如何自行展开的,那么人们必须确信,这种经验主义的根基乃是完全不同于可能乍看上去那样的,也就是说,其根基绝非对事实的纯然聚集。谁要是尤其在自然科学中观察到了那种对纯粹事实进行查探的热情,那他可能就不得不认识到,在这种热情中仍有某种更高的东西(尽管它

---

① 无论如何都需要注意的是,这种对经验性的或者经验研究的普遍热情首先是通过一种哲学上的转变点燃的,也就是说,是从哲学出发被点燃的。——作者原注

只不过是合乎本能地在运作),认识到一种处在幕后的构想,一种超出直接目的之上的欲求。因为除了通过一种至少晦暗的意识,即意识到在所有这些事实那里,还有比它们自身更为丰富的东西需要去处理,人们还当如何说明那些处在事实之上、本身至为精微的要点呢(特别是在自然史中,比如牙齿和爪子的数目和形状)?如何说明那种开启这些自然探索的宗教般的责任感?说明那种坚忍?借着这种坚忍,这些处在各种艰辛和困顿下,甚至常常带有生命危险的探索才得以进行下去。若无一种至少晦暗的感觉对自然科学家进行着道说——研究的热情要拓展直至其最终的边界,与此同时,从各种无精神的假设出发,逐步通过那种自身已得到纯化的经验主义,最终必定会碰到一个更高的体系,这一体系会与经验主义统合为一,并构造一个不可动摇的整体,这一整体自行展示为经验和纯粹思想两者完全相同的结果——人们该如何说明真正的自然科学家身上的这种热情呢?若无一种即便如此遥远却仍存在的预感,即对那种最终处在自然本身中、仿佛居于其中的经验主义来说,理性终会揭开那种天赋于自然中的逻辑之体系,而唯理论哲学的最高任务就是在思想中掌握这种经验主义,也就是说,其实存在着一个点,在这个点上,人类知识的两个潜能阶次,思想和经验(它们乍看起来并且甚至在今天都显得彼此相距甚远,或者彼此相分离)相互全然贯通,并共同构造了那个不会被克服的唯一整体,又当如何说明以上那些呢?这些想法本身毫无疑问就是培根的最终构想,那些毫无构想、囿于手艺的经验主义者可不是白白称培根为他们的老大的。诚然,直到今天,法兰西和英格兰真正的哲学家

XIII, 111

也是伟大的自然科学家①。但法兰西和英格兰的自然科学家或哲学家或许该学着来理解德意志哲学对经验主义的立场,这一立场本身也是经验主义,只不过是先天的经验主义。当他们把握了德意志唯理主义的意义并理解了它时,他们就不会再去要求,我们要让经验的,或者物理的事实先行于下述意义上的科学,这种科学乃是那种从自身出发、在自身中进展,但同时也直接在经验中自行实现的必然思想之科学,是唯一真正的存在学,面对这种科学,他们最好去斟酌斟酌,通过把他们自己的哲学式经验主义限制在对心理事实的考察和分析上,他们是如何把自己隔绝在真正经验主义的宏大范围之外的,真正的经验主义不把任何东西排斥在外,它不排斥任何现存于自然和人类及其发展过程的宏大历史中的东西,他们最好去斟酌斟酌,自己是如何把自己隔绝在这种宏大的经验主义之外的,纯粹的唯理主义(它以不排斥任何东西的方式囊括着整个自然,同时也囊括着历史中的种种宏大事实)真正力求的东西,必定会与这种宏大的经验主义相遇并最终现实地合而为一。

如果现在哲学的经验主义跟纯粹的唯理主义立场相对立,那么我们现在就该讨论两者间已得到暗示的第二种关系,并且碰到了这样的问题,即我们将之与唯理主义对立起来肯定哲学与哲学

---

① 在英格兰,出于某个此外还众所周知的原因(因为在英语世界,物理学[Physik]的意思是医学,physician的意思是医生,就像在我们这,法医叫Physici),哲学(这种所谓的哲学是跟自然哲学[natural philosophy]混杂在一起的)的意思是物理学,只消看看最新的化学杂志的标题或者报纸上关于理发师的广告,这一点就可以得到证实;要更直观地理解这一点,只需提一提最著名的、有两个世纪历史的英格兰期刊《自然科学学报》(*Philosophicals Transaction*[字面意思即哲学学报——译者注])就可以了,在它的许多卷里,人们要找关于我们在德国称为"哲学"的东西大抵是白费功夫。——作者原注

的经验主义间的关系是怎样的。因为实际上,当纯粹的唯理主义就是先天哲学的时候,对肯定哲学来说,除了是经验主义以外,似乎就没有什么其他剩余的选择了。但正如我已经表明的,纯粹的唯理主义并不把经验性之物排斥在外,所以肯定哲学也不太可能就是通常所设想的那种意义上的纯然经验主义,即那种根本不会谈及先天之物的经验主义。但肯定哲学和经验主义之间必定仍发生了某种关系。我的意图绝非否认这种关系。相反我只是想提醒大家注意,那种依据通常的说明跟经验主义这个词绑在一起的,是一个太过狭隘的概念。当谈到哲学的时候,人们通常所理解的经验只不过是我们从外部事物、外部世界本身的实存那里借助外感官获得的确凿之物,这种确凿之物或也可通过所谓的内感官(然而这种所谓的内感官无论如何仍是亟待批判的),从我们心中正发生的运动和变化中获得。也就是说,这里所假定的是,一切合经验性之物只可能处在外部或内部的感官世界中。如果经验主义变得彻底单调,那么它就否认了普遍必然概念的实在性;这种经验主义会走到甚至把法律和伦理概念也视作某种通过纯然的习俗和教育而成为我们自然本性的东西的地步,这大抵就是这种经验主义可能陷入的最深程度的狭隘。但要是认为,上述所有情况都必然地跟经验主义这个概念捆绑在一起,那就是不对的,比如黑格尔在他的《哲学科学百科全书》①里胡诌说,各种法律和伦理的规定及法则只表现为某种偶然的东西,进而其客观性被取消这一情况乃是经验主义的必然后果。

---

① 第二版,第213页。——作者原注

把经验主义本身限制在纯然感官性的东西上,仿佛它是经验主义唯一的对象,这是不对的,因为比如说,像我们中的一个人或所有人这样自由意愿和行动的理智生物,作为如此这般的东西,即作为理智生物是不落入感官之中的,尽管它仍然是一个经验性的理智生物,但充其量只不过是可被经验地认识的东西;因为没人知道在某个人内心中的是什么,除非他将之外显出来;据其理智和道德特质来看,人只可能后天地被认识,也就是说,通过他的表达和行为被认识。假如现在要讨论的是一个必须预设为世界之前提的自由意愿和行动的理智生物,那么即便是这种生物也不可能被先天地认识,即便是这种生物,也只能通过他落入经验中的行动被认识,也就是说,尽管它是一个超越感官的东西,但仍是一个唯有以合经验的方式才能被认识的东西。由此,这种经验主义就绝不把对超感官的东西的认识排斥在外,而人们通常都是这么假定的,即使是黑格尔,也把这种排斥预设为前提了。

人们必须区分两种东西,一种以现实经验为其对象,另一种据其自然本性乃是合经验的。在自然本身之内,存在着许多绝非现实经验对象的东西,但它也并不因此就处在那种至少可能的感官经验范围之外。但真如人们设想的那样,在这一范围的彼端,一切合经验的东西真会一下子全部中断吗?假如真的终止了,那人们也仍不会假定,一切就此终止了,或许甚至也不会假定,在这一界限之彼端,一切运动也会终止。因为这样的话,科学也会跟运动一道终止,因为科学在本质上就是运动。但人们说,在这里仍须被预设为前提的运动只能是一种在纯粹思想中才能被认识的运动,即

（如果人们前后一贯）被一切自由行动排斥在外的运动。因为一种自由的行动比某种只能在纯然的思想中被认识的东西更为丰富。但所有那些要把现实的发生事件、决断和行动延伸到感官世界之上的人都会反对这一观点。很容易看清：唯有决断和行动才能为真正意义上的经验奠基。因为比如说，如果在几何学中经验并无地位，那么之所以如此恰恰是因为，在这里，一切都可以由纯粹的思想来完成，因为这里并不需要预设一个发生事件为前提。相反，一切并非通过纯粹思想而实现的东西，也就是，我允许经验参与其中的东西，必定是某种通过自由行动而得到奠基的东西。以为一切合经验之物的原因自身不再可能是合经验之物，而只是一个被抽象过了的东西，是仅能在纯粹的思想中被设定的东西，乃是下面这种想法的主要动因，即比如说，就其被设想为一切经验性存在的最终原因而言，神因而也从一切经验性之物出发，比如从一切属人的东西出发才可能被设想。

也就是说，还存在着一种形而上学的经验主义，我们暂时可以这样来称呼它；由此，还有另一些体系（这些体系不同于那种感觉主义，后者是那种把一切认识都限制在感官知觉上，甚或否认一切超感官之物的实存的经验主义体系）也可以被归入哲学的经验主义这一普遍概念中。现在，各种不同的此类学说当然愈发迫切地需要一种详尽的阐述，这一阐述所涉及的乃是与肯定哲学相一致的目标，也就是说，它所指向的恰恰就是，去认识那个不可能出现在（现实的）经验中、超越于经验的东西。

第七讲　论哲学的经验主义，肯定哲学与启示的关系

经验主义中阶次最低的那种把一切认识限制在由感官而得的经验上，这种经验主义不仅根本上否认所有超感官之物，而且也否认它可以作为认识的可能对象。如果人们采纳了这种意义上的哲学经验主义，那他就根本不会觉得肯定哲学是唯理主义的对立物。因为肯定哲学只是否认，超感官之物能以纯然唯理论的道路得到认识，但这一道路却断言，超感官之物既不能以这种也不能以那种道路得到认识，它甚至最终并不实存。

但更高阶次的哲学经验主义是这样一种，它断言，超感官之物可以成为经验的现实对象，那么，在这一点上不言自明的就是，这种经验不再可能是纯然的感官经验，它自己反倒必定包含某种充满奥秘的、就其自身而言神秘的东西，所以我们基本上可以把这类学说称为神秘经验主义学说。在这类学说中，最低阶次的大抵是这样一种，即超感官之物的实存只能通过某种神性的启示（它同时也被设想为外部事实）才对我们而言是确凿无疑的。下一个阶次的经验主义是这样一种哲学，它尽管离开并超越了一切外部事实，却反过来把自己建立在某种作为不可抗拒的感觉的内部事实

上，尽管理性不可避免地导向无神论和宿命论，也就是导向一种盲目的必然体系，但这种感觉让我们确信神的实存。众所周知，这就是雅各比先前的学说，由于这种神秘主义，他多次受到抨击，后来他试过与唯理主义和解，确切地说是完全以他自己的方式，用理性来代替感觉，而这种感觉本身在先前只被赋予纯然的个体，如此一来，雅各比就搞出了下面这样彻头彻尾的怪事，即就其自身而言的理性，以实质性的方式，在没有任何现实的情况下，也就是先于一切科学地就是神的设定者和知识者了，雅各比甚至认为，通过一种十分流行的论证就可以证明他的这个看法，这个论证是一种刻板的三段论："唯有人知道神，动物不知道神。既然唯一地区分人和动物的是理性。那么理性就是直接启示出神的东西，或者是那个在我们内心中，凭借其纯然的此在就把对神的知识设定在我们心中的东西。"理性乃是一种直接的，亦即不通过科学的中介考察的关于神的知识，或者说，理性在自己身上已然设定了神，这个命题在那些乐意摆脱一切科学的人那里大受赞誉，但雅各比通过刚提到的那种三段论尝试证明理性对神的直接设定的方式，也值得细细批判一番。我们首先只阐释这个论证的大前提："唯有人知道神，动物不知道神。"德意志人有句古谚：我不知道的东西对我无所谓，也就是说，它不会促动我去支持或者反对，肯定或者否定它。如果大前提的第一个环节（"唯有人类知道神"）正是这种无差别的知识，那这种知识单独来看既不是肯定也不是否定，而是同时允许这两种情况，我是说，如果在大前提中所指的是这种知识，那么根据"结论中的不可以多于前提中的"这一规则，在结论中，理性就不可能是直接启示出神的东西,也就是说,不可能像结论所意图指出的那样是神的肯定者。为避免这一点,大前提("唯有人……")所指也就必须得是做出断定的知识。但如果人们假定了这种知识,那在大前提中"知识"这个词就是在两种意义上被使用的;因为:人类知道神就意味着:人类肯定神;动物不知道神就意味着:动物既不肯定也不否定神。如此一来,这种歧义性又造成了形式上的缺陷。不仅如此,大前提的第一个环节旋即也就成了错的。因为对神的知识或者肯定应该是像理性那样的人的类特质。但与这种普遍性矛盾的是,根据雅各比自己的断言(一切哲学都导向无神论),肯定神的人只不过是偶然才有的,但依照科学,唯有否认神的人才必然存在。如此一来,为了在材料上是真的,大前提必须得这样来说:唯有人类肯定或者否定神,动物既不肯定也不否定神。那么结论就只能是:如此一来,区分人类和动物的就是那个使人能够,即给他能力去肯定或否定神的东西(理性)。但就任何其他对象来看,理性也同样赋予人这种肯定或否定的能力;从形式上看,理性不是其他,就是 facultas, quidlibet de qualibet re sive affirmandi sive negandi [对一切的一切进行肯定或否定的能力]。如此一来,从这一点出发并不能证明理性是设定神的特别能力。

推论的小前提也需要探究一番,它说的是:"把人类和动物区分开的是理性。"这个命题显然只是从通常的语言或者说话方式那得来的,在通常情况下,人们把理性理解为人类一切精神特质的集合;这样一来,小前提中谈及的理性并非像在结论命题中那样是专指的,在那里,雅各比所指的并非无规定的理性,而是作为知性对立物的理性。雅各比也尝试过纯然通过通常的语言用法来支持这个命题，他说："从来没人谈论过动物的理性，但我们所有人都认识到了且称动物有知性。"在一个不必忍受知性败坏，也不必忍受知性过剩的时代，人们大抵也不会有理由如此大方地承认动物也有知性。除此以外，雅各比在这里所凭依的只不过是被说说而已的东西，而不是切中事实、每个人依据自己的经验就能对之做出判断的东西，所以我只是想强调，比如我常常听到有人说一匹有理性的马，相反，一匹大惊小怪胡蹦乱跳的马就是不理性的；此外，人们还谈论过动物所具有的某种疯癫或者疯狂，恰比如说发癫的马，那么从这一点就可以得出，人们把处在健康状态下的动物称为有理性的。对这些平淡无奇的断言，人们无须意义深刻的谚语，而是只需通常语言用法所说的质朴事实即可回应。我大抵听说过，有人提到，动物的本能与理性类似，却不提它与知性类似，这就涉及哲学上的意义了；我还听说过，人们把动物学习技艺的天性说明为某种在它们身上发挥着作用的理性，尽管动物并不据有理性，但它们却被理性所据有，仿佛被一种对它们而言陌生的精神所据有；此外我大抵可以理解，人们是如何能在本能行为中看到理性的，因为理性是某种纯然本质性的、潜能性的东西，是某种普遍的、非个体人格的东西，正如动物身上的本能也是某种非个体的东西，而是在一切个体身上都相同的普遍之物。这样的话，我就至少能以类比的方式理解，人们是如何能在本能行为中看到理性的；但我压根不理解的是，人们是如何能在这些行为中看到知性的，因为知性始终是某种现实的—个体人格的东西，是附着在个体身上的东西，正如为了不得罪别人,我必须承认每个人都有理性,但不必也同样承认每个人也同样有知性。除此之外,所有人都鲜有听说以语言用法来立论的,确切说来,是就理性和知性这两个表达来立论,雅各比对这两个词既没有深刻的认识,也没有表现出对语言用法哪怕一丁点的重视。他从1800年开始,把在1780年称为知性的东西称为理性,把它们颠倒过来了,确切地说,他在这二十年间把这两个词的角色完全互换了:他先前归罪于理性的东西后来又让知性来背锅,他先前在知性那里自吹自擂的东西后来又单独转交给了理性。

在第三种经验主义中,超感官之物通过下面这点成了现实经验的对象,即人类本质可能自失迷醉入神中,这一点的后果就是,不仅要假定一种进入神性本质的必然无缺的观视,而且也要假定进入创世之本质及其全部经过的观视。这种经验主义就是神智主义(Theosophismus),它首先是思辨的或者说理论性的神秘主义。对它我不打算详谈。不过此间需要注意的是,在这种经验主义中,所有的学说和体系都表明自己是跟先前形而上学的独断化唯理主义相对立的,所以后者根本就没有获得过独尊的统治地位,反倒总是有这种体系在身旁环伺,对这种体系我已经用神秘经验主义学说这个通名来刻画它。因为不管是从启示出发进行的推导,还是从个体性的、不可能再进一步说明的感觉出发来进行的推导,其中都包含着某种神秘的东西。也就是说,这种体系至少构成了唯理主义有力的对立物,它在任何时代、并且直到今天都绝没有在真正意义上被克服。唯有通过把一种真正的哲学跟它对立起来,它才可能得到克服。因为在这些体系中显示出来的要求,是不可能仅凭人们不假思索地将它们处理为非科学的就被支开的。这些体系诚然是非科学的,但也正因为这样,作为它们根据的那种要求就还没有得到满足。无论如何,这些神秘学说持续不断的实存都在为自己做着见证(即使是在整个中世纪,在学校里占支配地位、被教会钦点的经院哲学也被这些神秘学说挤到了一旁,这些神秘学说一直坚持到了宗教改革时代,并在此之后再度繁荣兴旺起来,并在雅各布·波墨那里达至顶点),哲学至今都无力看到,这些学说曾诚然仅以非科学的方式——神智主义同时大都仅以不可理解的方式,不可避免地在一定程度上重新落入神秘之物中——尝试或预想去完成的东西,跟以科学的、普遍可理解的、理性自己所信服的方式尝试去完成的恰好是同一个东西;但恰恰因为这一点,这些学说也就包含着对肯定哲学的要求,尽管这一要求无法由这些学说自己来满足;这些学说就是那个在近代代表了第二哲学(δευτέρα φιλοσοφία)的东西,它们见证了(现在又回到了我一开始的断言上),直到现在,至少据其要求或者潜能来看,哲学的两条路线始终都已然相邻而在了。

现在愈发必要且需首先得到开解的是,我们所展望的肯定哲学跟这些神秘学说的关系是怎样的。因为前者之所以不可能跟后者中的任何一种相同是因为,前者必须坚持作为哲学,也就是科学,后者则相反,就算它们没有放弃思辨性的内容,也还是放弃了科学的形式和方法。这一展开过程的结果自发地就会带来对肯定哲学与启示间关系的详细讨论;但那个时候我们就不再会回到神智主义上了;因此我现在只想单独来说明肯定哲学和神智主义间的关系,尽管对肯定哲学方法的展开过程接下来会自发地表明,肯定哲学跟唯理主义体系和神智学都没有什么共同之处。但肯定哲学毕竟是一种新的发明,它尤其让那些断言"哲学终结了"的人十分不爽。在这些状况下,人们在文献史里随便翻出某个名目或者某个声名狼藉的范畴来把新发明的东西置于其下是再正常不过的;人们指望用这种方式来免去进行反驳的麻烦。

但我自己难道没有给出把肯定哲学和神智主义联结起来的动因吗?前者所意愿的跟后者所力求的乃是同一个东西,这一点已经说明过了;区别不过在于,前者是以科学的道路,后者是以非科学的道路,进而是无方法地尝试去达到目标的。两者间的关系当然可以这样得到规定。但这样一来,某个无知者也可以用同样的理由鄙视天文科学或者化学科学,因为它们分别取代了占星术和炼金术的地位。处在神智主义根底处的东西(神智主义在其根底处至少在材料上达到了一种科学性的或者思辨性的意义),也就是处在雅各布·波墨的神智主义根底处的东西,乃是一种就其自身而言值得肯定的力求,即力求把事物从神中的产出把握为一个现实过程。但除了把神性本身跟某种自然进程搅在一起,雅各布·波墨不知道还有什么其他办法能办到这一点。而肯定哲学的特点恰恰就在于,它拒斥任何这种意义上的进程,也就是说在这种意义上,神不仅会是某个进程的逻辑的结果,而且也会是其现实的结果。就此而言,肯定哲学其实是处在任何一种神智学式力求的直接对立面的。黑格尔看不起波墨,并且在他的《哲学科学百科全书》第二版序言里抨击著名的弗兰茨·巴德尔,巴德尔认为,黑格尔哲学中一个需要被指责的方面在于,它让物质直接从神中被产出,进而对物质来说,神这个永恒的起点就是它作为精神永恒地重新进入或者说返回自身的条件,对这一指责,黑格尔十分倨傲地表示:事物从神之中的产出并非出于他的任何一个范畴,他在此并没有用到范畴,这根本就不是范畴,只不过是一种象征性的表达。但黑格尔却反倒令人吃惊地用到了"允释"(Entlassen)这个范畴。这个"允释"难道就不是象征性的表达了?"允释"到底是什么意思也没有得到说明。然而从神的那方面来看,跟这个"允释"相应的,肯定就是允释产出(即对神自己所允释的东西的产出),也就是自然,进而是物质从神之中的产出,同样,尽管在黑格尔看来,逻辑中的神仍然被锁闭在它的永恒性中,但处在现实的、逻辑外自然中的神必定已经从它的永恒性中走出来了。

在他的宗教哲学中,黑格尔关于三位一体,尤其关于圣子是这样说的:尽管他是圣子,即一个不同于圣父的他者,但他也不可以始终都是圣子;因为尽管在这里区别已经得到了设定,但区别也恰恰以被设定的方式永恒地又被扬弃了;这就"仿佛只是一场自己与自己相爱的游戏(这无疑极具启发性),以此方式,严格意义上的他在(Andersseyn)并不会出现"[①];对这个说法来说——如果严肃地来看待——必要的是圣子已经包含了作为他在的他在这一规定,即作为一个外在于神且无神的现实之物(据此,也就被规定为了一个已从神中走出东西),也就是作为世界而显现。据这里所有的哲学概念来看,圣子明确地被当作了世界的质料,因为他不仅是他者,

———————
[①]《黑格尔著作集》,第二版,第十二卷,柏林,1840年,第248页。——作者原注

而且也被设定为他者的他者,这样一来,他就成了世界。据此,只要圣子仍作为圣子,即仍处在明确的区分中,他就首先只表现为可能性,亦即表现为未来世界的质料。黑格尔讲的所有这些东西,跟任何可能在波墨那里出现的东西一样,都是神智学式的,唯一的区别在于,波墨那里的这种泛神论性质的东西乃是某种源初性的东西,是由某种宏大的直观真切地承载的,但在黑格尔这里,这些泛神论性质的东西跟哲学联结在一起了,黑格尔哲学毋庸置疑的特质在于,它是最纯粹的散文,也是完全没有直观的清醒呆板。真切地迷醉于直观的人,即使跟跄蹒跚,人们也不会责怪他,但在天性上其实呆板清醒,却仍乐于装得蹒跚跟跄的人,人们对他就不会那么客气了。

对于波墨,人们可能不得不说,他是人类历史上的一个奇迹,尤其是德意志精神史上的奇迹。人们可能会越来越忘却,德意志民族蕴含着怎样发自天性的深刻精神和心灵的财富,这个时候人们就该想到波墨,他用自己的方式超越于人们试着强加于他身上的普通心理学说明,这就好比神话不可能从普通心理学出发来说明。正如各个族类的神话和神谱先行于科学,波墨向我们所描绘的神之诞生也先行于近代哲学的一切科学体系。波墨生于1575年,勒内·笛卡尔生于1596年。波墨直观到的东西和他直接投身于自然所获得的东西,在斯宾诺莎(他死于波墨出生后近百年)那里才表现为唯理主义,并得到了完善,但斯宾诺莎诚然缺乏波墨身上的那种宏大的、完全被排挤到哲学之外的自然直观;因为斯宾诺莎的物理学跟笛卡尔的那种纯然机械性和无灵魂的物理学毫无区别。波墨其实有创作神谱的禀赋,但也正是这一点妨碍了他把自己提高到理解自由的创世,继而恰由此提升到理解肯定哲学之自由的层次。众所周知,波墨多次谈到了自然之轮或者诞生之轮,这是他最深刻的觉知之一,他以此表达了那种与自身角力、意愿分娩自己却不能的自然中的力量之二元性。但他自己其实恰恰也是这样的轮,他自己就像这种意愿分娩出科学却不能的自然。波墨在精神上的轮转无定之所以出现乃是因为,他在徒劳地尝试摆脱那个支配着他的实质性的东西,并尝试挣脱入自由的科学。如果这个贯穿于整个自然、诚然也经历了整个进程的实质性本原,在当下人类此在的种种条件下再次自行提升,以便直接地去进行知识——仿佛把那个曾经使它中断的进程在自身中重演一遍(波墨正是这么做的)——,如果这个本原为了直接去进行知识,在没有更高活动的帮助,即在没有进行分解剖析的理智的帮助下就自行提升,仿佛是为了从这一进程中直接进行生育,如果这些发生了,那么这个本原就只可能表现为一个对自身无力,仿佛跟跄踹跚、无知无觉的自然。从外部来看,波墨在精神上的轮转无定还表现在下面这点上,即他在每一步上都要重新开始,总是把已经得到充分说明的开端又挑明一遍,却没有继续深入下去,或者说原地踏步。在这些开端中,他总是令人惊奇地在描述一出自然的真实戏剧,即自然跟自己角力、渴求自由和醒悟,但它却没有能力过渡入现实运动,而是始终在一个点上绕着自己轮转不休。一旦波墨越过了自然的这些开端,进入具体之物,人们就不再可能跟得上他了;一切线索在这里都断了,剩下的总是一种要把波墨从他直观的混乱概念中拉出来、描述清楚的徒劳努力,不管人们是依次用康德、费希特、自然哲学,乃至最终用黑格尔的概念来描述波墨,都是徒劳。

我们首先已把神智主义树立为唯理论哲学的对立物,也就是哲学中唯理主义的对立物。然而根本上来说,神智主义所谋求的,只不过是超越唯理主义,但它却无法现实地挣脱自己的那种纯然实质性的知识。这种知识就是唯理主义在其中得其本质的知识,就它把一切现实排斥在外而言,可以被称作实质性的。对唯理主义来说,通过行动,比如通过自由的创造不可能产生任何东西,它只认得纯然本质性的关系。对唯理主义来说,一切都是 modo aeterno,也就是永恒的、纯然逻辑性方式的结果,是通过内在的运动而产生的;然而还有一种伪唯理主义,比如那种想通过绝对精神的自由外化来说明世界之产生的唯理主义,它根本上想断言的就是行动性的创造。伪唯理主义恰恰就因为这一点而接近神智主义,两者都差不多是在纯然实质性的知识中开始的;神智主义固然意愿克服这种知识,但它没有做到,这一点在波墨身上看得再清楚不过了。然而绝没有任何一个其他的精神像波墨那样在这种纯然实质性知识的炉火里苦熬过;对他来说,神显然就是世界的直接实体;尽管他意愿神对世界的自由关系,一种自由的创世,但他却无力端出这些。尽管他自诩神智学,也就是要求它成为神性之物的科学,但神智学被赋予的内容仍不过是实质性的运动,进而这一内容也只是在实质性的运动中阐述神。据其自然本性来看,神智学的非历史性并不逊于唯理主义。但真正历史性的和肯定性哲学的神并不运动,而是行动。唯理主义陷入其中的那种实质性运动乃是从一个否定性的在先者出发的,即从一个非存在者出发,它自己必须运动入存在;但历史性哲学则是从一个肯定性的,即存在者的在先者出发的,它自己并不需要运动入存在,也就是说,它唯凭完满的自由,在没有任何从自身而来的强制的情况下,去设定存在,确切地说,这个存在并非它自己的直接存在,而是与它的存在有别的另一个存在,在这一存在中,在先者的存在反倒以被否定或者被悬置的方式被设定,亦即始终仅仅被间接地设定。唯有对"自己的存在是否存在"这一点无所谓的才称得上是神,而为了自己的存在去操心,要为自己赋予一个存在,要把自己分娩在存在中的东西称不上是神,波墨表达的就是后一种情况,他恰恰把神性存在物的诞生,神性的诞生表述为最高科学,即神智学的内容,这一内容因而也就是真正意义上的神谱。如果我们把神智学这个现象(因为神智学始终都是个现象,尤其在波墨那里)说明为回落到了前科学的进程中,说明为尝试追忆前科学的神谱进程,那上述说法确实是有根有据的。但肯定哲学诚然不可能是神智主义,其原因就在于,肯定哲学恰恰已经被规定为哲学和科学了;而神智主义却不愿把自己称为哲学,并且只愿以放弃科学的方式从直接的观视出发进行讨论。

但现在的问题是,我们所意愿的这种科学——肯定哲学——以怎样的方式是哲学,又会以怎样的方式成为科学呢?

如果在我们用以刻画各种哲学学说的种种范畴中,除了经验主义不可能还有其他学说跟唯理主义对立,那么作为唯理主义的对立物,肯定哲学也就还是不能拒绝以某种方式和在某种意义上是经验主义。如此一来,问题又回到了这一点上:肯定哲学跟经验处在何种关系中?它跟经验的关系是跟那些神秘学说一样还是完全不同?一切神秘学说的共同点在于,它们都是从经验——从出现在经验中的某种东西——出发的;至于这个东西是什么,则完全无所谓,比如无论是从现象还是从基督的奇迹出发,都是一样(在先前的时代曾有过一种毫无思想的历史性神学,它极力避免任何与哲学的接触,因为这种神学自己认为,一切对神之此在的哲学论证都要被清除,最好能通过基督的奇迹来证明神的实存),无论从我们心中对实存的浩瀚无际的感觉出发(唯有实存的神才能满足这种感觉),还是从对神性者的直接观视出发,也都是一样的,总之这些神秘学说总是从某种在直接或者间接经验中被给定的东西出发的。我现在只想扼要地说——因为先前做的暂时性区分已经够了,这里仅仅涉及一种暂时性的区分——肯定哲学跟神秘学说一样,都不是从纯然处在思想中的存在者出发的(因为这样的话,它就又会回落到否定哲学中),也不是从某种在经验中出现的存在出发的。如果肯定哲学并不从某个处在思想中的存在者出发,也就是说根本不从纯粹的思想出发,那么它就会从先于或外在于一切思想的东西出发,也就是从存在出发,但并非从某个经验性存在出发,即使经验性存在也已经被我们排除在外了。此外,就一切在经验中出现的存在都在自己身上包含逻辑的知性规定,否则就会完全无法得到表象而言,经验性存在也仍只是极其相对地外在于思想的。如果肯定哲学从外在于一切思想的东西出发,那么它就不可能从某个纯然相对地外在于存在的东西出发,而是只从绝对地处在思想之外的存在出发。但现在,这个外在于一切思想的存在,既超越于一切经验,也同样先行于一切思想:它也就是肯定哲学从中出发的彻底的超越之在,并且也不再可能只是像潜能阶次(它为理性科学提供了基础)那样纯然相对的在先者。这正是因为潜能阶次之为潜能阶次,即作为非存在者,包含着过渡入存在的必然性,所以我就把它称作纯然相对的在先者。假如肯定哲学从中出发的那个存在也只是一个相对的存在,那么在它的本原中就会蕴含着过渡入存在的必然性,如此一来,倘若这个存在会由于这一本原屈从于某一必然运动,那么肯定哲学也就据此落回到否定哲学中了。也就是说,既然肯定哲学的开端不可能是相对的在先者,那就必须是绝对的在先者,即不包含自行运动入存在的必然性的东西。如果这一在先者过渡入存在,那这只可能是一桩自由行动的后果,进一步来说,行动本身只能是某种纯粹经验性的东西,它根本上只能是后天可认识的东西,正如一切行动都不是能先天地被看清的东西,而是只能后天地被认识的东西。

也就是说,就肯定哲学并非从经验出发而言,它至少不是经验主义,它既不是那种误以为在直接的经验中就能据有其对象意义上的经验主义(比如神秘主义),也不是那种试图从某个在经验中被给定的东西,即一个经验性事实出发,通过推论达至其对象意义上的经验主义(我之所以仍需把这种经验主义也排除出去,乃是为了把肯定哲学跟唯理论的独断主义区分开,后者在证明神之实存的时候,在一定程度上也是以经验性的事实,比如以合目的地被排设的自然为基础的)。但如果肯定哲学不从经验出发,那么这也并不妨碍它走向经验,进而以此方式从后天来证明它必须去证明的东西,也就是证明它的在先者乃是神,即超存在者(Überseyende)。因为肯定哲学从中出发的东西并非先天地就是神,它唯有后天地才是神。是神的那个东西并非某个 res naturae[自然的存在物],不是某个自明的东西;它是一种 res facti[实事性的存在物],由此唯有在事实上才能得到证明。这个东西是神。这个命题的意思并不是:在先者这个概念就等于神这个概念;它的意思是:这个在先者是神①,这并非据概念而言,而是据现实而言。诚然,如果肯定哲学并不从经验出发,那他就必定是一种先天科学。就此而言,它因而就又跟否定哲学无所区别了,因为我们赋予肯定哲学的那一特质,即"不出自经验而是走向经验"对否定哲学也适用。情况确实如此,但区别在于:肯定和否定哲学两者都有一种对经验的立场,但各不相同。对后者来说,经验完全是确证性的(bestätigend),而非证实性的(erweisend)。唯理论哲学在其前进的内在必然性中才有其真理;所以它就是独立于实存的,正如我们先前所言,就算无物实存,这种哲学也会是真的。如果在经验中现实出现的东西和这种哲学所构造出的东西一致,那它自然会对它完全指明的东西欢喜,但它并没有在真正的意义上证实它们②。肯定哲学对经验的立场则完全不同。它走入经验本身中,仿佛跟经验长在一起。即

---

① 德文原文为:jenes *Prius* ist Gott,这里的"是"并不是表示概念的同一性,而是一种使动用法,表示使某物存在,使某物是其所是,即一种"使……存在"的活动;汉译未能表达这一点。——译者注
② 关于这一点见前面的 60 页及以下,以及《神话哲学导论》第 376 页。——作者原注

使它是先天科学,但它从中出发的那个在先者并非纯然因为先于经验,所以必须前进入经验,这个在先者超越于一切经验,因而对它来说,根本就没有进入经验的必然过渡。处在自由思想中的肯定哲学,以有证可考的序列从这一在先者中得出的先天之物或者出现在经验中的东西,不再是作为如否定哲学所得出的那种可能之物,而是作为现实之物:唯有得出作为现实之物的先天之物,这种先天之物才有进行证明的意义和力量。借着这一点,我就可以完全清晰地说出我的意思:并非绝对的在先者自己应被证明(它超越一切证明,它是绝对的,通过自身就确凿无疑的开端),也就是说,并不是它自己(绝对的在先者)应被证明,而是出自它的后果,必须在事实上得到证明,借此,必须被证明的乃是这个在先者的神性,即它是神,也就是说,证明神实存。如此一来,我们要说的就是:这个有这样那样概念(比如超存在者)的在先者,可能会有这样的后果(我们不是要说:它必然会有这样的后果,因为这样一来,我们就又落入必然的,即通过纯然的概念被规定的运动中了,我们只可以说:如果在先者意愿,它就可能会有这样的后果,这一后果依赖于它的意志)。但现在这个后果是现实实存的(这个命题乃是以经验为基础的命题;这一后果的实存乃是一桩事实,一桩经验事实)。也就是说,这一事实向我们表明,即这一后果的实存向我们表明,即便是在先者本身,也如我们已经把握的那样是实存的,即神是实存的。诸位看到,在这种论证方式里,在先者始终都是起点,即始终保持为在先者。在先者从它的后果出发被认识,却非以先行于其后果的方式被认识。a posteriori[从后天出发] 中的介词

a[从]在这里的意思并不是 terminus a quo[起点], a posteriori 在这里的意思是 per posterius[通过后天之物],通过其后果,在先者被认识。先天地得到认识恰恰意味着:从某个在先者出发被认识;这样一来,先天地得到认识的东西也有一个它从中出发得以被认识的在先者。但绝对的在先者并没有在先者,它不是从某个在先者出发被认识的。也就是说,是绝对的在先者就意味着:并非先天地被认识。如此一来,在这一点上,就那种在经验中出现的东西本身成为哲学的要素和协作者而言,在肯定哲学中才存在着真正意义上的经验主义。

否定和肯定哲学间的区分可以这样最为明晰扼要地表达:否定哲学是先天的经验主义,是经验之物的先天主义,但也恰因为这一点自身并非经验主义;与之相反,肯定哲学是经验的先天主义,或者说,是先天之物的经验主义,就此而言,它 per posterius [通过后天之物]把在先者证实为实存着的神。

就世界而言,肯定哲学是先天科学,但这种先天科学是从绝对的在先者出发被推导而得的;就神而言,肯定哲学则是一种后天的科学和认识①。

---

① 人们通常把后天认识理解为那种比如人们在其中从结果回溯到原因的认识。在这种认识里,证明的顺序是对事情顺序的颠倒,因为结果无一例外地只是后果,只是结论,但原因是先行之物,是在先者。如此一来,在这种推论过程中,据其自然本性是结论的东西,为了证明的需要被人为地假定为逻辑上的在先者(而正因为这一点,这种证明就叫后天证明,也就是那种在其中,真正意义上的后来者被当作逻辑上的在先者,即被当作起点的证明),而据其自然本性是在先者的东西,即原因,在这一证明这里,就成了逻辑上的后果和结论。但在肯定哲学中,"后天证明"这个词不是在这种通常意义上讲的;因为它不是从结果追溯到原因,而是反过来从原因前进到结果;原因,正如它据其自然本性乃是在先者,(转下页)

肯定哲学走向[①]的那种经验，不仅是确凿无疑的，而且也是从开端到终点的全部经验。协助肯定哲学进行证明的，并非经验的某个部分，而是整体经验。但也正因为这一点，这一证明本身也就不只是科学的开端或者一个部分（至少不是某种被放在哲学顶尖上的三段论证明），而是整个科学，也就是整个肯定哲学，——肯定哲学不是其他，正是不断前进、始终成长，步步加强的对现实实存之神的证实，因为神运行于其中的现实王国既没有完成也没有完结——，即使自然现在已处在终点且已停滞，历史中也仍存在着运动和持续的前进，因为既然现实王国并非一个已得完结的王国，而是以不断前进的方式与其完成相对立的王国，那么肯定哲学所进行的证明也就绝未结束，由此，这门科学也只是爱—智慧（Philo-sophie）。因为就其所寻求的和在终点才拥有的乃是最高知识（即 σοφία[智慧]）的对象而言，理性科学乃是哲学，它在其道路的终点拥有这一处在概念中的对象。但另一方面的任务是，把这个作为纯然有待认识或知识的已然停驻或已被觅得之物，作为一个已被现实地认识和知识的东西去达成，这个肯定性的方面之所以也是哲学，是因为它只能以下述方式达成其目标，即它所进行的证明不会在任何个别的环节中被给定，相反，这是一个不断前进的证明。此外，哲学跟数学、特别是跟几何学（它同样也是纯粹的理性科学）的根本区别也包含在这一点

XIII, 131

（接上页）在这里同样也是证明的在先者。从因果的这一（自然的）位置出发，就可以得出，在这里，原因（神）是后天地或者通过后来者被证明或证实的，而结果（世界）是先天地被推论出来的或者说先天地被把握的。——作者原注

[①] 在作者此前的一些讲座里，肯定哲学，因为它不是回溯性的，亦即不是从经验出发向着超越于经验的东西进行回溯的，所以也被刻画为进展性的经验主义。——编者注

中,后两者也同样是纯粹的理性科学。而否定哲学和几何学已经通过下面这点得到了区分,即在否定哲学中,跟一切已经获得或设定的东西同时被给予的乃是对后继之物的预设,进而一切先行之物的实在性只能以悬置的方式被道出,因为它们都有赖于后继之物:唯有在第二潜能阶次继之而起的情况下,第一潜能阶次才在,只有第三潜能阶次继它之后出现,第二潜能阶次才在;相反,即便人类理智从未达乎其上,欧几里得著作的第一卷,他的第一、第二、第三命题也都可以单独成立,并始终都会是真的。但现在殊为特别的是,肯定哲学的对象乃是那个尽管在先前的阶次上已经足够充分,但也因而仍未完结的证明之对象;在后起的研究中始终仍可能出现与先前研究间的矛盾。在肯定哲学这里,即便当下也绝非界限,相反,观入未来的目光反倒就是在当下自行开启的,未来也不会是其他,而正是在对那种超越并支配着存在的力量之实存不断前进的证明,它所证明的不再仅仅是否定哲学专注其上的存在者,而是超存在者。由此,整个肯定哲学就是一种始终不断前进的认识,始终都只是爱—智慧,它绝非僵死停滞,进而在此意义上独断的科学。但也正因为这一点,肯定哲学所做的证明只是为那些意愿不断前进和思想的人而做的,只是为明智者而做的,而不是像几何学证明那样,是个人都能以之强行得出一些狭隘乃至荒谬的结论,然而如果某人不愿意,我也不能强制他通过经验变得明智,所以《诗篇》里也讲,愚顽人在他们的心里说:神是不存在的。

肯定哲学是真正意义上的自由哲学;要是有人不意愿它,对它不闻不问,我只好听之任之,我要说的只是,如果有人比如说意愿现实的过程、意愿自由的创世这类东西，他就只能在肯定哲学的道路上拥有所有这些。如果对他来说，唯理论哲学就够了，在这种哲学外他不需求任何东西，那他也就喜欢这样待在这种哲学上驻足不前，只是他必须放弃，凭借唯理论哲学并在其中去意愿那些这种哲学在自身中根本就不可能拥有的东西，这些东西恰恰就是现实的神、现实的过程和神对世界的自由关系；支配着这些东西的混乱现在必须终止。没人会比我更珍视唯理论哲学，我甚至会赞许那些重返课堂接受纯粹理性哲学教育的学院青年，我认为他们是幸运的。因为对现在那些自吹为唯理主义者的人，我根本就不承认他们是；他们只不过是这样一种人；即他们所提出的只是一种对唯理论的和超唯理论的哲学令人作呕的混合，在这种玩意里，两者都没有被正当地对待。

在这一点上，否定哲学和肯定哲学另一重区分同时也自行突显出来了。前者是一种全然锁闭在自身之内、已然达到一个持存不变终点的科学，因而在这种意义上是体系，相反，肯定哲学不可能在这同样的意义上叫体系，这恰恰是因为它绝没有绝对地锁闭。对于肯定哲学，人们要把体系理解为这样一种哲学，它通过第二种意义上确定的、肯定性的断言把自己鲜明地跟前一种体系区别开（在这种意义上，许多人都在渴望一个体系，并且自以为能够幸运地成为它的宣告者，因为每一个人，即便是最无能的人，也乐于断言某些东西，但他们忘了莱辛的话：要去断言首先得有个头①；正因

---

① 在这里莱辛玩了一个语言游戏，在德语里，断言（behaupten）这个词里包含了头（Haupt）这个词，这里的意思是，进行断言必须有根有据。——译者注

为这样,实则不断言任何东西的否定哲学才必须被推到其界限之上),在这里,人们把体系理解为诸种认识的整体,它以一种鲜明的断言为基础,在这种意义上,否定哲学就不是体系了。相反,肯定哲学作为主要在进行着断言的哲学,在此意义上乃是一种卓异的体系。把体系的种种不同含义标画清楚,这是非常值得的。

如果我们现在假定,在肯定哲学向之演进的经验现实中,有着诸如启示这样的东西,那么肯定哲学通达这一出自在先者的启示之方式,跟它通达现实的自然、现实的人类以及现实意识的方式并无不同。所以启示并不是源泉,也不是起点,比如对所谓的基督教哲学来说它就是起点,在这一方面,肯定哲学跟基督教哲学是 toto coelo[彻底]不同的。启示在肯定哲学中出现的意义跟自然以及人类的总体历史在其中出现的意义并无不同;启示赋予肯定哲学的权威,与肯定哲学其他所有需要去解决的课题所赋予它的权威并无不同。因为比如说,即便经验观察到的行星运动对天文学理论来说是权威,可一旦它跟有数学计算参与的实际观察到的运动不一致,它的权威地位也就到此为止了,进而就不能再自诩完全精确和正确了,所以是自然科学的课题赋予了研究它的那门科学权威,这样的权威诚然才是不可动摇的。

此外,尽管下面这回事情已经得到了再三澄清,即肯定哲学是把宗教内容作为它自己的内容来拥有的,但它仍会拒绝自称或被称为宗教的哲学,因为这样一来,比如说否定哲学肯定也会被称为非宗教的哲学,当它即刻可能把宗教仅仅作为绝对主体性的宗教,而不可能把宗教作为客观的,甚或启示的宗教来涵括时,上述那种不恰当的命名就会发生。假如真有非宗教的学说,那这种学说也不该被称作非宗教的哲学;这样的话,它就被塞进了过多的东西;它跟某种据其最深根据而言的非伦理学说一样,都不可能是哲学,因为毋宁说,正如常常被强调的那样,唯有下面那种哲学才堪当哲学之名,才满足真正的科学性要求,即在其中,一切本质性的概念同时具有深刻的伦理和思辨意义。所以也正因为这一点,肯定哲学必须得拒绝"宗教的哲学"这个名头,因为宗教的真正概念和内容正是由肯定哲学发现的,也就是说,宗教概念和内容是不可已经被预设为前提的,进而一旦人们并不把它们预设为前提,那么"宗教的哲学"这个标签也就是全然无规定的了。因为既没有许多种不同的伦理系统,也根本没有许多种不同的宗教;因为即使是异教徒也有宗教,而那些在祈祷的时刻或者在其他传统却肤浅的事工上获得启发的现代基督徒,也以为自己有宗教。如此一来,人们就还需进一步地来谈论基督教哲学:既然存在着许多极为不同的观点使基督教哲学得以被如此称呼,那么为了能完全确定地谈论它,人们就必须再更进一步来谈论比如"天主教哲学",法国的一个派别和德国的许多地方已经这样做了;如此一来,人们随即就可能会把新教科学和新教哲学设为天主教哲学的对立面,并且可能认为,在某个天主教国家用最好的谓词来描述天主教,然后在新教国家用另一些最好的谓词来描述新教,是并非没有好处的。但某种必须寻求天主教或新教帮助的哲学,绝不是某种已然存在的东西,也绝非某种几近不再存在的东西。如此一来,人们也就不得不听凭这些哲学享有"宗教哲学"这个普遍的标签了,这些哲学在这个标签里大抵看到了这样的好处，即它们首先害怕的是跟任何其他哲学处在冲突中或者陷入冲突，害怕被其他哲学怀疑为非宗教的，所以就会用这种方式努力把自己变成仿佛被授予特权的哲学。

此外，如果我们拒绝把作为形式本原，即 principium cognoscendi [认识本原] 的启示赋予一切哲学，那么现在也就要拒绝把它赋予肯定哲学（因为意愿信仰且能够信仰的人不会去进行哲思，而进行哲思的人恰恰因为这一点就会宣告说，纯然的信仰无法满足自己），我是说，为了说明肯定哲学之为肯定哲学仍然必定是基督教哲学，人们可能会指出，一切近代哲学都是在材料上独立于基督教的；因为人们太习惯说，如若没有先行的启示之光，哲学绝不会从自身出发就达至其对象和关于这些对象的观点。但借这一说法得到证明的东西又太多了。人们大可以完全相同的方式把"经验性哲学"这个名头强加给一切哲学，因为倘若没有一个处在经验中的如此这般的世界，不仅不会有哲学本身，也不会有诸如古代近代那样有其特定内容的哲学。但如果要特指一种哲学，它外在于自然，并意愿在其展开过程中一并把握无限丰富的整个人类世界，进而也意愿一并把握基督教这个宏大的历史现象，并将它把握为自身的一个环节，那么就算没有下面这一点，这种哲学也是可被理解的，即一旦要为这种哲学奠定基础，它就一定已被认为立足于基督教之上了。但即便如此，这种强调也并不包含任何特别的东西，尤其不包含任何关联于基督教的东西。因为如果有人始终以哲学之整体为意图，并可能有望现实地完成这一整体，那他就必须思想得更远，必须首先已经斟酌过了一切，把一切都已纳入自己的考量中。但如果人们从那个让人回忆起哲学在其历史和材料上独立于基督教的说法中想到的，乃是某种完全让基督教处在自身之外的哲学，那这个说法的意思就是：如果这种哲学不把基督教已经当作自己的历史前提预设，那它甚至也根本到不了独立于基督教的程度，所以这个说法尽管说出了某种真实的东西，但这些东西同时也过于一般，以致又丢掉了一切特别的关联，因为如果基督教不实存，不仅哲学，还有国家以及一切人类事物都将处在哪里呢？但即便只谈论当下最微不足道的东西，人们就可以把宏大的"过去"这一环节抽走吗？没有这一环节，对当下的谈论即刻就变得不可能了。如果可能像通过一个化学过程进行萃取那样，从一个人身上把构成了他过去和当下的东西抽取出来，那么除了"自身"或者"自我"这种纯然空洞的名头，还剩什么呢？人根本就谈论不了这种空洞的自我，或者说，除了根本无所传达之外，无法更恰当地谈论它了。

如果有人认为，真正的哲学和基督教哲学是同义的表述，那他就必须在一切事物之先为基督教本身构造一个比通常观点更高的理念，因为根据通常的观点，基督教只被理解为一个大约从一千八百年前才首次开始出现在世界中的历史现象。这个人必须把基督教表达为真正的普遍者，也就为世界奠定根据的东西，并根据这一点说：基督教跟世界一样古老，但这句话在这里的意思显然不同于英国的自然神论者丁达尔(Tindal)，众所周知，他有一本书用的就是这个标题，在这本书里，他把基督教当作一种纯然的理性宗教，这样也就可以轻易地说，基督教跟创世以及人类理性一样古老了。

如果基督教只被视为历史现象,那么即便我们只是在基督身上看到了苏格拉底的更高形态,我们的哲学也不会独立于它;因为如若没有独一无二的苏格拉底,独一无二的柏拉图和亚里士多德,我们的哲学就会完全是另外一副样子。在这个意义上,谁还可能动念头去否认,我们的整个教化,进而还有哲学只是在历史上外在地依赖于基督教的呢?通过这种依赖性诚然被一道规定的,还有我们构想的内容,也就是哲学的内容;但如果这一内容持续地停留在这种依赖性中,也就是说,如果它只是被动地接受权威,那它恰恰就不会是哲学的内容。如果它名副其实地是哲学的内容,那么它恰恰由此就已经成了我们自己的思想的内容,成了我们属己的、独立于一切权威的洞见。关于这一点,我还想通过一个比较来说明。众所周知,肉眼只用望远镜就能看到木星的四个卫星;但确实也存在那种能明见千里的人,不用望远镜也能看到它们。这个事实是我首先从齐默曼(Zimmermann)论经验的书里知道的。后来我常有机会直接去观察它们,此外我还知道有一位还活着的女士,可以凭肉眼看到这四颗卫星。假如现在有一个天文学家和一个物理学家要测试四颗卫星分别相对于木星的瞬时位置,并且用肉眼来描绘它们,那么最精确的肉眼描绘跟望远镜看到的也会完全一致。但现在还可能发生这样的情况,假如有一颗人们不能用肉眼觉察的小恒星先前已经通过望远镜被看到了,那人们很快也会只用肉眼去看它,肯定有很多人(比人们想到的还多)就是以这种方式凭肉眼去看木星的四颗卫星的,对此我毫不怀疑。但这些人现在不再依赖望远镜了,他们确实能凭肉眼去看那四颗星星了。同样,如果没有启示,哲学无疑也认识不到许多东西,起码不会像现在这样已经认识到了它们;但哲学现在能以自己的眼睛去看这些对象,因为它尊重一切真理,也包括启示的真理,唯有这些真理已被哲学转化为独立且自身已得到认识的真理,在这个程度上,哲学才是哲学。诚然,如果一种哲学一开始就没打算把基督教这个宏大的现象也排斥在外,反而尽可能地像对其他对象那样,在它与其他全部对象的联络中来把握它,那么这样一来,这种哲学就必然得把它的概念拓展到先前的界限之上,以便有能力把握基督教这一现象;但其他对象也以完全相同的方式为它们所关联的科学施加了修正其概念,以及根据状况而提高的必要性,直到这门科学与其对象处在同样的高度。这就正如人们现在或许会声称,没有一种哲学是完善的,比如那种把自然排斥在自身之外的哲学,也同样没能力把握基督教,它绝不可能已达到了终点;因为基督教也是宏大且意义重大的世界现象之一,就其特质而言,它跟自然有同样的实在性,并且跟一切其他有其自身特性的现象一样,都据有一种正当性,都不可以被那种次好的、恰恰为了每个人都可理解而被用于这些现象上的说明歪曲。实际上,基督教在现代已经被纳入到哲学把握的对象中了;但正直的人很快就会发现,一切纯然的逻辑性体系(它们已经以不自然的方式延伸到了其界限之上)都无法做到这一点,除非人们不仅剥夺基督教的外部特质,而且也剥夺其内在的历史性特质,迄今为止所有把基督教唯理论化的尝试最终都走到了这一点上。但迫切要求哲学超出纯然逻辑性的体系的,绝不只是启示,正如我们所见,在哲学本身中也蕴含着一种促使它超出纯然逻

XIII, 138

辑之物的必然性①。由此,启示哲学这个概念已经在一般意义上得到了正当性确证。

人们已经试过了让自己习惯启示哲学(Philosophie der Offenbarung)这个表达,并也已经谈过了一种启示的哲学(Offenbarungsphilosophie)。这种表达同时也显示出了一个好处,就是可以让人们认为,这里谈论的乃是一种源自启示的哲学,它处在启示的权威下,也就是说,如此一来,这种哲学其实已经终止作为哲学,即终止作为被全然自由地产生出来的科学了。可谁要是跟着这种哲学的展开过程继续下去,谁就即刻发现,情况并不是他所认为的那样,启示哲学所指的,跟那些以类似构词方法组成的东西是完全一样

---

① 此外,我已经——尽管只是在各种暂时性的讨论中——把肯定和否定哲学彼此对立为历史性的和非历史性的哲学,并以此说明了这两个表达的意义;然而传播开的只有这两个表达,我做的那些说明却大都没有超出离我最近的学生圈子。所以历史性的哲学只得到了这样的理解,即仿佛在它之中,知识会像通过炼金过程被提炼,也像通过一切先天的处理方式那样,直接从历史性的材料被获取。另一些人以为,历史性的哲学被理解为人们通常称为历史哲学(Philosophie der Geschichte)的那种东西,并把它跟我的"世界时代"联系在一起,这些人毫无理由地就随意把历史性哲学称为第四部"世界时代"。另一种误解是,仿佛将来不会再有哲学,而只有一种对哲学谱系式的展开,历史哲学仿佛就在这一展开的基础上被确立和教授的。我必须为同时代的人讨回公道,让他们在这件事上起码不会由于过大的期望而令我难堪。当几何学家从三角形的自然本性出发来证明,三角之和等于两个直角的时候,除了自己的思想运动,并没有其他运动使几何学家从三角形的自然本性中得出这一结论:在对象自身及其特性之间,除了思想别无他物;具有这一特性的三角形自身绝不先行于自己的特性,也先行于那个它由以接受这一特性的东西。三角形只不过是据其概念,亦即仅仅在逻辑上先于这一特性。如果斯宾诺莎把几何学真理用作典范来讨论,如何从神的自然本性中得出个别的有限事物,而他的方法跟几何学一样,是无时间的、永恒的方法,那么他对世界的说明也就完全是一种非历史性的说明,相反,与这一说明对立的乃是基督教学说,在那里,世界是一种自由决断的结果,一桩行动的结果,这个意义上的世界可以被称为历史性的。也就是说,在哲学上被使用的"历史性的"这一表达,并不涉及哲学中的知识类型,而是只涉及知识的内容。——作者原注

的：自然哲学、历史哲学、艺术哲学等等，也就是说，启示在这里乃是作为一个对象，而不是作为源泉或者权威被意指的，它作为权威，诚然至多也只是跟刚刚说过的自然或历史这些对象一样，是以思想的方式被考察的，并赋予思想权威。如此一来，人们——不管是有意还是无意——由"启示的哲学"这一表达激起的这种错误看法，对每个主动去进一步了解它的人来说，诚然都已经消失了，然而对一些没有机会或者意愿去主动了解它的人来说，这种偏见仍一直保留着，但人们知道，对一件事情来说，人们有多么乐意去逃避对它的反驳，因为人们从未把握到它，只是通过那种偏见的激发而在表面上赢获了它。尽管人们现在不假思索地不再说自然哲学（Philosophie der Natur），而是说自然的哲学（Naturphilosophie），并且长久以来的习惯也使下面那种误会不再可能发生，即比如以为自然哲学是艺术哲学的对立物，或者比如当人们谈到自然哲学家和艺术哲学家的时候，就以为跟在近来偶有机会听到的自然诗人和艺术诗人是同一回事。但人们仍得提防这样的情况，即比如不说国家哲学，而说国家的哲学，因为人们喜欢把后者理解为一种受国家保护和偏袒的哲学，或者一种依照国家行政机构当下的基本法则来安排的哲学，关于这种哲学，人们自然有许多例子可举。如此一来，人们大可也用同样的方式来讨论启示哲学这一名目。然而人们在此间已经走得更远，进而已经把启示的哲学用作整个哲学体系的名目了，在这一体系中，启示哲学只不过是一个部分或者一种运用，正如人们先前并不把自然的哲学只称作体系中专门围绕自然的那一部分，而是把它称作整个体系，这样做在一定程度上也并非是无意的,但整体也就由此陷入了怀疑,这种学说就好似跟法国的百科全书派一样,对它来说,唯有物质自然,也就是物质本身,才独具实在性。关联于启示,人们现在大抵可以区分两种哲学,对其中一种来说,启示的内容是全然不可理解的东西,也就是思想无法据有的东西,而另一种诚然拥有去把握启示之内容的手段。但人们也就由此不会把后者专门地称作启示的哲学了,因为它大抵仍会延伸到更多的东西和其他的东西上,它要把握比纯然的启示更多的和与之不同的东西,甚至它之所以要把握启示,是因为它首先就已经把握了其他的东西,也就是现实的神。因为仅凭一个作为纯然理性理念的神,现实的宗教是无法被设想的,遑论现实的启示。如果我们把那种对现实的神进行着把握,进而也根本上不仅把握着事物之可能性,而且还把握着其现实性的哲学称作肯定哲学,那么启示哲学也就成了肯定哲学的一个后果或者一个部分,但它并不会成为肯定哲学本身,而人们或许已经用这种乐见的方式把启示的哲学,即纯然源自启示的哲学冒充为肯定哲学了。

据此,我现在要纠正另外一种可能的误解。一听"启示"这个词,人们在它身上想到的可能也就是某种行为,通过它,神性成为任何一个个体人类意识中种种表象的原因或者开创者。那些神学家——他们并不认为基督教启示的内容就其自身而言是真的,而他们之所以这样反倒只是因为,由他们所宣告的内容是神亲自注入的——肯定会特别强调这一行为。我现在并不是想否认,在启示哲学中或许会出现这样一个位置,在这里,一种启示的可能性和不可能性会在这种行为的意义上得到探究,然而这个问题在启示哲学中任何时候都只是一个次一级的问题,并且如果它确实包含了一个答案,那么这个问题将会在超出这个特殊问题的一系列探究中得到回答。启示哲学并不关联于"神性行为"这种纯然形式上的东西,这种行为无论如何都只会是一种特殊的行为,启示哲学所关联的乃是启示活动中的普遍者,并首先关联启示的内容和普遍的宏大关联脉络,在它之中,启示的内容本身才是可把握的。启示的内容首先是一种历史性的内容,但并非通常意义上或时间意义上的历史性内容,这一内容尽管在某一特定的时代被启示,亦即在某个特定的时代介入世界性的现象,但据事情而言,就算这一内容没有得到启示或者被遮蔽,"在对世界进行奠基之前",在世界被置于其根据上之前,它就已经现成存在且被预备好了,据此,它的本源,以及对它真正意义上的理解要追溯到超世界的东西(Überweltliche)上。也就是说,这样的内容才应在启示哲学中成为哲学的内容。如果要严肃地对待这一点,亦即如果这一内容确实在其全部的真理和特质上应成为哲学的内容,那么诸位就会看到,一种能够如此来接纳这一内容的哲学,必须具有一种全然不同于迄今已然支配着大多数领域的哲学的特性。这才是在严肃对待启示哲学。必须作为启示哲学之首要法则提出(并且已经提出了)的是,把哲学与启示联结起来,要做到这点,既不可牺牲哲学,也不可牺牲启示,两者皆不可错失,亦不可遭强制。比如我们或许已经在某种无疑非本真的意义上理解了启示,在这种意义上就会出现人类意识种种意想不到的胡乱拓展,或者出现各种出乎意料的开解,它们或许会被某一门科学所得,并可能被称作这门科学之精神的

XIII, 142

种种启示,假使真要在这种意义上来把握启示,那么这尽管是一项简单的任务,但它却并不堪当哲学的任务;同样,倘若人们把启示的内容(首先要处理的就是其内容,因为借着内容,过程也就自发地得到了把握),我是说,如果人们只把启示的内容仅承认为普遍的或者所谓的理性认识,那么为了能把启示的各种具有最高特殊性的真理消解在这种普遍认识中,最后必定就会求助于对内容和形式(或者说内容的外衣)进行区分,这样一来,再在启示上操闲心也就不值得了。如果除了理性中的东西之外,启示并不包含更多东西,那么启示也就压根没啥意思了;它唯一有意思的地方恰恰只在于,包含了某种超出理性之上的东西,包含了某种比理性所包含的更为丰富的东西。这种超出理性之上的东西是如何能被思想的,又是如何在许多情况下确实已经得到了思想的,会在接下来得到指明。然而就算一切只能通过经验被认识,但在普遍的人类历史中,甚至在鲜明殊异的个体的行动和行为中,都存在着许多超出理性之上的东西,这是不可能从纯然的理性出发被把握的。所以一个理性的人仍然不是世界历史的英雄。实际上,如果启示不是某种特殊的东西,如果启示不包含任何就算没有它人们也已拥有的东西,那就不值得在它身上费劲。或许我不该一开始就说出我要放弃这种常常能帮到其他人的救急手段。一些人或许会因此首先就已经感到畏缩,或者至少会对这一探究反感。然而我压根就没指望仅靠一些偏见或者暂时性意见就得到公正的评判。想听我讲的人,自然会听到最后;很可能有人在听课的时候会发觉某种全然不同于他据自己目前有限的观点所指望的东西,对这样的东西,那些通常的和为今人所熟悉的对一切超出理性之上的东西所提出的异议是没用的。然而我仍想强调下面这点。如果启示乃是某种具有实在性的东西，进而现实地是某种实事性的东西，——并且这一点是我们必须预设为前提的，因为如果实事性的东西只处在其纯然普遍的外衣中，通常的认识就足以去把握它——，而既然恰恰必须去看清启示现实地是某种实事性的东西，那么毫无疑问，对此仍需要另一些不同于迄今已然归于启示这一现象的历史性中介和奠基；如果启示根本上有待奠基，那么它唯有在某种更高的历史联络中才会得到奠基，在某种更高的历史联络中就意味着，在一种超出启示本身之上的，也超出作为特别现象的基督教之上的历史联络中，它不同于人们通常现成可见的那种联络。所以我暂先提醒大家注意我在《学术研究方法论》中涉及神学的几个讲座，为这几个讲座提供基础是这一种构想，即基督教的概念作为一种启示的概念，唯有不仅联络于先前的（旧约的）启示，而且也要联络于宗教的展开过程本身，进而首先也得联络于异教才是可能的。就我个人而言，我不谴责任何不思索这一中介也不认识它的人，这些人甚至已经决定即刻就放弃作为事实的启示，继而用这种最便捷的方式，通过弃置启示这一对象来消解这个任务。但现在即便对这个问题，即这种对事实进行的历史性中介，只能接下来再处理。可主导性的大问题始终都会是：一种哲学如何能与那些前提预设（它们恰如已经被道出的那样，出自启示的实在性）相协调，这种哲学并非随便某种次好的，而是堪当哲学之名的哲学，尽管这当然也可能让人觉得，在人们开始着手研究以哲学把握的方式探究启示的手段以前,启示的事实首先就要得到恰当的担保,然而这里的情况是不同的。因为我已经承认,并且其他人也会乐意承认,凭某种当今的哲学是不可能实施这个计划的。尽管还没有哲学可能会放弃去寻求与启示的关系,康德就把保持他的哲学与基督教的关系作为他最后的任务(这想必就是他的《单纯理性限度内的宗教》,它是粗俗的唯理主义的主要根基,且尚未被完全遗忘),但两者(现实的哲学和启示)曾经共处其中的关系,对此两者而言仍始终过于强制和痛苦,致使它总被自己再次取消,从来不能持续下去,相反,较之于这种过于错误和不真实的关系,每个正直的思想者必定更为倾向那种明显具有敌意的关系,不管是在先前还是在极为通常的情况下,哲学和基督教都是彼此相对立地被置入这种关系中的。从所有已经道出的东西中所得出的结论就是,如果不把哲学拓展到它现有的界限之上,那一种启示哲学就是不可设想的。但这种仅由于启示就要对哲学进行的拓展,看起来无疑会有相当的歧义性。然而我们已经在到目前为止的演讲中为这样一种拓展进行了奠基,它反倒对我们而言表现为现成存在于哲学自身中的必然性之后果。但正是这一讨论的最后一点使我们再度面对了那种似乎不可克服的二重性,根据这种二重性,哲学可能不得不二分为否定和肯定哲学。我们是被下述意图推动来实施这一区分的,即去表明,这两种哲学就像在古代哲学中一样,其实是两条可以区分的路线,正如在近代,这两条路线反倒更为明确地一直并列实存着,对肯定哲学的尝试和对纯粹唯理论哲学的尝试一样,迄今还没有哪一方已经克服了另一方,或者一方能把另一方吸纳到自身中,然而对哲学的一体性来说，两者仍是不可或缺的。哲学的整个历史（正因为这一点，所以我才在刚刚的讨论中走到了哲学史上）都在表明否定和肯定哲学之间的斗争。甚至康德本人在他的《纯粹理性批判》中就有一个极具意义的教例，名曰纯粹理性的反题，在其中康德提出了他的四种二律背反，亦即四种矛盾，在面对伴随着自身的宇宙论理念时，理性必定会陷入矛盾中。除了这四个二律背反，还有什么其他对否定与肯定哲学间的对立更为恰当的表达吗？就其规则来看，康德二律背反的正题落脚在肯定的一面，反题则落脚在否定的一面。因为比如说，让世界延伸至无限或者无规定，要做到这一点不需要任何东西，进而其实什么东西都没有借此被设定，因为设定一切界限的缺席就意味着，根本上不设定某物，因而其实就是设定无。相反，设定界限乃是某件事情，因而是一种断言。但二律背反作为矛盾只是由于下面这回事情才出现的，即那个其实并不去断言的东西（反题）被当作进行断言的东西，与之相反，实际上在进行断言的东西（正题），则被当作理性自己进行的断言。据其自然本性并不进行断言的理性不可能也去设定界限，相反，断言了某一界限的哲学必然超出理性之上，它所知道到的必定多于凭借纯然的理性去知识到的。如此一来，所谓的二律背反并不像康德假定的那样是理性与它自身的争执或者冲突，相反，二律背反乃是理性和那个比理性更为丰富的东西间的矛盾，这个东西其实就是肯定性的科学，到了这一步，我认为，我的命题"哲学的这两条路线一直共存至今"也已经得到了来自康德的著名例子的佐证，康德很可能认识到了这一对立的存在，尽管他的哲学是以对现实实存的神的要求（如他所言，这是预设），因而根本上也就是以对肯定哲学以及一种超出纯然理性科学之上的东西的要求而结束的，但他确实还没想到一种肯定哲学的可能性。然而看到这一点并不妨碍康德有下面这种偏见，即理论哲学必定是理性在其中纯粹从自己出发的科学，纯粹的理性科学只可能是理论哲学。所以他对肯定哲学的要求只有对实践和伦理生活而言的意义，却没有对科学而言的意义。

第八讲 论哲学的统一性以及向启示哲学的过渡

但我们现在就要听任这两种哲学间的对立吗?各位还记得,我们只是暂时在这一对立形式中假定了这个结论,但还没承认它。现在,这一点就是决断之所。但为了能去决断,我们必须转回到一个处在这一对立之上,且完全自由于此对立的立场上,而恰恰除了哲学本身之外,不可能还有其他立场,这一立场是刚刚才第一次到达哲学的人的立场,是还没有把自己规定为某一特定立场的立场。但即便是在这个立场上,即使其他所有暂先的规定和说明仍被坚持,也必须得看清,在一切科学中,哲学乃是独一无二的科学,它不可能从其他科学那里获得其对象,而是自己给予自己对象,自己来规定其对象,也就是说,必须自己来获得自己的对象。根本上来讲,哲学乃是这样一门科学,它不遗留任何未经讨论的东西,并且在任何时候都走向那些最终的根据;如此一来,即使是它自己的对象,它也必须首先去设法赢得并为之奠基,因为哲学不可能允许自己的对象从经验中,甚至从任何其他较高级的科学中作为纯然的偶然之物被给予。基于这一立场就可以说,哲学的第一要务必定就是去发现和奠定自己的对象。数学可能会由于其对象而指向对普遍者的需求,或者指向哲学。没有人要求数学由于其对象而对自己进行正当性确证。但哲学必须首先寻找其对象。但当它在寻求自己的对象,即寻求特属于它的对象的时候,它不能首先排他地只专注在这一点上,它根本不可能首先就把一切排斥在外,它必须穿越一切可能的对象,以便通过排除和扫清其他全部对象,来到达那个它自己主动将之视为自己的认识对象的东西上。但即使是这些可能的对象,哲学既不可以偶然地就采纳(比如出现在经验中的对象),也不可以允许来路不明的对象被给予自己,即便这种对象是哲学自己必须去确保的;哲学不仅要去确保其内容,而且同时也要对之进行完备的枚举并按合理的顺序排列它们。但唯有当哲学从普遍的可能性,即从作为理性的纯然直接内容的存在者出发,并发现一切会如何从中出发而进入存在,发现在存在中首要的是什么,紧接着的又是什么,并如此进展下去(在此过程中,先行者必定总是作为通向后来者的阶梯来服务于哲学)时,哲学才能做到上面那一点。但这样一来,哲学从一开始就(它一开始就必须去寻求其对象并设法获得它)被放到了可能性或者普遍在先者的立场上,据此也就被放到了指向一切存在的先天位置上。但这个位置恰恰就是唯理论或者否定哲学的位置,基于这一点就可以明白,如果哲学想要描绘它的整个范围,那它根本只能作为唯理论哲学开始。在这一进程中,哲学终会到达一个最终之物,它不可能继续向前延伸到这个最终之物之上,进而由于这个最终之物,哲学也就不可能再以同样的道路像对待其一切先行环节那样去指涉经验。因为在经验中只存在超出纯粹思想之上的东西,但那个最终之物乃是不再能外在于思想(即以经验的方式)而存在的东西,并且在它之中,哲学才第一次认识到它自己的对象,即特属于自己的对象。这个最终之物乃是持立于存在之上,不再过渡入存在的东西,它是那个我们已经将之称为存在者自身的东西;它不再纯然是存在者,而是存在者自身,即在其真理中的存在者,因而也就是被哲学自开端始所本真意愿的东西,它并非纯然是 cognoscibile[可被认识之物](因为其他任何东西也是可被认识的),而是 maxime cognoscendum,即最值得认识的东西 [τό μάλιστα ἐπιστητόν](当然,亚里士多德用这一表述形容的是其他东西,但也可以用在这里)。进而它不仅是最值得认识的东西,而且也是以最完满的认识,即在最纯粹的知识中才能被认识的东西,因为据其自然本性,它乃是全然的存在者,它不是潜能阶次,而是全然的现实,纯粹的现实性,其他一切东西(从潜能过渡到现实的东西)因而恰恰只是由非存在和存在(由潜能阶次和现实)混合而成,由此只是某种知识和非知识混合而成的对象,进而只能是一种不纯粹不完满的知识对象,我们把这种知识恰恰称作经验性的知识。我们对一切经验性的知识既知亦不知,这一点非常容易得到表明,因为据其自然本性来看,这种知识只是部分可知的,其中被思想为纯粹现实的那部分并非潜能和现实的混合,而是亚里士多德意义上纯粹的 ἐνεργεῖ ὄν[现实存在者],全然的存在者,在其中完全不存在任何来自非存在,即来自不可认识者的因素。如此一来,这个全然的存在者必定也是全然的可被认识者:按柏拉图的说法, παντελῶς ὄν[全然的存在者] 也是 παντελῶς γνωστόν,即全然的可被认识者,同样,最值得认识的东西也是那个实际上唯一最配得上"实存"的东西。因为所有其他由否定哲学让渡给其他在进行现实认识的科学的东西,可以说只不过是着眼于那个最终之物才被允许存在的,它们被设定为通向这个最终之物的不同阶次,进而作为它的先行要素,并不具有就其自身而言的意义,由此也就在自身中并不包含真理,而是唯有在与最终之物的关联中才有真理。

如此一来,这个具有如此特质,唯因是全然的存在者而在纯粹的知识中才能被知识的东西,在哲学达到了它之后,并不会被哲学让渡给其他在进行现实认识的科学,哲学也不可能任由它未被认识;毋宁说,哲学自己主动把它预留为本己的对象,较之于它,哲学把一切先行的科学看作虚无,看作对哲学而言非存在的科学,哲学把这个对象本身系在自己身上,以求借着它去产生现实的认识,但诚如可以直接看清的那样,这一点不再可能在同样的路线上做到,而是只能在一种新的、完全重新开始的科学中做到。也就是说,正如现在已经明白的那样,哲学在其中曾是一切科学之科学的效用在这一点上终止了,这些科学彼此之间的叠层关系都按照科学之科学得到了确立,这些叠层关系同样也可以在对各种甚至毫无缺陷的方法的恰当运用中同样得到展现,就像地质学展现(共同构成地壳的)各个地层彼此间的上下顺序一样。作为一切科学之科学的哲学的特点在于,它不能在自身中设定现实的认识,反倒只能将之设定在各门科学中,而自己就是这些科学的科学。如此一来,就一切科学的科学也是不进行知识的科学而言,它在这种意义上就是否定的科学。但从这一点出发,哲学也就不再把知识设定在自身之外,而是设定在自身之中,进而不再是不进行知识的,而是自身在进行着知识的科学,也就是肯定性的科学,尽管哲学作为这一种科学的同时还作为那一种,但两者都是哲学,它在前者那里作为否定的科学是因为,它寻求的是那个首要的、最值得知识的东西,在后者那里作为肯定的科学是因为,它必须把已经觅得的东西,即最高知识的对象,即σοφία[智慧]的对象带入现实的认识,而这种科学的宏业就在于,恰恰不把否定性科学的最终之物,即关联于其他一切实存者的超实存者,作为纯然最高的理念来证实,而是将之证实为现实的实存者。

现在根据这些规定,在我们完全离开迄今所讨论的对象以前,否定和肯定性科学间的区分仍可以按下面的方式来确立。在否定性的科学中,一切处在开端和终点之间的东西都只是相对真的东西,也就是说,并非真正的、名副其实的真的东西,不是真的东西自身;每个环节作为通往真的东西道路上的点才是真的,但它们并不是真的东西自身,即存在者自身。作为这种在终点处才有拥有真的东西的科学,否定性的科学自身仍未处在真的东西之中,也就是说,它还不是真的科学,尽管它也并不因此就成了错误的科学(因为它仍走在通往真理的固定道路上)。相比于真正的科学(它并非在终点处才拥有真的东西,而是自身就处在真的东西中),独立地来看,或者单独地来看,否定哲学还满足不了哲学之名;它唯有通过自己最后的环节,通过向着肯定性科学的关联才配享这一名称。这一点极其重要,从这一点出发才能导向对关联于哲学而产生的那种二重性的完全消除。因为否定哲学自己还不是哲学,相反,它唯有处在向着肯定哲学的关联中才是哲学。相对于肯定性的科学,否定性的科学总是自满于第一科学(πρωτή ἐπιστήμη)的名称。就这一点来说,如果它自满于第一科学这个名称(作为第一科学的否定性科学就是作为一切科学的科学),那它就要把最高科学这个名称归于肯定性的科学,正如否定哲学从中出发的那个先于一切存在的东西只是 primum cogitabile [最先可被认识的东西],而超越于存在(在这个意义上它当然也先于存在)并作为肯定哲学之任务的,乃是 summum cogitabile [最高可被认识的东西]。处在第一科学和最高科学之间的是所有其他科学,当哲学作为否定性科学先行于一切的时候,它就同样作为肯定性科学为一切做出结论,所以诸科学的整个范围就在哲学之间得到了闭合①。在最终洞见到必然要向着肯定哲学演进这一点上,康德和同一哲学之间也是有区别的,后者已经早早自行展开到了要求肯定哲学的程度。当康德在他批判的最后从理性中支开一切肯定性的(独断性的)东西时,从得到了恰当理解的否定哲学那方面来看,产生了跟同一哲学完全一样的对肯定哲学的要求;但同一哲学跟康德的区别仅在于,它是把肯定性的东西以肯定的方式排斥在外的,亦即同时在另一种认识中设定了它,这是康德不曾做到的。但尽管我们以一种无可

---

① 否定哲学只是 philosophia ascendens[进行着攀升的哲学](从底部开始攀升),从这一点出发就可以直接地看清,它只可能有逻辑的意义,而肯定哲学则是 philosophiea descendens [下降的哲学](从高处下降)。如此一来,两者一道才划定了哲学的全部畛域,同样,如果这种二重性仍需进一步的说明或者讨论,那么人们就可以完全轻松地把它归结到在学校里按常例所教的逻辑的理论哲学和形而上学上,前者根本上来讲只是逻辑(生成的逻辑),而一切真正的形而上学要素则归一种哲学(即肯定哲学)所有。——作者原注

置疑的方式看清了，哲学唯有在两种科学中才能自行完成，但现在仍有一种假象，即仿佛存在着两种不同的、相邻持立的哲学，这种假象当然可以被称作哲学的丑闻，通过刚刚的讨论，它已经消失无踪了。很明显，否定哲学必须设定肯定哲学，但当它设定后者的时候，它当然也使自己仅仅成为对肯定哲学的意识，就此而言，它不再外在于肯定哲学，反倒自身隶属于它，也就是说，哲学仍还是一体。在只围绕肯定哲学做的演讲中，否定哲学也就只会处在这一关联中，进而当然也就作为引导，并由此也就以得到了精缩的形态出现；但这一点并不取消它作为自立科学的要求。毫无疑问，取代先前经院哲学地位，为科学研究本身和一切专门的科学研究赋予普遍荣耀的必定就是唯理论哲学。作为纯粹的理性科学，作为人类精神纯然由它自己的手段培育、从自己的材料中获得的发明，理性科学始终都傲立在前并宣示着它独立自主的尊严。

当它自称理性科学的时候，它有理由用这个自豪的名字修饰自己。但作为理性科学，它的内容是什么呢？其实就是对理性的持续性颠覆。那它的结果是什么呢？无非就是，只要理性仅把它自己当作源泉和本原，那它对现实的认识就是无力的。因为在理性面前仅仅始终同时是存在者和可认识者的东西，乃是超出理性之上的东西，因而理性必须把它让渡给另一种认识，即让渡给经验。也就是说，在此进展过程中，理性并不拥有任何为它自己而在的东西，它只是看着自己的内容自行消退，即便是借着那个持立不变的一，理性——理性单独地——也不能开启任何东西，也不能借着这个一使自己的内容得到认识。但只要肯定哲学恰恰使那个在否定哲学中作为不可认识者而驻足不前的东西得到了认识，那么就此而言，肯定哲学正是通过帮助理性获得对那个它已将之认作自己独有且持存不失的内容的现实认识，让在否定哲学中已经屈服的理性重新挺立了起来。如果否定哲学自己只会驻足不前，那么对理性自身来说，它就不会给出任何肯定性的结论，在面对其本己的内容时，进行着认识的理性恰恰是始终得不到满足且徒劳无功的。由此，在肯定哲学中，否定哲学作为思想在其中首次现实地达成其目标的科学凯旋了，思想在达成其目标之后，就从它直接的，亦即偶然的内容中摆脱了出来，并通过这一点而变得有力量支配其必然的内容，进而现在它是在自由中指向自己的内容进行观视的，先前它并没有在自由中指向自己的内容，也就是说，因为在先前，偶然的内容仿佛处在理性与其必然内容之间。如此一来，在其真理中，亦即就其是哲学而言，否定哲学自身就是肯定哲学，因为它把肯定哲学设定在自身之外，进而二重性也就不复存在了。哲学自开端之际的最初意图就是指向肯定哲学的。历史表明，一切纯粹的唯理论探究在起源上有多晚，人类精神专注各种表象的时候就有多早，从纯然唯理论的立场出发来看，这些表象都是超越的（transscendente）表象。肯定哲学乃是源初地就始终被意愿的哲学，但因为它被错失了，或者说在错误的道路上被寻求，所以它招致了批判，从这一批判出发，通过我已经表明的那种方式，随后就出现了否定哲学，但它恰恰唯有作为否定的哲学才有其价值和意义，也就是说，就其并不意愿自身成为肯定性的，反倒把肯定哲学设定在自身之外而言，它才有其价值和意义。肯定哲学可以单独开启,因为它是从绝对的在先者,从通过自身就确凿无疑的开端出发的;如果它把否定哲学预设为前提,那这只不过是它自己的意志;而否定哲学也可以单独存在并且对肯定哲学一无所知,也就是说,假如它有能力自己进行所有现实的认识,它就会这样,但当它把自己规定为哲学的时候,它如何能做到这些呢?倘若如此,它就必定要终止自称为哲学,正如康德并不把他的批判称为哲学,而恰恰只是批判。如果批判自称哲学,那它又如何能经受住与哲学这一名称相系的诸多普遍要求呢?人们向哲学要求的是现实的神,而非神的纯然理念。哲学如何谋得在它之中始终停滞为不可认识者的现实的神呢?或许哲学首先会说:在理性之中的神,只是理念,对我们来说,它必定只有通过感觉才成为现实的。但如果现在有个人认为,理性的这种破产恰恰是对的,因为以他的构想,他觉得把一切限制在感官世界上是正当的,当他诉诸感觉来表明,现实的神恰恰只不过是我们感觉、心灵和想象力的造物,根本不是客观的东西,不仅基督教,一切宗教的理念最多只有一种心理学意义的时候,又会如何呢?在雅各比和其他那些除了唯理论的和否定的哲学外其他一概不知的人之后(他们正由于援引感觉——而理性只知道去否认的神唯有对感觉而言才能实存——被赞许甚至被承认为基督教哲学家),人们如果现在才跳起来对抗这种结论,那就太奇怪了。除了否定哲学本身独一地尚能拥有一个现实的神的那种方式之外,人们还能给它找到其他更好的方式么?我指的是下面这种观点,即恰恰通过人类精神的展开,通过它朝向越来越高的自由的前进过程,即根本上朝向越来越高的否定性的前进过程,神

XIII, 154

自身就会得到实现,也就是说,神根本就不在人类意识之外此在,其实人就是神,神只不过是人,后来人们甚至把这一点刻画为神的人化(与之相应的则是一种人的神化)。如果人们看到,这种努力已经发展为何种彻底失态的自我陶醉,竟意欲徒劳地凭借唯理论哲学去达到基督教的理念,那么人们就不会说,肯定哲学把否定哲学预设为给自己进行奠基的前提,反倒毋宁会说,否定哲学才是由肯定哲学奠基的,因为唯有通过肯定哲学,它才会举止得当,才能够依于自身、与自身相等同地保持在合其自然本性的界限之内。

我已经说过,否定哲学首先是保留给课堂的哲学,而肯定哲学则是保留给生命的。两者一道人们才会获得必须从哲学出发去要求的那份完整的荣耀。众所周知,在厄琉西斯秘仪中,有小秘仪和大秘仪之分,前者只能算作后者的预备阶段。新柏拉图主义者就把亚里士多德哲学称为哲学的小秘仪,把柏拉图哲学称为大秘仪;但就柏拉图哲学并不像大秘仪紧随小秘仪那样紧随亚里士多德哲学而言,这个说法并不合适。但肯定哲学其实就是得到恰当理解的否定哲学的必然结果,所以人们完全可以说:在否定哲学中举行的是哲学的小秘仪,肯定哲学中的则是大秘仪。

现在仍需做的是,进一步指明朝向肯定哲学的本原、开端的过渡,确切说是更进一步指明从否定哲学出发向肯定哲学的过渡。

唯理论哲学所专注的并非现实的实存者,而是可能实存者。但后者作为可能实存的东西,乃是这样一种潜能阶次,它不再是潜能阶次,相反,因为它是存在者自身,所以是纯粹的现实。因此我们可以把它称为存在着的潜能阶次。但即便是这个最终的东西,首先也只不过是否定哲学中的概念。但现在诚然就可以问,这个始终仍只能被先天地看待的最终之物,能以何种方式实存。在这个问题中,下面这点即刻自行展现了出来,即那个并非潜能阶次,自身反倒是现实的潜能阶次,并不是通过从潜能向现实的过渡而在的;如果它实存,那它只能先天地存在,只能以存在为在先者;所以我们也可以把它称作被翻转过来的能在者,也就是那种潜能阶次在其中是后来者,现实是在先者的能在者。

XIII, 156

在一般意义上,即便是以往的形而上学也仍然进展到了这一构想上,其中的最高点是,现实乃是首要的,潜能阶次是紧随其后的,只不过以往的形而上学诚然错误地运用了这个存在先行于一切潜能阶次的构想,尤其是在存在论证明中对它进行了颠倒地运用(之所以叫存在论证明,是因为实存会从神的纯然本质出发,先天地、在没有任何源自经验的东西参与的情况下被推导出来)。人们已经尝试过以各种不同的说法来表述本体论证明,这恰恰因为它被视为最具形而上学特质的东西,进而仿佛被视为所谓的唯理论神学的堡垒。即便是莱布尼兹,也尝试过把存在论证明回溯到一个在他自己看来无可辩驳的三段论上。但即便是在这个三段论里,它的全部论证效力都是以神的定义为基础的:Deus est Ens, ex cujus essentia sequitur existentia[神是那个实存得自其本质的存在者]。但从神的本质、自然本性和概念(这几个表达就是同义的)出发所得到的,永远不会比下面这个结论更多:即如果神实存,那它必定先天地就是实存者,它不可能以其他方式实存,但从这些概念中并不能得出,他实存的实情。但如果人们把 ex cujus essentia sequitur existentia[实存得自其本质的存在者] 理解为必然实存者自身,亦即除了仅仅是实存者之外不再是其他的东西,那么除了下面这一点,人们通常对此也不会进一步地去想到任何东西,即恰恰因为它是实存者,所以它当然不需要任何对它实存的证明;想要从那个恰恰只被设想为动词意义上的实存者的东西出发,去证明其实存,这根本就是废话①。但这个恰恰除了是实存者以外不是任何东西,也没有任何概念的东西(启示哲学就是以这个先行于自己概念的东西开启的)绝不是神,在斯宾诺莎身上其实很直截地就可以看到,他的最高概念正是这个纯然的实存者,斯宾诺莎本人是这样来描述它的:quod non cogitari potest, nisi existens[对于它,除了实存没有他想],在它之中,恰恰除了实存,完全没有任何东西被设想,尽管斯宾诺莎把它称为神,但它并不是神,亦即并非莱布尼兹和他所捍卫的形而上学所理解的"神"这个字意义上的神。斯宾诺莎的错误——人们同时也必须在这一点上承认他是对的,即那个唯一可以从中出发的肯定性之物恰恰就是这个纯然的实存者——在于,他旋即就把这个实存者设定为神,却没有指明,真正的哲学必须如何处理这个实存者,人们如何能从这个作为先在者的纯然实存者出发达到作为后来者的神,也就是说斯宾诺莎没有指明,这个恰恰是纯然实存者的东西(就此而言它并不是神,也就是说并非natura sua[出自其自然本性] 的神,因为这是不可能的)如何在实

---

① "实存者"在这里是 Existierende,即"实存着的东西",它是对"实存"(existieren)这个动词的第一分词 existierend(实存着的)的名词化,谢林在这里是从语法出发来指出这种证明其实什么都没说。——译者注

效上,现实地,即据现实而言,后天地是神。就此而言,斯宾诺莎已经到达了一切肯定哲学最深的根据上,但他的错误是,不知道从这一根据出发去进一步向前推进。

对存在论证明最古老的(安瑟伦的)表达是:没有什么比它更高的那个最高者,quo majus non datur[没有任何东西比它更伟大],就是神;但如果它不实存,最高者就不是最高者了,因为这样的话我们马上就可以设想某个存在物实存于这个所谓的最高者之先,这样一来,前面的那个最高者就不再是最高者了。这个证明的意思,除了"我们在最高本质中已然想到了实存"以外,还有什么呢?也就是说,如果存在一个"包含了实存"意义上的最高本质(这一点一定要注意!),那它当然是实存的,如此一来"它实存"这个命题就诚然只是一个重言命题了。在笛卡尔的表达中,人们还可以像下面这样更为形式性地指明存在论证明中所犯的谬误推理(因为只是一个形式错误):纯然偶然地去实存与神的本质是相冲突的,这一点是证明的前提;这样一来,在前提中谈到的只是必然地实存,即实存的一种方式,据此,在结论命题中所谈到的,并非实存本身,而同样只是必然地实存,即实存的一种方式。这一点再明显不过了。这样一来,结论命题只能这样来说:所以神是以必然的方式来实存的,亦即如果他实存,他就以必然的方式实存,也就是说,他到底实存还是不实存,仍始终是悬而未决的。但如果存在论证明(我只是由于它跟肯定哲学基本构想间的联络才提起的)没有能力证明神的实存这一点得到了恰当的理解,那它必定就会导向肯定哲学的开端。神不可能是偶然的,这就是说:神不可能 per transitum a potentia ad actum[通过从潜能向现实的转化] 而实存,否则他恰恰就不会是存在着的潜能阶次,即恰然挺立的(aufrechtstehende)能在(我们也可以这样来说);也就是说,如果他实存,他只能就其自身而言,并仿佛先于其自身而言①,亦即先于其神性而言是存在者;但如果它先于其神性就是存在者,那么如此一来,它恰恰就是那个直截先于其概念,进而先于一切概念的存在者。也就是说,在肯定哲学中,我并非像以往的形而上学或存在论证明尝试过的那样,从神的概念出发,相反,我恰恰必须放弃这个概念,放弃神这个概念,以便从纯然的实存者(在其中,恰恰除了纯然的实存之外,绝没有任何东西被设想)出发来看,是否可以从它出发以达乎神性。也就是说,其实我并不能证明神的实存(否则我就是从神之概念出发的),但我反倒被给予了先行于一切潜能阶次并因而无可置疑的实存者这一概念。我将之称作无可置疑的实存者。任何存在着两种情况,两种可能性的地方都是可疑的;正因为这一点,就其自身而言可疑的东西乃是潜能阶次,即可能存在或不存在的东西。一切出自潜能阶次的事物的存在也是可疑且不确定的,正如我们所说,这些事物尽管存在,但只是偶然的;也就是说,不存在的可能并没有终止,它们总是漂浮在不存在的持续危险中。但一切潜能阶次(它们是一切怀疑的唯一原因)都已被这个存在者排除在外了,由此一切怀疑也恰被它排除在外了,它是无可置疑的

---

① 说"就其自身而言且单独来看(an und für sich)[或译为'自在自为'——译者注]"(所以"就其自身而言"和"单独来看"刻画了两个不同的概念)并不正确(这一点先前已经提醒过了,见《神话哲学》第 28 页 [XII, S.28])。在这一点上,我跟那位德语天才相反,我在这种说话方式中只喜欢把同义词联结起来,而不联结互不相称的表达。——作者原注

实存者,进而作为自由于一切潜能阶次的东西,也只能是个别存在物,一个不同于任何其他东西的独一无二的个别存在物。

与神之概念(它是否定哲学的终点)一道被给予我的,同时还有神性的在先者。但这个在先者就其自身而言乃是无可争议、无可置疑的确凿之物,所以即便放弃神之概念,我也可以单从这个在先者出发。也就是说,尽管我不能从神之概念出发来证明其实存,但我可以从这个纯然无可置疑的实存者之概念出发,反过来去证明无可置疑的实存者的神性。如果神性乃是"什么"、本质、潜能阶次,那么我在这里并不是从潜能阶次出发通向存在,而是反过来从存在出发通向本质,在这里,存在是在先者,本质是后来者。但若无一种颠倒,若不改变从能在出发的科学的整个方向,并与之断绝,进而全然重新开启一门新的科学(这门科学恰恰就是肯定哲学),上述过渡就是不可能的。

人们通常都满足于把神称作必然实存的本质,但这并不确切。真正的情况是:最高的本质(最高者可以是那个在此程度上诚然也是最高潜能阶次的东西)一言以蔽之是下面这种意义上的神,即如果他实存,他才能是必然实存者。这一说法表明,神并非纯然就是必然存在者,相反,它必然地是必然存在者;这一点是一个意义重大的区分。正如某个只可能是圆的东西乃是必然的圆,某个只可能必然存在的东西,比如神,就是必然的必然存在者。这个质朴地以必然的方式存在的存在者(连斯宾诺莎都知道它)并不是神,反倒只是神性的在先者。如果神——我请各位一定要透彻地理解这一点——是只可能必然实存的东西,那么必然实存者也只不过是那个可能是神的东西。但如此一来,那个就其乃是神之在先者而言可能是神的东西,就显然并非神之存在的在先者,而是神作为神存在,即其神性的在先者。人们绝不能凭这一规定(神性的在先者就是据这一规定被谈及的)来反驳古代格言"In Deo nil potentiale[在神中没有潜在性的东西]",这句格言反倒可以支持我们的说法,因为它说,在神中并不像在偶然存在者中那样有潜能阶次,后者的可能性先于现实性(在神中则相反)。命题"In Deo nil potentiale"说的就是,神先天地就不像其他一切那样是潜能阶次,他先天地就是现实;这样一来,我们反倒跟这一基本命题是一致的,因为我们在肯定哲学这里称作神性之在先者的东西,并非潜能阶次,而是现实;在这个在刚刚提到的意义上作为现实的先行之物中,我们把一切潜在性的东西都排除在外了。如果神拥有现实中的在先者,那他就会在潜能阶次中拥有其神性,在后者这里,它是 potentia universalis[普遍的潜能],在前者那里,它是超存在者,是存在的主宰。但恰恰因为这一点,为了现实地达至神,亦即(尽可能地)证明神性的现实实存,我们必须从那个我将之称作纯然实存者的东西出发,亦即从那个直接的、质朴的必然存在者出发,它之所以是必然的乃是因为,它先行于一切潜能阶次,一切可能性。

我请大家注意下面这一点:起点仅仅是必然存在者,我说的不是:必然存在着的本质,这样的话就追加太多东西了;在这个必然的存在者这里,恰恰仅除实存之外,什么都不应该想。

否定哲学也是可以达至现在这个必然的、先行于一切概念的实存者概念的,或者不如说,在它最后的结论中(这一结论只不过是存在论证明的合理结论),我们已经被引到了这个纯粹的、纯然的实存者概念上。据此可能就有一种假象,仿佛肯定哲学还得通过否定哲学来给予开端,肯定哲学还得通过否定哲学来奠基。但并非如此;因为恰恰借着那个纯粹的、纯然的、没有先行潜能阶次的实存者,借着这种意义上的存在者,哲学才走到那个根本不需要任何奠基的东西上,它的自然本性甚至把一切奠基活动排斥在外。因为如果人们还能从某个东西出发到达它,那么它就不会是实存者,不会是自身绝对的在先者;否则的话,在先者当然就会是另一个东西。纯然存在者的自然本性恰恰必须独立于一切理念,进而也独立于否定哲学的最终理念。纯然实存者由此也就自发地脱离了在否定哲学中只是以偶然的方式被预设的前提,同样,当肯定哲学如我所说的那样放弃概念的时候,它就留住了纯粹的存在者,即没有任何"什么"的存在者,进而摆脱了否定哲学;借着纯然实存者这个本原,肯定哲学也就能完全独立地开启,即便没有唯理论哲学在先,它也能独立开启。因为我至少还不知道,有人质疑过斯宾诺莎直截从无限的实存者(因为其存在并没有被任何先行的潜能阶次限制,所以我们可以称之为无限的实存者)开启的正当性。纯然的实存者,即仅仅是实存者的东西直截就是这样一种东西,通过它,一切会出自思想的东西都被打消了,在它面前思想是沉默的,它在面前,理性主动屈服了;因为思想恰恰只跟可能性,即潜能阶次打交道;如此一来,在潜能阶次被排除在外的地方,思想也就失去了权力。而无限的实存者之所以是思想在它面前无力的东西恰恰是因为,它也是那个在面对思想和一切怀疑时已然立于确凿无疑之地的东西①。但本原不可能是会遭受颠覆的东西，本原只可能是面对一切后起的可能性时仍确凿无疑的东西，也就是无可置疑地存在的东西，是永远不可能消失的东西，是即便在后起的过程中，也始终且必然地自行发生(ereigne)或者自行参与的最高意义上的持存者。

曾经在纯然的思想中开启的东西，也只能在纯然的思想中演进，且只能达至理念，绝不可能再进一步。应当达至现实的东西，必须同样也从现实出发，确切地说，是从纯粹的现实出发，也就是从先行于一切可能性的现实出发。人们或许会反驳道：先行于一切可能性的现实是无法设想的。在某种意义上，人们可以承认这一点并且说：这恰恰因为它是一切实际思想的开端，因为思想的开端本身还不是思想。先行于可能性的现实当然也是先行于思想的现实；但恰恰因为这一点，它就是思想的首个真正意义上的客体(quod se objicit [自身在此的客体])。但愈发要紧的问题是，当理性在它面前主动屈服时，它跟理性到底可能有怎样的关系。它自己当然已经跟理性有一种关系了，但基于刚刚用到的表述可以明白，这种关系是否定性的。

当人们应该说明，无限的实存者是否同样也可以被称作一个理念，即一个理性概念的时候，人们当然可能会因为无限的实存者

---

① 尽管或许会有这样一种矛盾，即要在思想中第一位的东西之先预设另一个思想中第一位的东西，但这其实不是矛盾，在存在中第一位的东西，就此而言它乃是超越一切思想的东西，就像是飞跃了一切思想的东西，对这个东西，思想中第一位的东西要屈从于它，或者把自己设想为从它出发的后来者。因为并非因为有思想才有存在，而是因为有存在才有思想。——作者原注

而陷入窘境。首先看起来似乎不能拒绝人们把它称为理念,因为它首先看起来不与任何命题或陈述相联系。也就是说如果我们用动词意义上的ὄν①来理解它,那么这个纯然实存者就其本性而言乃是实存者自身,αὐτό τό ὄν。就此而言,人们不可以把存在作为属性附加给它;通常是谓词的东西,在这里是主词,它自身就处在主词的位置上。在所有其他东西那里表现为属性的实存,在这里乃是本质。在这里,quod[如此]处在quid[什么]的位置上,也就是说,实存是纯粹的理念,但这并非这个词在否定哲学中所具有的那种意义上的理念。纯然的存在者是这样一种存在,在其中,一切理念,亦即一切潜能阶次反倒都被排斥在外了。如此一来,我们也就只能把它称作被翻转的理念,在这个理念中,理性被设定在自身之外。理性只能把这个存在者(在它之中完全没有任何从概念、从"什么"而来的东西)设定为绝对的自身之外者(*Außer-sich*)(理性之所以如此设定,诚然只是为了在这之后,亦即后天地重新把它赢获为自己的内容,进而以此方式同时返回到自身之中),理性由此也在这一设定活动中被设定在了自身之外,处在绝对的绽出(ekstatisch)状态中。这样一来,谁还会没有感受到比如斯宾诺莎主义,和一切从绝对实存者出发的学说中的那种绽出迷狂呢!②

XIII, 163

康德称无条件的必然之物——如他所言——乃是作为一切事物的承载者对我们而言不可或缺的东西(在这里,康德想到的无疑

---

① ὄν是εἶναι"存在/是"的中性分词,表示"存在着的",亦可名词化为"存在着的东西",即"存在者"。——译者注
② 神秘主义者也会以绽出迷狂的方式去认识"什么"。——作者原注

是下面这个著名的论证:如果有某物实存,或者至少我自己实存,那么必定也有某个必然且无根据的东西实存),康德把这个无条件的、先行于一切思想的存在之必然性称作人类理性真正的深渊。康德继续说道:"即便是永恒——不论一位哈勒先生把它描绘得多么崇高——也早已不对心灵产生目眩的印象了,因为永恒只不过是在衡量事物的续存时间,而非承载它们。人们既不能抵抗,却也不能忍受下面这种想法,即一个被我们设想为一切可能存在者中最高的存在者,仿佛自言自语道:我自永恒到永恒而在,除了仅通过我的意志而在的东西以外,在我之外无物存在,但我是从哪里来的呢?在一点上,不管是完满性最大还是最小的东西,我们中的一切都在下沉,在思辨的理性面前,一切都在失去了支撑,都在漂浮,对理性来说,一切都不名一文,理性不费吹灰之力地让不论是这一个还是那一个都消失了。"① 我之所以要引用这段话是因为,它表达了康德对这个先于一切思想之存在的超绝性最深刻的感觉,在我们的时代,处在这一位置上的存在尽管同时也被设定为哲学的开端,但它只被设定为思想的纯然环节,然而在这个人类自然本性深陷其中、不可避免的最深的想法中,谈及的是那个先于一切思想的存在。

我们可以在纯然的思想中,先天地去产生一切在我们的经验中出现的东西,但这些东西恰恰也就因而只处在思想中。如果我们想把这一点转化为一个客观的命题,那么就可以说,一切就其自身而言只处在思想中,如此一来,我们势必又回到了费希特式

---

① 康德:《纯粹理性批判》(哈滕施坦因版),第470—471页。——作者原注

的唯心主义立场上。如果我们意愿某个思想之外的存在者,那我们就必须从一个绝对独立于一切思想、先行于一切思想的存在出发。对这种存在,黑格尔哲学一无所知,也没有这一概念的一席之地。此外,康德设想过必然的实存者,但它就此而言同时已经被康德设想为神了。然而,在肯定哲学的开端,我们必须不考虑它是不是神,必须把必然实存者理解为纯然实存者,我们放弃神之概念恰恰是因为,某个东西,如果一方面是纯然实存者,却仍借由某个概念已然必定被设定为了某物,那就会产生矛盾。因为要么就必须得概念先行,进而存在必定就是概念的后果,这样一来,存在就不会再是无条件的存在;要么概念是存在的后果,那么我们就必须在没有概念的情况下从存在开启,我们想在肯定哲学中做到的,恰恰就是这一点。但康德恰恰把这个神借以成为无根据的实存者的东西,称为人类理性的深渊;这个东西除了是理性在它面前沉默、被它吞没、在它面前暂且不复存在、无能为力的东西以外,还会是什么其他的东西吗?

康德把神之中实存无根的必然性跟永恒区分了开来,但绝对的永恒并非就其与时间对立才是永恒,相反,它先于且超越于一切时间,绝对永恒自身除了恰恰就是这一我们不知其有任何在先者和开端的实存以外,不是其他任何东西。因为无法以任何概念去先行于它的那个东西才是永恒的,思想在指向它时毫无自由,正如在指向有限的存在(凭借构想当然就可以先行于它们)时,哲学可以先天地把握它们。

如果人们在康德的设问中只愿意看到一种对此理念(即无根

据的必然实存）的拒斥，那就完全误解的康德；他想要表达的，毋宁说只是这个理念的不可把握性；因为从理性不可避免的必然性出发，必须去假定某个无根的存在者，康德本人对这一点是清清楚楚的。如果人们把不可把握之物理解为不可先天把握之物，那这个实存当然就是不可把握的。否定哲学所专注的乃是理性的最终之物，它是可先天把握之物，而肯定哲学则专注于不可先天把握之物；但它专注于此恰恰只是为了把这一不可先天把握之物后天地转化为可把握之物；在神中，不可先天把握之物就成了可把握之物。

只要理性以自身为客体（通过康德，理性被赋予了这一方向，并深深打上了他的烙印），它就只能以存在的无限潜能阶次为其直接内容，由此，理性就看到自己被设定在指向一切存在的先天位置上，但这些存在只是有限的存在；仅凭这种有限的存在，理性还不能把自己带向完结，除非要求一个超存在者，但这个超存在者却有一个全然不同的在先者，即它并非潜能阶次，而是存在，确切地说是这样一种存在，在它那里，没有任何思想可以找到根据或者开端。如果理性是自身的对象，如果思想的旨归就如在否定哲学中那样是理性的内容，那么这只不过是某种偶然的状况，理性在这种情况下并不处在其纯粹的实质性和本质性中。但如果理性处在它的这种纯粹的实质性和本质性中（也就是不自行退回到自身，不在自身中寻求客体），那么理性作为认识的无限潜能阶次只能与无限的现实相对应。据其纯然的自然本性，理性所设定的只有无限的存在者，如此一来，在对它的设定中，理性反倒是一动不动地，僵硬地仿佛愣住了一般，quasi attonita[如同惊在原地]，但它之所以愣在这个支配着一切的存在面前，只是为了通过这一屈服去达到它真正且永恒的内容（在感官世界里理性无法找到它），并将之作为已现实地得到认识的来获得，如此一来，理性也就永恒地据有了其内容。

如此一来，无限的实存者也就是直接的理性概念，自由于自身，即不以自身为客体而存在着的理性，也就是直接的理性，并不是通过那个通常十分自然且不可避免的推论才不得不急迫地达至这个无限的实存者的，康德以他幼稚的方式把这个推论表达为："极其值得注意的是，如果人们预设某物实存，那么人们接下来就不可能回避的结论是，同样也有某物以必然的方式实存。"① 康德把它称作自然的推论（尽管它并不因而是确凿无疑的），在宇宙论证明上，亦即想要逐步从条件到条件，直至攀升到无条件者的证明上，他确实有理由运用他的批判；但必然实存者这个直截的概念，这个被直接设定的概念，恰恰把一切批判都排斥在外。对某一概念的批判就是质疑其对象的可能性。但正如已经强调的，去问一个必然的实存者是否可能实存，这根本就是废话，尽管这样的问题已经被问过了。因为如果它首先只是可能实存，它就恰恰不会是必然的实存者。必然实存者之所以为必然实存者，恰恰因为它把一切先行的可能性排除在外，先行于一切可能。尽管人们确实可以把作为论证之结果，即宇宙论证明之结果的必然实存者概念屈于批判之下，但没有人可以把在斯宾诺莎那里被直截地、直接地竖立起来的必然实存者概念屈于批判之下，正如没人可以从它那里

---

① 康德：《纯粹理性批判》（哈滕施坦因版），第472页。——作者原注

抽身而去，相反，每个人都得屈服于它。唯有在这个概念中，而非在体系自身中，才蕴含着斯宾诺莎主义所谓的无可辩驳之处。

最荒谬的问题莫过于：绝对实存者是否可能实存，同样荒谬的或许还有这个问题：必然的实存者可能会是怎样的一个本质，为了能是一个必然的实存者，这个本质必须有怎样的特性。这样的问题说到底其实只出现在宇宙论证明中，也就是说，人们在这里才证明，假定一个必然实存的本质乃是不可回避的，进而接着试图表明，必然实存的本质同时只能是一切之中最完满的本质，也就是神。"必然的实存者可能会是怎样的一个本质"这个问题是荒谬的；因为借此我就假定了，有一个本质，一个"什么"，一个可能性先行于必然实存者，我之所以在这里必须把必然实存者设定为纯然实存者，毋宁是因为在其中，没有任何可以从某个本质或者"什么"来把握的东西。

在旧形而上学处理概念的方式中，之所以总是产生错觉是因为，人们总是给必然实存者这个纯粹的概念（在其中不会有任何来自本质的东西被设想）强加上一个本质（即神性），而没有像我们先前说过的那样，全然放弃概念，而这正是为了达至那个纯然的存在者。在他对宇宙论证明的批判中，康德说，整个任务——也就是先验观念的整个任务——集中在下面两点上，即要么为绝对的必然性找到一个概念，要么为某个事物的概念找到其绝对的必然性。康德进一步说，"如果人们能做到前一点，那么必定也能做到后一点；因为理性只把出自其概念而必然的东西认识为绝对必然的"[①]。

[①] 康德：《纯粹理性批判》（哈滕施坦因版），第470页。——作者原注

如此一来，我就要否认后一点所涉及的情况，即要把某个出自其概念的本质视为一个必然的本质；因为如果这个本质就是神，那么从其概念中就可以看清，情况并不是神必然实存，而是神只能是必然实存者，也就是说，如果神实存，它就必然地是必然实存者，但这并不能得出它实存的实情。但如果所谈论的是那个质朴—必然的实存者，那么人们就不能再说，因为实存的概念恰恰只能是纯然的实存者，所以实存产自其概念：在这里，实存并非概念或者本质的结果，相反，实存者在这里自身就是概念，就是本质。

但康德的那句"要么……要么……"的另外一个环节（第一个环节是，要为某个本质的概念觅得必然的实存［在存在论证明中情况就是这样的］，第二个环节则颠倒过来，要为绝对的必然性觅得概念）所涉及的，也就是第二个环节涉及的，其实就是肯定哲学的事情，即尝试从必然实存者（作为尚无概念的在先者）出发达至作为后来者的概念和本质（即达至神）。如人们所见，这正是与存在论证明相反的路径；但为了能切入这条路径，人们必须已然决断朝向纯然、质朴的存在者这一概念，并且必须已经放弃了那种错误的依赖性，在这种依赖性中，以往形而上学中的纯然、质朴的存在者概念被神的理念所把持。因为如果必然的实存者是神，那它就不是必然的实存者；因为在神的概念中，必定已经存在了一个必然实存的根据，如此一来，如果必然的实存者就是神，那么它就恰恰因此不会是必然的、无根据的实存者。必然实存者正是那个并非处在先行概念之结果中的东西，而是自发的，正如人们先前所表达的，a se［出于自身的］，即 sponte［自立的］，ultra［终极的］，没有任何先行根据的实存者。在这一点上,以往形而上学的扭结只能用下述方式来解开,即把实存和本质两个概念分开来处理。当康德一方面把必然实存这个不可拒斥之物承认为直接的理性概念,另一方面把最高本质这个概念认作最终持存不变的理性内容时,他就已经无比接近这一解决方式了。以此方式,康德把绝对内在的概念,即最高本质这一概念(因为其他一切只不过是相对内在的,并就此而言可能过渡入存在),和绝对超越的概念(必然实存者这个概念)仅仅无所联结地并列起来,把两者都当作理性概念,但他无力说明两者如何并列存在。批判哲学漏洞实际上就在这里。但这两个概念也确实必须彼此互为界限,因为第一个概念(最高的本质这一概念)是否定哲学的终点,另一个(必然实存者这一概念)则是肯定哲学的开端。据此,两个概念诚然都在自身之中与另一个相联结,但在每一个中的联结方式却是不同的;人们可以说,在否定哲学中的联结方式是:最高的本质,如果它实存,只能先天地就是存在者,也就是说,它必定是必然实存者,必定是先于其概念,进而先于一切概念的存在者。这是存在论证明所留下的唯一真理。在肯定哲学中,人们可以说两个概念是以下面这种方式联结的:必然实存者(即质朴—必然的实存者)并非必然地,而是在事实上是必然地必然—实存着的本质或神;这一点也可以后天地用已得表明的方式来证明,即人们可以说:如果必然实存者是神,那么这样或那样的后果就是可能的,我们也可以说,a、b、c 等等后果就是可能的;但现在依照我们的经验,a、b、c 等等后果都是现实实存的,那么——必然的推论就是——必然实存者现实地就是神。

所以我就把这个纯然的、没有任何先行潜能阶次的存在者称为绝对的超越概念。自康德以来，对内在性的(immanenter)认识、内在性的知识和思想已经做了许多有效的讨论，但对超越之物的讨论反倒是无效的，在提到后者的时候，人们不可能没有某种担忧或者害怕。但这种害怕大抵只有在以往形而上学的立场上才会显露，而我们已经消除了这些立场。现在请各位思考下面的事情。所有的超越者其实都是相对而言的东西，唯有关联于某个它超越其上的东西，才是超越者。如果我从最高本质这个理念出发推论出其实存，那么这就是一种超越活动，亦即我首先设定理念，然后想从中超出，进达实存；如此一来，实存在这里就是一个超越者。但如果我从一切概念的先行者出发，那么我在这里并没有进行超越，倒不如说——如果人们把这个先行于一切概念的存在称为超越的存在——我是在这个存在中演进到概念的，如此一来，我就超越了超越者，进而以此方式重新成为内在的(immanent)。旧形而上学中的超越只是一种纯然相对的超越，也就是畏缩迟疑的、半吊子的超越，在这种超越中，人们还是想留一只脚在概念里。肯定哲学的超越乃是一种绝对的超越，并恰由此绝非康德所禁止的那种意义上的超越。当我首先使我自己内在化，亦即把我自己锁闭在纯粹的思想中，一种超越才至少是可能的；但如果我从超越之物出发(肯定哲学就是这样)，那么我其实并没有超越任何东西。康德禁止形而上学去进行超越，但只是禁止独断化的理性去进行超越，即那种从自己出发，想通过推论而达至实存的理性，但康德并没有

XIII, 170

禁止（因为康德没有想到这一点，这种可能性根本就没有对他展现过），反过来从纯然的、亦即无限的实存者出发去达至作为后来者的最高本质这一概念。正如我们先前所讲的，理性在此期间当然就能把那个纯然存在者（ἁπλῶς ὄν）绝对地设定在自身之外，但这恰恰只是因为，在纯然的存在者中没有任何从概念来的东西，因为它是一切概念的对立者；但理性设定它仍是意在使外在和超越于理性的东西重新成为理性的内容：当纯然的存在者后天地是神（作为神被认识）的时候，理性的这一意图就会实现。理性设定无概念的存在，乃是为了从它出发达至概念，理性设定超越者，乃是为了把它转化为绝对的内在者，为了把这一绝对的内在者同时也作为一个实存者去拥有，唯有肯定哲学这一条道路才是可能的，因为在否定哲学中其实也已经有了绝对的内在者，但它并不是作为一个实存者。

纯粹或者无限的潜能阶次（即否定哲学的开端）乃是与思想同一的内容，因为这一内容并不走向思想（它本就与思想同一），所以它只能出自思想。相反，纯然的存在者乃是不与思想同一，甚至首先把思想排除在外的内容，但恰恰因为这一点，它就可以且必须被带向思想，因为它源初地就在思想之外。神并非像许多人所设想的那样是超越者，而是已然得到内在化（也就是成为理性内容）的超越者。我们时代最大的误解就在于忽视了这一点。正如我已经讲过的，先天不可把握的存在（因为它不由任何先行概念中介）在神中会成为可把握的存在，或者说，它在神中达到了自己的概念。理性不可能在自身中蕴含的无限实存者，在神中会成为对理性而言的内在之物。

我们直到现在都把否定哲学主要称为理性科学。但这可能会为肯定哲学带来一种假象,仿佛它是一门与理性对立的科学。但真正的情况是:在否定哲学中,理性从它直接却偶然的内容出发,一步步自行摆脱这一偶然的内容,以期在一个必然的演进过程中达至它持存不变的内容。但理性达至它的时候,并没有同时将之作为现实的内容而达成;这一内容始终都在纯然的理念中驻足不前①。肯定哲学则从完全外在于理性的东西出发,但理性屈从于这个东西只是为了直接再次步入它的正当性领域。先前已经说过,理性科学不能像所有其他科学在经验中指证自己的成果那样,指证它最终的理念(它恰恰就是在理性之中驻足不前的理性内容),然而这个概念还有一个特殊之处使此概念是其所是,即它不会对在它之中对现实实存的要求无动于衷,不会像进行哲思的主体那样,对一切先行的东西是否实存无动于衷。这就是说:Tua res agitur[这事与你利害相关]。正因为如此,无法在经验中指证其最终理念的理性,现在必须自行转而朝向那个自身外在且超越于经验的存在,这个存在之于作为纯粹认识能力的理性,正如在经验中出现的存在之于感官表象能力。

理性不可能从自己出发来看清或者证明仅仅处在感官世界中的当前现实实存,也不可能看清或者证明比如这株植物或这块石头这样的当下实存。如果它(理性)意愿某个现实存在,如果它意愿把某个从自己出发、处在概念中的、据此被视为纯然可能之物的

---

① 此时,这一内容即刻就处在其理念中;见《神话哲学导论》,第562页。——编者注

客体当作现实之物,那么它就必须要屈从于感官的权威;因为感官所做的见证不是别的,正是一种权威,因为通过它我们才认识到从事物的纯然自然本性出发,即从理性出发无法看清的那个东西,才能认识到当下的实存,也就是在此存在着的植物。如果人们现在要把一切对某一权威的屈从都称作信念,那么下面这话就是对的:通过信念(亦即基于我们感官的纯然权威,而非通过理性)我们知道,外在于我们的事物存在。据我所知,这番话出自 J. G. 哈曼,但正如已经说过的,这话唯有就一切对某一权威的屈从都可以被称为信念而言,才是有意义的。托马斯·阿奎那也有另一番话十分明确地区分了可以从事物的纯然自然本性出发得到认识的东西,和不能以此方式得到认识的东西。他当然只会把 ea quae divina autoritate traduntur [由神圣权威所传授的东西] 归于后者。这类事物无疑也是 "supra naturam [超自然之物]",也就是说,它们比那种只能借着事物的纯然自然本性、依照纯然的概念必然性被看清的东西要更丰富。更为一般的表达却是:一切关联于实存的东西,比只能出于纯然自然本性,进而只能借着纯粹理性被看清的东西要更丰富。正如已经说过的,我根本不可能借着纯粹理性去看清某株植物的实存,如果这株植物是现实的,那它就必定处在某一特定的空间点和时间点上。在各种已被给定的条件下,理性当然可以从自己出发来认识这株植物的自然本性,但它绝不可能认识这株植物现实的当下此在。

　　人们也可以把这一对立回溯到对思想和表象早就做出的区分上。这一区分源自莱茵霍尔德,在经过了许多其他人以后,又被黑格尔重新拾了起来,他附和其他人道:宗教,尤其是启示,只是以表象的方式包含着真的东西,也就是说,宗教并不处在真理的形式中,因为唯有在思想中它才会如此。以此方式,甚至神这个概念也只属于表象了;因为在纯粹的思想中,神只不过是终点,是结论;但人们现实地称作神(我认为,即便是哲学家,在其语言的使用中也是要从众的)的神,乃是那个能够开启某物的开创者,也就是说,这样的神就实存于一切之先,而非纯然的理性—理念。一个并不实存的神也不可能被称为神;但因为实存根本就不可能在纯然的思想中被看清,所以即便是现实存在的神,在黑格尔看来也只属于纯然的表象。但黑格尔自己并不能在他的哲学中坚定不移地保持在纯粹的思想上,也不能把一切属于表象的东西排除在外;只有在悠游于逻辑中的时候,他自己才处在纯粹思想中,但逻辑的内容只是纯然抽象的,而非实在的,当他反过来向着现实,并且向着现实的自然过渡的时候(对他来说,自然哲学仍是哲学的一个部分,确切地说,是作为本质性的部分),他就迫于无奈地把手伸向那种按他自己的观点只能属于表象方式的说明,所以人们实在是看不清,他是以何种理由把宗教特地规定为那种只以表象方式而包含真理的形式的。对决断、行为,乃至行动,纯粹思想都一无所知,在它之中,一切都是以必然性自行展开的。即便是表象和思想间的这一对立,在黑格尔这里也跟在许多其他人那里一样,仍未得到澄清。

　　表象原本只是就关联于感官觉知到的对象而言的。我们在正在获得的印象序列中对空间中的某个对象进行表象;这种表象活动最切近的内容仅仅是某物本身的实存;至于它是"什么",即

XIII, 173

其 quid[所是]，只是我们表象活动中第二位的东西；也就是说，quod[如此] 也是处在表象中的，对它所进行的表象甚至也可以被命名为，先于 quid 的表象。据此，表象和思想的关系就如同实存和本质的关系；纯粹表象活动的内容是存在，而纯粹思想的内容是本质，但在这里，下面这点也就即刻得到了澄清，两者不可能始终处在某种抽象活动和彼此间的相互排斥中，而是前者直接地演进到后者。就此而言，先行于思想的存在正是绝对的被表象者。但思想也正是面对这个绝对的被表象者，这个纯粹的实情而自行兴起，进而向着"什么"，或者说向着概念发出追问。这也就是肯定哲学的过程，我们最终又把它的开端重新讨论了一遍。

绝对的被表象者这个概念乃是必须成为普遍本质，成为 potentia universalis [普遍潜能] 这个概念。先行于一切潜能阶次、在其中没有任何普遍之物，因而只能是绝对个别之物的概念，恰恰跟那个一切本原之总体，一切存在的把握者的概念，是同一个概念。这个概念就是如此，意思就是：对那个非存在者(μή ὄν)，即纯然的可能性总体来说，恰恰由于这个概念是前者，所以这个概念也是存在的原因(αἰτία τοῦ εἶναι)。在这一概念中，那个包含于其中的去成为存在者(das Seyende-seyn)（所以我们先前就把一切本原的总体称为存在者）乃是这一概念永恒的神性①，就是这一概念由以使自己得到认识的东西。因为单独来看，这个一体者是未得到认识的，它仿佛还没有自己能以之得到刻画的概念，相反，它只有一

---

① ἡ ἀΐδιος αὐτοῦ θειότης[永恒的神性]。——作者原注（这里暗指《罗马书》，1∶20。——译者注）

个名字，因此重心就落在了名字上，在这个名字中，神就是他自身，是没有与自身相同者的唯一者。一体者得到认识乃是通过或者说在于，它是普遍的本质，是 πᾶν[全体]，是据其内容而言的存在者（而不是"存在者存在"的引发者）。借此，他就得到了认识，并作为那个同时是一切的个别存在物与其他个别存在物相区分。

把这一概念带向直观乃是肯定哲学自其开端就已知晓的任务。这个概念跟全能的绝对精神概念是等同的：因为作为存在本原之总体的东西，只能是精神，作为一切本原的总体的东西，只能是绝对精神。

先前就已经提示过，我们现在要转而讨论的启示哲学不是其他，正是对肯定哲学自身的一种运用。由此，据肯定哲学普遍的—哲学的内容来看，启示哲学与肯定哲学将会不谋而合。

启示哲学的第一部分将会一直进展到这样一个点上，在这里，启示哲学的可能性是与启示之内容的可把握性一道被同时给出的。借此，第二部分则致力于使这一内容得到把握。

论永恒真理的源泉

宣读于柏林科学院1850年1月17日集会

1850

F. W. J. Schelling, *Ueber die Quelle der ewigen Wahrheiten*, in ders. *Sämtliche Werke*, Band XI, S. 573-590, Stuttgart und Augsburg, 1856-1861.

我今天打算谈的问题，是中世纪哲学已经钻研过的问题，回溯起来，也与古代哲人所进行的那些最伟大的探究相关。这个问题被笛卡尔和莱布尼兹重新拾起，通过新近由康德发起的、尚未偏离其真正目标的哲学运动（且先不管这一运动中所有的中断和暂时性的曲解）也同样踏入了新的阶段，并且或许已经接近了裁断。我所指的这个问题关联于所谓的永恒或者必然真理，尤其关联于其源泉；不过这是对这个问题最简单的表达；更为完备的表达是，这个问题涉及 de origine *essentiarum*, *idearum*, *possibilium*, *veritatum aeternarum*[本质、理念、可能性、永恒真理的源泉]，所有这些可以被视为同一回事情。因为 1)本质性之物所涉及的，乃是下面这个可被视为不矛盾的基本命题：essentias rerum esse aeternas[事物的本质是永恒的]。偶然性的东西（contingentia，偶在的东西）始终只关联于事物的实存，在这里，在这个位置上，或者现在，在这一瞬间实存着的植物乃是偶然的，但必然且永恒的乃是植物的本质性之物，即不可能别样存在，而是只能如此存在或者根本不存在。由此，下面这回事情也就自发地得到了澄清，即 essentiae rerum[事物的本质] 或多或少跟柏拉图所设想的理念是一回事。进一步讲，既然在本质性之物那里无须顾及现实性，因为不论事物是否现实地现成存在，本质性之物始终如一，正如不管我是否现实地画了一个圆,圆的本质性之物也不会改变半分:所以从这一点出发就可以把握到,本质性之物的王国也就是可能性的王国,进而只可能如此的东西,必然地就是如此。这一点自发地导向了对必然或者永恒真理的第四种表达。它通常只关联于数学性的真理。但概念是远为丰富的东西。如果我们像康德那样把一切可能性的总体设想为最高的理性理念,那么就会也存在一门对这些可能性进行区分并使它们能被认识的科学,这门科学的运作方式乃是通过思想活动,使这些可能性从潜在状态中显露出来,进而现实地得到思考,就像当数学在某个形状,比如直角三角形中发现了某种纯然潜在性的东西(就其可能而言的东西)时(比如三角形斜边和直角边的关系),我就会说,它的运作方式就是把思想活动(ὁ νοῦς ἐνεργείας)提升为现实。亚里士多德说,φανερόν ὅτι τά δυνάμει ὄντα εἰς ἐνέργειαν ἀναγόμενα εὑρίσκεται(很明显,据纯然潜能阶次而存在着的东西,唯有通过转化才能处在现实中)。这就是一切纯粹的,或者说纯然的理性科学的道路。在最高的理性理念中,植物确实毫无疑问地得到了预先规定,但从那些最初的、仍把自身展现为本原的最初可能性出发,演进到植物在多重意义上被条件限定和被统合起来的可能性,也不会是绝对不可能的。我说的是,不会绝对不可能。因为在这一点上,根本不涉及对我们而言的可能之物,而是涉及就其自身而言的可能之物;所有对我们而言的可能之物都依赖于许多非常偶然的条件;为了对这些条件进行推导,经验的协助对我们而言是不可或缺的(一种更高级的精神或许不需要经验);但经验是某种始终在向前进展、绝不会完结的东西，并且我们自己对各种精神能力（它们自身就是受限制的）的运用程度也极为依赖作为条件的偶然情况。但现在如果假定——这一点一般都会被假定为可能的并且是绝不该被放弃的——从最高的理性理念一直到作为此理念的一个必然要素的植物可以被视为一个持续不断的前进过程；那么在此关联脉络中的植物就不再是偶然之物，相反，它自身就是一种永恒真理，我并不想像人们评判自然科学家般那样说，他们仿佛对这一点无动于衷，他们的研究也没有伴随着对下面这回事情的稳靠意识，即他们始终钻研的，并非某个纯然偶然的、对理性毫无价值的事物，相反，他们必须与之打交道的乃是这样一种事物，它在宏大的，尽管对自然科学家来说不可综观的关联脉络中有一个必然的位置，并借此而具有一种永恒的真理。

以这种方式，我认为我已经指出了这个问题对象的广度，现在我要考察且首先引证的是，推动经院哲学家注定要去寻找永恒真理之源泉的那个动因。

这一动因也就是，永恒的，亦即必然的真理不可能从神性的意志中获得其准则；如果它们只是通过神的喜好才得以保持，那么它们就只能是偶然的真理，进而也同样可能成为非真理；也就是说，某个独立于神性意志的真理之源泉必须得到承认，并且它也同样必须是某种独立于神性意志的东西，唯有在它之中，事物的可能性才有其根据。尽管对托马斯·阿奎那来说，可能性仍存在于 essentia divina[神性的本质] 自身中，也就是说，存在于被设想为 participabilis[可被分有] 和 imitabilis[可被摹仿] 的东西中；

在马勒伯朗士那里,仍可以发现这一观点的痕迹。在这些表述中,人们很容易认出柏拉图的 μέθεξις[分有],和毕达哥拉斯主义者多次使用的 μίμησις[摹仿]。但托马斯并没有同时看到,在这里,为事物分有或摹仿神性本质的能力——事物的可能性或许就存在于其中——提供基础的,还有神性本质就其自身而言能被分有或摹仿的能力,可事物那一方面的可能性似乎并没有借此得到说明。如此一来,承认某种源初的,不仅独立于神性意志,而且也独立于神性本质的事物之可能性就是不可避免的了。由于这一点,司各脱主义者不得不断言上述这种可能性,莱布尼兹的支持者也表达了相同的看法:coacti admittere principium realitatis essentiarum *nescio quod* a Deo distinctum eique coaeternum et connecessarium, ex quo essentiarum pendeat necessitas et aeternitas [在对本质进行现实化的诸本原中,他们不得不承认某个有别于神、在神之中并与神同样永恒且必然的本原,而本质性之物的必然性和永恒性则依赖于这一本原]。此外,根据司各脱使用过的各种表述,这个 nescio quod[某物]① 大概进展到某个确定的点上就是可以得到克服的。司各脱谈论过一种 ente diminuto, in quo possibile constitutum sit[被削减的存在者,通过它,秩序得以可能]。在司各脱的拉丁语中,Ens diminutum [被削减的存在者] 所刻画的应该不是其他,无疑正是那种仅能被称为从属意义上的存在者,正如亚里士多德也区分了 πρῶτος ὄν[首要的存在者],和纯然的

---

① nescio quod 的一般意思是"不知道",也可以作不定代词泛指"某一个",这里的意思是某个不得不承认,但又没有被理解的本原,故从简译为"某物"。——译者注

ἑπόμενος ὄν[次级的存在者]，即纯然作为另一个存在者的结果和与之一道被设定之物的存在者，即区分了 ἐνεργείᾳ ὄν[现实的存在者] 和纯然 ὑλικός ὄν[质料性的存在者]，而后者跟 δυνάμει ὄν[潜在的存在者] 或者 μή ὄν[非存在者] 是一回事（μή ὄν 一定要跟 οὐκ ὄν[不存在者]，即根本不存在者区分开）。对质料性的自然，即那个被一道设定之物，一直以来基本上是没有什么疑义的。一直到我们的时代仍始终未得解决的问题并不在于存在者的这些特性，而是在于那个据其本己的自然本性而言的能在者（Seynkönnende）与神必定仍有某种关系。但到了笛卡尔，这个问题的扭结被他用自己仓促的方式给斩断了，他反过来说：数学真理和其他所谓的永恒真理都是由神保持的，它们跟所有其他受造物并无不同地依赖于神性意志。(在他的著作里，笛卡尔是这样说的：Metaphysicas quaestiones in Physica mea attingam, praesertim vero hanc: veritates mathematicas, quas aeternas appellas, fuisse a Deo stabilitas et ab illo pendere non secus quam reliquas creaturas [我将在我的物理学中涉及这些形而上学问题，特别是这个问题：数学的真理，你将这些真理称为永恒的，它们由神确立，唯一系于神而非其他受造物的])。人们或许可以试着把这番话这样来解释，即主张永恒真理独立性的人会被主张神性认识的人驳斥，与后者相对立的司各脱主义者会说：即便根本没有理智，乃至神性的理智，永恒真理也会持存不变。然而这种解释又与这位哲学家（笛卡尔）的另一种说法相冲突，即：In Deo unum idemque est velle et cognoscere, ita ut hoc ipso quod aliquid velit ideo cognoscat, et ideo tantum [在神那里，意志和理智是同一个东西，因此，他通过意愿某物来认识某物，正因为如此（也就是说，正是因为神意愿某物），某物才是真的]。

从这一断言中所产生的最直接的结论或许就是，对数学来说，它会成为一种纯然的经验科学；因为作为某一意志的后果的东西，据此也是偶然的，因为它也同样可能不存在，它只可能被经验到，而不像人们说的那样先天地被知识到。但与此相矛盾的是，在经验中并不存在点，在现实中也并不存在完美的直线，或者完全没有宽度的线，基于这一点，无论如何都会得出的结论就是，在几何学的首要概念或者前提预设中，起作用的乃是某种有别于纯然经验的东西。在任何情况下我都会这么讲：因为一般说来，数学乃是一门先天科学，但仅仅这么说还不够，事情还没有得到了结，可我在这里也不可能专门去探究数学真理的起源，所以不得不把机会留给下次了。但通常与此断言（数学学说之为真只会是神性意志的结果）相矛盾的乃是数学这门科学的整个自然本性。因为唯有在意志始终在此间出现的地方，才谈得上现实之物；但显然，比如说几何学并不关注现实的三角形，而只关注可能的三角形，进而没有任何一条几何学定理的意义是，某物现实地就是如此，相反，几何学定理的意义是，某物不可能别样存在，比如说，三角形只有如此才是可能的，即三个角之和等于两个直角之和，在这一点上当然就可以得出下面的结论，即如果三角形存在，那它就会如此存在，但它是否存在则被视为完全无关紧要的。这个关联于数学的结论，笛卡尔当然起码是承认的；但当笛卡尔基于他从神性意志出发得出永恒真理的推导,不可避免地得出数学真理并不因此而有损分毫的结论时,一切永恒有效的真理都会因为这一假定从各门科学本身那里被抽走。人们或许可以像皮埃尔·贝尔(Peter Bayle)那样,从笛卡尔的话中做出这样的推论,即唯有神喜欢,3+3=6才是真的,神喜欢多久它就真多久,或许在世界上的其他宗教里它不是真的,也有可能它明年对我们来说就不真了。但如果把这种学说转用到伦理和宗教领域,那么更为严重的后果之一就会是下面这种由一些新教神学家搞出的事情,他们任由自己从 decretum absolutum[绝对预定论] 被牵引到这样的看法上,即善恶之区分并非客观,而是由神之意志保持的。上面提到的那位贝尔就主要是从这个方面在攻击笛卡尔,他的那番话放在莱布尼兹的《神正论》里也是不失体面的,我可以在这里复述一遍:"那些最严肃的作家中的一些",他说,"声称,在事物自身的自然本性中就存在着先行且独立于一切神性戒律的善和恶。对这些人来说,要证实这一断言,特别要注意那种与之对立的学说所包含的可憎结论,但还存在着一种直接切中事实的、从形而上学中提取而来的论证。即一个确凿无疑的事实是,神的实存并非他意志的后果;他并不是因为他意愿才实存的,他也并不是因为他意愿如此才全能和全知,所以他的意志本身只能施加在外在于它的存在者上,然而,如此一来神就只把意志施加在存在者存在的实情上,却不能对隶属于存在者之本质的东西施加影响。如果神愿意,他可以使物质、人类和圆的不现实存在,但对神来说,如果没有知悉这些存在者的本质特性,他也不可能使它们现实存在,据此,这些本质特性乃是不依赖于神之意愿的"①。人们大可不必严肃对待那些漂亮话；否则在贝尔的话里，人们或许会稍稍窥到这样的看法，即对贝尔来说，神的实存跟3+3=6是同一个意义上的永恒真理；人们或许可以试着这样来反驳这个看法，比如一位修道院院长，他同时也是一位极为热心的教师，为了让自己富有感召力，他说，神的此在跟2乘2得4一样确凿无疑，但当他要驳斥这个说法的时候，他就会补充说，神的此在乃是比2乘2得4远为确凿的事情。我完全理解，如果继续说下去，听众肯定会对这类混话发笑，我也理解，现在仍有足够多的人不能理解，某个东西如何可能比2乘2得4还要确凿。就算不深究这个说法，下面这回事情也是确凿无疑的，即存在着种种处在不同秩级中的真理，因此，算数真理和数学本身的真理也就不可能具有无条件的确凿性，因为正如我在先前的讲座中从柏拉图那里引述的那样，这些科学唯有凭借那些它们自己无法进行正当性确证的前提预设才能生效，由于这一点涉及这些科学的价值和效用，这些科学就要承认一个更高的法庭；进一步来说，因为这些科学多数只在对一些合经验的东西进行知识，比如直或不直，质数或者合数，但这些科学根本不曾为这些两极对立的状况找到一条法则。

借由贝尔的话，莱布尼兹说明了永恒真理对神性意志的独立性所涉及的东西，但他声称，自己并不因此就赞同司各脱主义者中那些最肤浅的人，或者说，根本就不赞同司各脱主义者，他们在随便一种意义上就树立起了一个独立于神的真理王国，或者说，树立起了一种独立的、持存于一切与神的联络之外的"事物的自然本

---

①《莱布尼兹著作集》(艾德曼版)，第560页，§.183。——作者原注

性"。如果神的意志只会是事物之现实性的原因,那么事物的可能性之源泉就不可能也处在这一意志中,这一源泉也同样不可能是某种不以神为条件且无论怎么看都独立于神的东西。"在我看来",莱布尼兹在《神正论》中说,"神性意志是现实性的原因,而神性理智则是事物的可能性之源泉,这一理智就是使得种种永恒真理是真理且无须分有意志的东西"。也就是说,莱布尼兹想说的是,"即便我们不得不承认一切实在性的东西都具有永恒真理,但一切实在性的东西必须建基在某个实存着的东西上。诚然,下面这点确实也是真的——一部分经院哲学家已经提过这一点——即便是否认神的人也可能是一个完美①的几何学家。但如果没有神存在,就不会有几何学的对象,如果没有神,不仅无物实存,而且也不会有任何可能之物。但这并不妨碍,那些把握一切事物间的联结且对神一无所知的人,能够理解某些科学,但对这些科学在神之中的第一源泉一无所知"。因为莱布尼兹在这里只说了某些科学,所以他明显是把哲学算作例外的。Ultima ratio tam essentiarum quam existentiarum in Uno[最高的理性在绝对的"一"中是属于本质的,而非属于存在的],这是莱布尼兹在其论著《论事物的终极起源》(*De rerum originatione*)中的一般说法。在"全然独立于神"的东西和"由神的任意所规定"这两极之间有着某种东西。这一居间者独立于神性理智。莱布尼兹使用这一区分主要是为了消除所有因为世上的恶而对神性意志的指责。他说,恶的原因在事物观念性的自然本性中才有其根据,这一自然本性并不依赖于神性意志,而

---

① 《莱布尼兹著作集》(艾德曼版),第561页,§.184。——作者原注

且只存在于神性理智中。

但现在的问题是,这个神性理智对永恒真理的关系是怎样的? 要么神性理智是从自己出发,且不系缚于任何东西地来规定在事物中应必然且永恒存在的东西;在这种情况下不可能看清,理智是如何跟意志彼此区分开的,在这里也就是说:stat pro ratione voluntas [意志参与到理性中]。如果神的理智没有被任何东西规定或者限制地去自行构想事物的可能性(这些可能性在现实中会成为必然性),那么人们以此方式就还没有摆脱任意。要么莱布尼兹这番话的意思是:理智并不创造这些可能性,它只是发现它们,它把这些可能性揭示为已然在此存在着的,那么这样一来,必定就存在某种与理智不同,并被理智自己预设为前提的东西,可能性就在其中被奠基,并在其中被理智发现。但这个因此而独立于神性理智的东西,即我们似乎不得不设想,神性理智系缚于其上的这个东西自身,该如何称呼呢? 事物中的普遍之物和必然之物的源泉不再能是个体之物,正如说我们必定会想到理智;因为即便是莱布尼兹的说法 l'entendement divin[神性理智] 也只能从某种神性能力出发来理解。但普遍者和据有普遍必然的真理的东西乃是独立于一切个体之物,甚至与之相对立的,所有这些真理只能由理性来言说。如此一来,我们似乎被引到了一个独立于神性意志而实存的永恒理性那里,在它自己的产出或筹划中,神性理智不能超出理性的界限或法则。可一旦到了这个点上,我们就会迷醉在那个超升于一切个体之上的普遍者中,我们该在这个点上驻足不前吗? 或者说,我们难道不该试着去彻底摆脱个体吗? 当人们在理性和神这两个必须被假定彼此独立,且不可互相还原的东西之间进行区分,且科学尤其坚持本原的一体性之际,上述情况就会特为尤甚。如此一来,为什么不说,神自身不是其他,而正是这一永恒理性呢(这种看法曾经被一部分人不言自明地采纳为不矛盾的)?这样一来,无穷的烦恼本身和一切难以把握的东西岂不是一下子就可以被消除吗?

人们或许会对这一进路提出异议,认为它毋宁是一种跳跃,并且把我们从莱布尼兹的时代直接置入了当代。因为体系(在其中理性是一切)其实只不过是最为现代的东西。但光凭这一点并不会得出人们想要得出的那一结论。在从莱布尼兹到康德这段时期内,唯理主义曾是时代的普遍思想方式,并且还没有被任何哲学体系表现过(因为众所周知,当时没有"体系"这种东西),所以它不得已只好用更加流行的方式来使自己发挥效用,进而投身到神学上。这种神学的唯理主义(它自己诚然尚不知晓它在最高的审查中所意愿的东西)直接出自沃尔夫学说(这一点可以确切地由历史来指明)。如果这种唯理主义在现代才首次成功地把自己树立为哲学体系,那么尽管这诚然要归功于后来的展开,但它真正意义上的根源并不因此就处在这一展开中,而是存在于这一展开过程之前的时代。因为曾经变得普遍且对一整个时代而言仿佛已成为第二自然本性的思想方式只能被少数人克服,他们表现为时代的异类,并且思想方式也不可能即刻就被一种哲学体系取消,毋宁说,当上述思想方式的对立面自行出现,使它臣服且因而陷入束缚之际,这种思想方式才得以被其对立面取消。

然而附着在这种救急手段上的还有一种巨大的、不可回避的不满。因为正如在纯然的神性意志这一方面上，事物中的必然之物和普遍之物得不到说明；所以从纯粹的纯然理性出发，去说明事物的偶然性和现实性也是同样不可能的。最终剩下的，唯有假定下面这点，即理性自身会不老实地从自身中自行堕落，而那些一开始被描绘为完美无瑕的、不可能被任何辩证法侵害分毫的理念，在自身中没有任何根据地，其实完完全全就像法国人说的 "sans rime ni raison[毫无理由地]"，自行散落入了这样一个世界中，这个充斥偶然的、理性无法通观的、违逆着概念的事物的世界。这种说明尝试，只要它被做出，就会是一个奇特的、可以用来描述一个存在着偏见的时代的例子；该如何评判这个尝试呢？大抵可以用泰伦提乌斯的话：haec si tu postules certa ratione facere, nihilo plus agas, quam si des operam, ut cum ratione insanias [如果你要求通过一种确定的理性来行事，那你将不再能做任何事，就像你努力要让自己借着理性发疯一样]。

现在重新接着莱布尼兹来讲，很明显：为了避免"完全的依赖性"和"完全的非依赖性"这两种同样不可能的情况，莱布尼兹在神之中假定了两种不同的能力；但这也并没有使在 nescio quod [某物] 自身这一自然中去寻找与神的种种关系的原因变得更容易和更自然，nescio quod [某物] 应该包含一切可能性的根据，仿佛包含了一切可能之物的材料和质料。但据这一点来说，这个某物自身仍只是可能性，也就是说，它只能是 potentia universalis [普遍的潜能]，它自身乃是 toto coelo[彻底] 与神不同的，就此而言，据其本质来看，也就是纯然在逻辑上看，它也必定独立于神而存在，关于神，所有的学说都一致地说，他是纯粹的现实，即在其中没有任何从潜能阶次而来的东西的现实。就此而言，这种关系仍只是一种纯然的逻辑关系。但现在的问题是，实际的关系会如何展现呢？其实就是：那个把握着一切可能性、自身也只是可能之物的东西是无力自身—存在的，它只能以下述方式存在，即自行表现为某个他者的纯然质料，这个他者相对于它乃是存在，而它也就表现为自身非存在的东西。我给出这些规定并没有什么进一步的动机，因为它们都是建立在亚里士多德广为人知的命题上的。τὸ ὑλικὸν οὐδέποτε καθ' αὑτοῦ λεκτέον，即"质料性的东西，即只能是某种质料性存在的东西，不能从自身出发来被言说，而是只能由一个他者来言说"，据此，这个他者就是使它存在的东西。因为如果我要以 A 来言说（谓述）B，那我就会说，A 是 B。但这个他者，也就是使这个无力自身—存在的东西得以存在的东西，必定是自身—存在着的，确切地说，必定是在最高的意义上的自身—存在者，也就是神。如此一来，实际的关系或许就是，神使那个从其自身单独来看并不存在着的东西存在起来，现在，就其存在而言——也就是以它唯一可能存在的那种方式存在而言——它会显现为 ens universale [普遍存在者]，显现为一切本质，即一切可能性都存在于其中的那个本质。

借由这一展开过程，我们就来到了这样一个立场上，这个立场大抵是由康德首次赢得的，也是他作为永不懈怠的正直探索者所获得的最高奖励，尽管他刚刚达到这一立场就没有从它出发进一步向前推进了。我在这里可以扼要地简述一下康德关于理性之观念(Ideal)的学说,因为我先前本打算稍后再引到这一学说上,把它作为一部我也同样有幸在此地进行宣讲的详尽论著的课题①。也就是说,康德指出,理念作为总体可能性或者一切谓词的总体,对于事物的合知性规定来说是必不可少的。当后康德哲学没有任何进一步规定地讨论理念本身的时候,理念就是这样被理解的;但理念自身其实并不实存,正如人们习惯说的那样,它恰恰纯然只是理念;根本上没有任何普遍之物是实存的,相反,唯有个别之物才实存,并且唯有当普遍的本质就是绝对的个别之物时,它才实存。理念并非观念存在的原因,相反,观念才是理念存在的原因,正如人们大都习惯说的那样,理念是通过观念被实现的。如此一来,在命题"观念是理念"中,"是"的意义并非纯然的逻辑系词。神是理念,这并不是说:神自身只是理念,而是说:对理念来说(在"据其可能性而言乃是一切"这种高级意义上的理念),神乃是存在的原因,即使理念得以存在的原因,按亚里士多德的说法,神就是 αιτία του εἶναι [存在的原因]。

如此一来,这一关系现在就大抵可以这样来规定,即神是普遍本质,但神既不完全等同于后者,也不作为某一必然结果是后者。这里的这个"等同"所涉及的乃是下面这点——跳出已经讲过的东西就很好理解——,即神以永恒的方式就是可能性全体,也就是在一切行动之先,进而也在一切意愿之先。然而并非神自身就是这

---

① 包含在《神话哲学之哲学导论或对纯理性哲学的阐述》[SW, XI, 第 253—572 页。——译者注]的第十二讲中。——作者原注

一全体。在神自身中没有"什么",神乃是纯粹的"如此实情",即 actus purus [纯粹的现实]。但愈发要紧的问题是,既然在神自身之中不存在"什么"或者普遍之物,那下面这回事情又是通过何种必然性发生的呢?即这个自身或者说在自身中没有任何"什么"的东西(这个"什么"就是普遍本质)是怎样使把握着一切的"什么"存在的呢?

说"关于无普遍者的纯然个体是没有科学的"是无济于事的。ἐ ἐπιστήμη του καθόλον [普遍者才有科学]。但为何恰恰就会有科学呢?我们的知识能力绝不可能是下面这回事情的原因,即在知识中,神绝不是任何普遍之物,并恰由此超越于我们通常称为个体之物的东西,并远比它们尊贵(因为通常所谓的个体之物在自身中仍承载着许许多多普遍之物),神就是那个绝对的个别之物,他也是普遍的本质。但既然神是绝对的个别之物并非他自己的意愿,它同样也不是神之本质或者神自身的结果,因为绝对的个别之物作为最殊异的东西(τό μάλιστα χοριστον),也就是作为最具个体性的东西,毋宁是不可能从任何普遍之物中得出的,所以作为一切的把握者的神,只可能是某种越出了他自身的必然性的结果。但这是怎样一种必然性呢?让我们以下面这种方式来试着描述它。如果我们说,这一必然性是思想和存在的同一存在(Einssein),这是最高的法则,它的意义是,凡是存在的东西必定始终有一种与概念的关系,不存在的东西,即与思想没有关系的东西,也就不是真实存在的。

在其自身中,除了他本己的存在,即纯粹的"如此实情",神不包含任何其他东西；但倘若他并非某个东西(Etwas)，那"神存在"这一实情就不会是真理——这里的"某个东西"当然不是在某个存在者的意义上说的，而是在一切存在者这个意义上说的——也就是说，如果神没有一种与思想的关系，他的存在就不是真理，这里说的不是神与某个概念的关系，而是与一切概念之概念，即理念的关系。这里才是存在与思想的一体性的真正位置，这种一体性曾经以许多种极为不同的方式被道出和运用。因为，从某个人们尚未尽收眼底，此外或许还远未得到必要阐发的体系中很容易扯出一些碎片来，但难的是用这些碎片把体系空出的地方填补起来，并因而不把它们运用在不恰当的位置上。有一条直通最高对立的更为宽阔道路，每一个意愿讨论它的人或许都会再次问道，这一最高的对立是否完成了这条道路。这里所指的思想与存在的那种一体性，足以充当最高的对立；它因而同时也是人们不可能超出其上的最终界限。但在此一体性中，具有优先地位的并不在思想方面；存在是第一位的，思想是第二位或者紧随其后的。这一对立同时也是普遍者和彻底的个别之物间的对立。但从普遍之物通向个别之物这条路是走不通的，当今的人们似乎都普遍地坚持这条道路。甚至还有一个法国人，为了表彰亚里士多德的贡献，紧接着这种普遍看法而画蛇添足道：le géneral se réalise en s'individualisant[普遍者通过个体化活动来实现自身]。但似乎很难说，普遍者是从哪里得到实现自身的手段和力量的。倒不如说：是个体，确切地说，也就是通常所谓的最高意义上的个体在实现自身，也就是使自己可被理解，步入理性和认识的领域，把自己普遍化，亦即将普遍之物,也就是将把握着一切的本质引向自己,用它来伪装自己。如果人们如今仍会对某些东西惊讶,那他们必定会惊讶于这样一回事情,即思想是如何被设定在存在上的?另一方面,人们必定也会同样惊讶于听到柏拉图和亚里士多德的名字被提到。柏拉图?是的,如果人们忽略了《理想国》第六卷里唯一一处谈到 ἀγατόν[善]（柏拉图构想中的最高者）的地方,肯定会对提到柏拉图的名字感到惊讶,关于善,柏拉图说:οὐκ οὐσία ὄντος του ἀγατού ἀλλ ἔτι ἐπέκεινα τᾶς οὐσίας πρέσβεια καί δυνάμει ὑπέρέχοντος,这说的是,最高者不再是 οὐσία[实体]、本质、"什么",而是仍处在本质之彼岸,比本质更具尊严和更有力的东西。甚至 πρέσβεια 这个词的首要意义乃是年龄,其次才表示声望、特权和尊严,柏拉图之所以挑选这个词绝不是白费劲,而是为了用这个词表达出善对于本质的优先地位。也就是说,如果人们忽略了这个地方,那柏拉图很可能会显得像是赋予思想在存在之上的特权。那亚里士多德呢?下面这种对世界的洞见首先就要归功于他,即唯有个体实存,普遍之物,即存在者只不过是属性（κατηγόρημα μόνον [范畴性的一]）,普遍之物不像那个唯一首先让自己被设定的 πρῶτος [首要者] 那样是自身—存在者,用亚里士多德的话就是:οὐ ἕ οὐσία ἐνεργεία[使实体得以实现的东西] 自身不会落入任何怀疑;因为通常在亚里士多德看来,这里的 οὐσία[实体] 就是 τί εστίν,即本质、"什么",这句话的意义就是,在神之中,并没有"什么"和本质先行,替代本质之地位的乃是现实,即先行于概念和思想的现实性。但与能够与神之中的这个绝对的"如此实情"对应的唯有绝对的"什么"。可两者

XI, 589 是如何被互相联结起来的,仍需更为明确的说法。神是普遍的本质,是一切可能性的无差别,他并非偶然地是如此,而是以必然且永恒的方式如此,他拥有那个就其自身而言是这种无差别的东西,这里"就其自身而言"的意思就如人们谈论一个人的时候说,他拥有某些就其自身而言的东西,这么说是 为了表明,他并不意愿这些东西,甚至有时候也是为了表明,他并不知道这些东西。但恰恰因为那个他者是在没有神的主动参与或者意愿的情况下而在的,也就是说从神自己那方面来看,这个他者只不过是以偶然的方式存在的,是一个附加到神身上的东西,是一个亚里士多德意义上的 σύμβεβηκός[偶在者],尽管这个他者也是一个必然者,一个 αὐτό καθ᾽ αὑτόν ὑπῆρχον[自行奠定自身者],但对神来说,这个他者仍未处在本质中(μή εν τε οὐσία ὄν [非实体性的存在者]),那么就这一点来说,对神而言,本质因此也始终是自由的(这一点尽管跟这里说的不相干,但对接下来的内容很重要)。通过一个出自几何学的比较,亚里士多德讨论了这样一种不处在本质中,但就其自身而言确实存在的情况。也就是尽管"三角形的内角和等于两个直角"对三角形来说是 καθ᾽ αὑτό ὑπῆρχον [就其自身而言之所是],也就是依据必然推论的结果,三角形一定会有的属性,但这一点对三角形来说并不在其 οὐσία[实体] 中,因为直角三角形的概念自身在三角形的本质规定或者定义中绝不是先行的;还可能存在非直角的三角形。

我在这里展开的各种讨论,看起来跟当今的精神首要专注的一切东西都相距甚远,然而它们却跟当下有极为密切的关联。因为在我看来,把思想凌驾于存在,把"什么"凌驾于"如此实情"的做法乃是天生就具有难以撼动的自满品性的整个德意志民族所受的并非特殊反倒普遍的苦难,在相当长的时间里,德意志民族都能表明对"如此实情"的漠不关心,反倒专注于被看作宪法的"什么"。德意志哲学就是由于这一点才在最近陷入了不幸的无所产出中,在我看来,这也是德国在政治上无所产出的原因,最令人感到痛心的莫过于,在一个通过不懈努力,积跬步而向着伟大提升的国家里,反倒有越来越多的原因要让人去想起那位伟大的意大利人的话,"国家唯有通过它由之变得伟大的原因才得以保存"。当卓立于一切反诘和怀疑之上的存在得以确立时,人们就可以——无论发生什么——尝试为这一存在的内容赋予比思想和理性更高的正当性。但如果人们以那种单独的、摆脱一切实存条件的、只可能是普遍的内容开始:那或许人们可以前进一阵子,但最终还是会惊恐地察觉到,这条船还没有接纳这一内容。"什么"自发地引入广袤之境,引入多样性,也就是说自然地引向多重的统治,因为在每一个事物中,"什么"都是一个他者,由此,据其自然本性来看,一切事物中的"如此实情"才是"一";在我们称作自然和世界的宏大总体存在物中,有一种唯一的、把一切多样性排除在自己之外的"如此实情"在起着支配作用;但即便也跟柏拉图一样假定,未受教育和对一切真理一无所知的人不可能治理好国家,那些不间断且专注地沉浸在科学中的人也治理不好国家,前者之所以不可能,是因为他们不习惯去追随唯一的人生目的,而是有许多乱七八糟的偶然目的,后者之所以不可能,是因为他们不愿意投入人类事务,反倒会自以为现在已经住在科学的极乐岛上了:但即便如此,从上述情况中也不能得出结论说,尽管偶然的政治风暴或许会走向对立面,但哲学家在科学中就不要愈发坚守荷马的基本法则了,经由亚里士多德,它被形而上学据为自己的最终基本法则:

εἷς κοίρανος ἔστω
[只要一位国王]

人名索引

(说明:条目后面的页码是指德文版《谢林全集》的页码,即本书正文中的边码。)

A

Antisthenes 安提泰尼斯 XIII 22

Aristotle 亚里士多德 XI 578, 587, 588, 589; XIII 34, 37, 46, 95, 96, 100, 101, 103, 104, 105, 106, 107, 108, 136, 149; XIV 351, 352

B

Baader, Franz 巴德尔 XIII 121

Baco 培根 XIII 39, 110, 111

Bayle, Peter 贝尔 XI 579, 580, 581

Berkeley 贝克莱 XIII 39

Böhme, Jacob 波墨 XIII 106, 120, 121, 122, 123, 124, 125

Byron 拜伦 XIII 12

C

Carlos, Don 唐·卡洛斯 XIII 28

Columbus 哥伦布 XIII 19

D

Descartes/Cartesius 笛卡尔 XI 575, 578, 579, 580; XIII 13, 16, 123

E

Ehrenberg 艾伦贝格 XIII 26

Eugen von Savoyen 萨伏伊的欧根大公 XIII 20

F

Fallstaff 福斯塔夫 XIII 27

Feder 费德尔 XIII 20

Fichte 费希特 XIII 14, 51, 52, 53, 54, 55, 56, 78, 89, 124

G

Goethe 歌德 XIII 12, 14, 18, 89

H

Haller 哈勒 XIII 164

Hamann, J. G. 哈曼 XIII, 172

Hegel 黑格尔 XIII 59, 65, 80, 86, 87, 88, 89, 91, 92, 101, 113, 121, 122, 124, 172, 173

Hemeros 荷马 XIII 106

Herakleitos 赫拉克利特 XIII 96, 106

Herbart 赫尔巴特 XIII 32

Herder 赫尔德 XIII 106

Horaz 贺拉斯 XIII 8

Hume, David 休谟 XIII 40, 43, 48, 50

J

Jacobi 雅各比 XIII 50, 85, 106, 116, 117, 118, 154

K

Kant 康德 XI 575, 576, 586; XIII 10, 12, 16, 31, 32, 33, 34, 41, 43, 44, 45, 46, 47, 48, 49, 50, 55, 56, 57, 62, 69, 72, 81, 82, 83, 84, 86, 89, 91, 106, 124, 144, 145, 146, 151, 152, 154, 163, 164, 165, 166, 167, 168, 169, 170; XIV 366

Karl d. G 查理曼大帝 XIII 107

Klopstock 克洛普施托克 XIII 106

L

Leibniz 莱布尼兹 XI 575, 580, 581, 582, 583, 584; XIII 13, 20, 40, 43, 44, 106, 156, 157

Lessing 莱辛 XIII 75, 106, 133

Locke, John 洛克 XIII 40, 43, 48

Luther 路德 XIII 24

M

Malebrache 马勒伯朗士 XI 577; XIII 39

Mephistopheles 梅菲斯特 XIII 22, 23

Montecuculi 蒙特库科利 XIII 23
Möser, Justus 莫泽尔 XIII 53
Müller, Johannes 穆勒 XIV 352

O
Orpheus 奥尔弗斯 XIII 19

P
Pascal 帕斯卡 XIII 98
Pindar 品达 XIV 352
Plato 柏拉图 XI 581, 588, 590; XIII 8, 19, 31, 46, 96, 97, 98, 100, 106, 107, 136, 149
Plutarch 普鲁塔克 XIII 97
Pythagoras 毕达哥拉斯 XIII 8, 106

R
Raphael 拉斐尔 XIII 19
Reinhold 莱茵霍尔德 XIII 172

S
Schiller 席勒 XIII 12, 28
Schleiermacher 施莱尔马赫 XIII 100; XIV 366

Schulze, Johannes 舒尔策 XIII 33
Scotus 司各脱 XI 578
Sokrates 苏格拉底 XIII 8, 97, 98, 99, 100, 136
Spinoza 斯宾诺莎 XIII 54, 85, 123, 138, 156, 157, 159, 161, 166; XIV 342, 348

T
Theokritos 忒奥克里托斯 XIII 106
Thomas von Aquino 托马斯·阿奎那 XI 577; XIII 172
Thukydides 修昔底德 XIII 106
Tindal 丁达尔 XIII 136
Tyrtäos 提尔泰奥斯 XIII 106

W
Wolff, Christian 沃尔夫 XIII 13, 44

Z
Zimmermann 齐默曼 XIII 137

主要译名对照

A

a posteriori 后天地
a priori 先天地
Abgrund 深渊
Ableitung 推导
absolut 绝对的
Actus 现实
Akt 行为
an sich 就其自身而言
Anderes 他者
Anfang 开端
anfangen 开启,开始
Ansicht 观点
Anwendung 运用
apriorisch 先天的

aufheben 取消,扬弃
ausschließen 排除,排斥

B

begreifen 把握
Begriff 概念
bei sich 自依,依于自身
bestätigen 确证
Bestimmung 规定
Bewegung 运动
beweisen 证明
Bewußtsein 意识
Beziehung 关联
Bleibende 持存不变者
bloß 纯然的

D

Darstellung 阐述

das Absolute 绝对者

das Eine 一体，一体者

das Empiristische 经验性之物

das Endliche 有限者

das Eweige 永恒者

das Göttliche 神性之物

das Logische 逻辑性之物

das Mögliche 可能之物

das Notwendige 必然之物，必然者

das Transcendente 超越者

das Unendliche 无限者

das unvordenkliche Sein 不可预思之在

das Wahre 真的东西

das Wirkliche 现实之物

das Zufällige 偶然之物

Dasein 此在

Daß 实情，如此实情

Denken 思想

Dialektik 辩证法

Differenz 差异，差别

Ding 事物

dogmatisch 独断的

Dogmatismus 独断主义

E

einfach 质朴的

Einheit 一体性，统一体

Einrichtung 排设

Empirismus 经验主义

empiristisch 经验性的

endlich 有限的

Entwicklung 展开，展开过程

erkennen 认识

Erkenntnis 认识

erweisen 证实

Etwas 某物，某事

Eweigkeit 永恒

Existieren 实存

Existierende 实存者

F

für sich 独立地，单独的

G

Gedanke 构想

Gegenstand 对象
Geist 精神
Gengensatz 对立,对立物
Gengenteil 对立面
Geschehen 发生事件
Gott 神
göttlich 神性的
Göttlichkeit 神性
Grund 根据
Grundlage 根基
Herr 主宰

I

Ich 自我
Ideal 观念
Idealismus 唯心主义
Idee 理念
Indifferenz 无差别

K

Können 可能,能
Kriticismus 批判主义
Kritik 批判

L

Leben 生命
Logik 逻辑
logisch 逻辑性的,逻辑的

M

Materie 质料,物质
materiell 质料上的,材料上的
Mensch 人类
Möglichkeit 可能性,能力
Moment 环节,要素
Monas 一

N

Natur 自然本性,自然
Negation 否定
negative 否定的
Nicht-Ich 非我
notwendig 必然的
Notwendigkeit 必然性

O

Objekt 客体,对象

Offenbarung 启示

P

positive 肯定的
Posterius 后来者
Potentialiesierung 潜能阶次化
Potenz 潜能阶次
Prinzip 本原
Prius 在先者
Progress 进程

R

rational 唯理论的
Rationalismus 唯理主义
real 实在的
Recht 权力,正当性
Rechtsfertigung 确证正当性
reel 实际的
Reich 王国
rein 纯粹的

S

Schluss 推论、结论
Schöpfung 创世,创造
Seiende 存在者
Seinkönnen 能在
Seinkönnende 能在者
Selbst 自身
Selbstbewußtsein 自身意识
Sicherheit 确凿性
sinnlich 感官的
Spannung 张力
spekulativ 思辨的
Standpunkt 立场
Stelle 位置
Stoff 材料
Subjekt 主体
substantiell 实体性的,实质性的
Substanz 实体
suspendieren 悬置

T

Tat 行动
Tatsache 事实
Theosophismus 神智主义
transcendent 超越的

transscendental 先验的

U

Überexistierende 超实存者

Übergang 过渡

Überseiende 超存在者

übersinnlich 超感官的

überwinden 克服

unbedingt 无条件的

unendlich 无限的

unvordenklich 不可预思的

Urheber 开创者

Ursein 源初存在

ursprünglich 源初的

V

Verbindung 联结

Verhältnis 关系,情况

Vernunft 理性

Verstand 知性

Voraussetzung 前提预设

Vorstellung 设想,表象

W

Wahrheit 真理

Was 什么,所是

Wesen 本质,存在物

wesentlich 本质性的

Widerlegung 驳斥

Widerspruch 矛盾

Wille 意志

Wirklichkeit 现实性

Wissen 知识,知道

Wissenschaft 科学

Wollen 意愿

Z

Ziel 目标

zufällig 偶然的

Zufälligkeit 偶然性

Zusammenhang 关联脉络

Zusammennehmung 统括

Zusammensetzung 统合

Zusammenstellung 并置

Zweck 目的

Zweiheit 二重性